U0153914

圖解
中國史

林志宏 著

自序

　　記得一九九〇年夏天，剛入門成為歷史學徒一年的我，跟幾位同學相約一齊讀錢穆先生的《國史大綱》。我們共同被他著書充滿「溫情與敬意」所感動，也驚訝於這部中國通史裡竟有如此許多精彩的分析。幾年後，又從錢先生《師友雜憶》中讀到，他年輕時思索有關撰寫「新國史」將與前廿五史有何不同？為此，錢先生曾親問章太炎有何想法，也開　他日後編寫通史的緣由。提到這兩段往事是想說明：直到今日，我個人雖不再篤信那種「從歷史拯救民族」的民族主義史學信仰，卻仍對如何因應新時代的歷史，抱有強烈地關懷。至少在我看來，過去國共雙方長期籠罩在華人世界所建立的國民革命史觀和唯物史觀，今日早已不敷時代需求。換言之，我們需要是擺脫兩種史觀帶來的桎梏。

　　本書最先寫作理路，其實來自上述的動機。我對中國長期的發展趨勢和理解是這樣的：由陸權帝國走向海洋國家，從一元邁向多元的文化。各位讀者如果留心本書標題的編排，會發現中國有如此的歷史經驗。特別是十九世紀受到歐美國家影響所致，中國被迫拋棄原來的朝貢外交體制，甚至是農業立國的思維，轉往進入到日益全球化的列國之林。在思想上，先秦時代儘管百家齊放，卻因一統帝國的出現而消失殆盡，這樣的情況必須歷經長時間才有所改變。愈是走向近代，中國就必須愈抱持開放、包容、多元的關係和態度，並以此為基礎面對未來。如果不是朝往這樣的趨向，那麼中國勢將無從發展，甚至走入死胡同中，民眾也因此受害無窮。所以，無論陸權→海洋，還是一元→多元，其實將是一條無法避免的道路。

　　由於今日歷史學界愈來愈專業化、零碎化，撰寫「通史」以成一家之言，早已是不可能的夢想。處於資訊爆炸的時代，有太多「未知」需要我們努力去填空、消化和理解。這本小書只是盡可能透過中國歷史上影響深遠的人物、事件、制度，追尋其脈絡，以求當中軌跡。有許多對某朝代產生重大意義的課題，因為本書有限的篇幅和作者的能力下，或許掛一漏萬，自所難免。然而，有兩點是必須先向讀者言明的：第一、書名為「圖解」，而非「圖說」，不以圖述史。主要是希望把史實勾勒其中概念，以簡明扼要的方式呈現，同時透過「知識補充站」與「小博士解說」的功能，強化所敘內容在歷史長河裡的位置，以期能讓讀者有所反思。第二、書中採取「詳近略遠」的方式，交代中國過去所發生的事蹟。我們都知道，歷史有其「鑑往知來」的功能，而「鑑往」的目的就是要理解「現在」（present）；愈是距今影響深遠的事，就愈值得去檢討其中緣由。本書毋寧是帶著這樣的立場來思考和書寫中國歷史。第三、書中時限止於一九八九年「六・四」天安門事件，主要因素是該事件共同影響了海峽兩岸不同兩個「中國」（中華民國、中華人民共和國）政權的局勢發展，之後則分殊各

途。以中華民國而言，此後隨著民主化的展開與臺灣主體意識逐漸地深化，政治氣候有了截然不同地變遷；不但舉辦首次總統民選（一九九六），而且發生政黨輪替（二〇〇〇、二〇〇八），迄今仍在發展之中。有關這一段長達二十年期間的史實，作者認為不該純粹視為中國史之範疇來看待，而是需要更多學術研究深入探討。

實際上，本書寫作一直都在平日緊張研究之餘抽空完成的，而且當中工作難度也遠遠超乎原來的預期。以下幾位朋友都是本書編寫最大的「功臣」，我想藉此表達個人感謝之意。首先是編輯陳姿穎，她以極大地寬容和耐心協助完成這本小書，可以說沒有她就沒有本書。盧宜穗和唐屹軒兩位最先開啟撰寫的建議，而且一直對我支持鼓勵，希望本書不負他們的使命。王中奇經歷此書過程最多，圖解的部分幾乎都由她費力完成；林易澄、陳昀秀、李行之，其實也是本書的參與工作者。上述幾位使我得以免於負擔過多的前製作業和雜務，在此謹表謝忱。何淑宜、唐立宗、吳雅婷三位教授百忙抽空在本書出版前夕通讀一遍，以避免作者的無知錯訛，令人銘感五內。我自知匆忙寫就，所誤在所難免，還望方家不吝賜正。

林志宏

二〇一一年十一月二十九日
於東京都國立市一橋大學旅次

本書目錄

第3章 帝國的初治

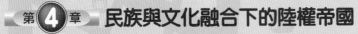

第**4**章 民族與文化融合下的陸權帝國

第 5 章 近世中華帝國的初曙

第7章 走向世界之林的中國

第**8**章 現代中國的形成

本書目錄

第 1 章
中國文明的起源

章節體系架構 ▼

UNIT 1-1
炎黃子孫

（一）炎帝與黃帝的由來

中國人時常自詡為「炎黃子孫」。「炎黃」指的是炎帝神農氏和黃帝軒轅氏，他們分別象徵著華夏境內兩支不同的部落生活。在古史傳說中，一是偏西的姜姓部族，炎帝是他們的領袖；另一則是偏居東方的姬姓部族，黃帝為該族首領。據稱黃帝與炎帝本來同出少典一族，後來歷經分散遷徙，結果彼此的風俗習慣差異越來越大，遂變成兩個族類。

圖解中國史

炎帝神農氏一支發展較早，這個帝號名氏，含有在南方和長於耕種的意思，因此，有關神農的故事幾乎都和耕稼工作有關。如果從人類演進的歷程來看，炎帝的出現無疑說明從漁獵生活慢慢發展到耕田食穀的過程。例如，傳說當時人們開始大量以植物的種子、莖葉為食；一旦發生疾病，自然而然地也想以透過食用某些植物來進行治療。所以，民間信仰普遍推崇神農「嘗百藥」，為植物藥的發明者，可以想見炎帝時代情形一般。

至於黃帝，古史上的稱謂既多且不一，名字多半和他居住的地方有關。司馬遷的《史記》提到，黃帝「遷徙往來無常處，以師兵為營衛」，這自然是屬於游牧部落的常態。今日河南新鄭附近是傳說黃帝活動最為頻繁之處，其實當地最多藪澤，水草豐富，同時動禽獸物眾多，最適合於游獵。由此更可想見，黃帝應該是當時的游牧部族領袖之一。

（二）黃帝

黃帝是中國古史傳說中最被稱譽的人物。有關他的生平記載，大多以三種面貌呈現：第一是「仙話」式的黃帝。像《莊子》提到黃帝得道成仙，《史記・封禪書》記載他「且戰且學仙」，《列仙傳》中的黃帝甚至還能驅使群仙。第二是作為遠古中國各族群共同的「先祖」。司馬遷最先將黃帝列為古代的第一位君主，戰國末年有人把一切古代發明，包括文字、算學、曆法、陣法等都歸功於他。近代學者柳詒徵也說：「犧、農之時，雖有琴瑟、罔罟、耒耜、兵戈諸物，其生活之單簡可想。至黃帝時，諸聖勃興，而宮室、衣裳、舟車、弓矢、文書、圖畫、律曆、算數始並作焉。」第三為撻伐苗蠻，征討不庭的「聖王」形象。尤其是黃帝與炎帝結盟對抗蚩尤，在涿鹿之戰將其打敗；後來炎、黃二帝更展開阪泉之戰，黃帝再取得勝利，確立成為天下共主。

儘管黃帝事蹟雖無考古根據，但在近代經由國族主義宣揚下，成為華夏民族共同的祖先。晚清的知識分子在西方挾帶優勢步步逼近下，開始自我反思「中國是什麼？」希望尋求能夠宣示中國國族整體精神的自我認同。「黃帝」於是成為一項認同符號，脫離了舊有帝王世系的「皇統」，轉為新起民族傳承的「國統」。一個一個的「中國人」，藉由黃帝的中介，有了血緣的聯繫，成為一個血脈相連、休戚與共的整體——炎黃子孫。從而被納入四萬萬同胞之中，肩負起國民之一分子的責任。此後，黃帝不再是一朝一姓專屬的祖源，而變成「中華民族」的「共同始祖」。直到現在，中國官方每年依然在陝西的黃帝陵舉行祭祀活動，用來紀念和象徵其正統性。

炎帝與黃帝的由來

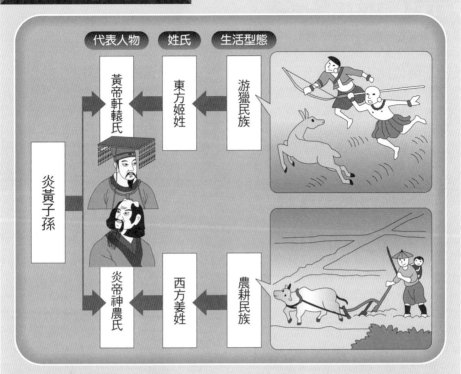

黃帝傳說的面貌

UNIT 1-2 堯舜禪讓

圖解中國史

（一）傳位始末

五帝中的堯、舜，也是古史傳說中的偉大人物。歷史上經常將他們兩人視為「聖君」的代表。而堯將帝位傳給舜的情形，相當具有故事性，也廣為傳頌。

據稱，堯帝平日為人處事明達，他不僅使得九族（父族四、母族三、妻族二）的人能親睦敬和，工作上更進一步明察百官的職守。人民受到堯帝的仁德感化，安居樂業。由於已經在位七十年，年邁的堯帝希望將帝位傳給有德有賢者，但諸侯們都自認鄙陋，不願接任。於是乎，眾人便向堯帝推薦舜，說舜是一位孝子。因為舜的父親瞽瞍非常愚頑，後母又是個長舌婦，而同父異母的弟弟象平日也極為傲慢無禮。三人經常設法陷害舜，但舜一點也不埋怨，仍然孝順父母，友愛弟弟。為了觀察舜的為人，堯決定把他的兩個女兒娥皇和女英下嫁給舜，並且賦予舜許多考驗。

首先，堯令舜推行父義、母慈、兄友、弟恭、子孝等五種教化，並讓他擔任官職，接待賓客，引導四方來朝諸侯官員。不管哪一種職務，舜都辦得有條有理，很得堯帝歡心，終於在三年之後把帝位傳給他。堯舜禪讓之美名，遂成為千古佳話。

舜繼位後，政令一新。同時為了解決洪水問題，他命令禹來負責治水工作。由於禹的治水相當成功，且經年累月辛勤努力，甚至過門不入，於是舜帝決定效法堯帝精神，舉禹共同處理事務，長達十七年，培養其能力與厚植聲望。最後在不負眾望的情形下，舜也將帝位禪讓給禹。

（二）部落繼承的意義

堯、舜、禹三帝「傳賢不傳子」的即位方式，是歷史上美稱的「禪讓政治」。但自古以來就不斷有史家質疑這種傳位的方式，甚至提出「舜囚堯而奪位」的說法。近代學者則是結合了社會科學、人類學等知識，重新詮釋禪讓政治所呈現的意義。其中有下列數種討論值得參考：❶選舉說；❷兩頭制說；❸母系制說；❹爭豪說；❺互讓說。姑且不論真實情形究竟為何，但從歷史來看，歷經禪讓制度下傳承的君主，基本上都是既賢且德又能的「領袖」。這些領袖其實都在上古時期各部落林立的情形下，透過彼此之間激烈的競爭，最後得以脫穎勝出而號令群雄者。換言之，不管是「有德有賢」，還是「治水有功」，一定要有令其他部落折服的實力。所以，禪讓政治所透露的，應是原始社會中的群雄競逐，有能力的部落君長終能竄起的事實。

😊 小博士解說

禪讓傳說儘管無從證實，卻給中國後世的政治文化留下重要影響。春秋戰國時代的儒家學者，面對諸國攻伐、人民流離的局勢，借用古代聖王的形象投射自己的政治理想，強調統治者必須體察天命民心，方能長治久安。西漢末年的王莽、三國時代的曹丕與司馬炎，都以「受禪」的形式建立新的王朝；雖然實際上是逼宮，但在這套政治文化論述裡，他們也不得不搬演傳說中的戲碼，表明自己順天應人，並非只靠權力奪位。日後歷代開國都不外於此，即使不是禪讓，也必須宣示自己得位的正當性。

堯舜禪讓始末

「傳賢」的知識考古學

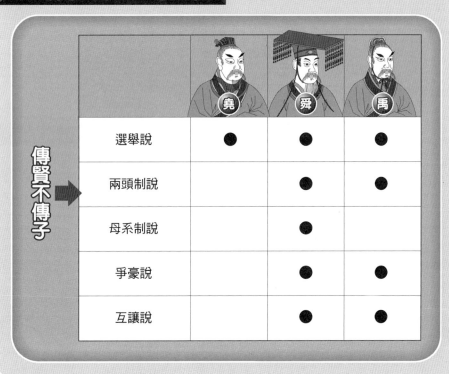

傳賢不傳子

		堯	舜	禹
	選舉說	●	●	●
	兩頭制說		●	●
	母系制說		●	
	爭豪說		●	●
	互讓說		●	●

UNIT 1-3
新石器時代考古遺址的發現

圖解中國史

(一) 中國現代考古學的誕生

　　十九世紀末，歐洲考古學日漸興盛。受到西方影響，中國在二十世紀上半期也陸續展開考古挖掘工作，改寫了遠古的歷史。

　　這場「發現」運動始自瑞典考古學家安特生（Johan Gunnar Anderson）帶來的影響。民國初年，安氏應北京政府之邀，擔任農商部的礦政顧問，負責尋找鐵和煤。一九一八年初，他得知北京西南郊周口店附近經常有村民在一座山崗上撿到小動物的骨頭，認為是雞骨，將山崗稱做「雞骨山」，為此特別前往考察。直到一九二一年，安特生再次來到周口店，在另一處「龍骨山」的地方發現了產自別處的石英。他意識到可能有史前人類活動的遺存，在經由政府許可之後，立刻進行考古發掘，終於得到大量的陶器、石製工具等，為最早發現中國新石器時代的文化遺存。之後一九二三年發表《中國遠古之文化》時，安特生首次提出「仰韶文化」的概念，轟動世界。

(二) 仰韶文化內容

　　從仰韶村出土的眾多農具石器可知，該文化以農業為主，且生產力已經達到相當可觀的程度。其農耕石器裡，有石斧、石鏟、磨盤等，除此之外還有骨器，包括魚鉤、魚叉、箭頭，說明除農耕生活之外尚有漁獵活動。而挖掘出來的獸骨，大部分為豬和狗，顯示居住已有家畜化現象；還有野生植物的果實，可能是穀物不足時採集食用。

　　至於陶器，仰韶文化多數屬於砂質粗陶，有的還存有布及編織物所印下來的紋路，可見該文化中有編織和織布的手工業。另外，遺物裡曾發現有穿孔的獸骨、魚骨、貝殼裝飾品，以及赤鐵礦染色的石珠，說明「美」的判斷和感覺已經萌芽。

　　對於仰韶文化內部及時間上的分類，還有各個遺址之間的相互關係，目前學界其實還有些爭論。像是社會結構，今日大多學者認為它是一個父系社會，早期母系社會的論點現在較少有人支持。

(三) 安特生考古效應

　　受到安特生鼓舞，中國境內各地多方開啟考古活動，成績斐然。譬如，一九二八年中央研究院歷史語言研究所便開始進行殷墟考古，透過獲得的甲骨文中所記載的資料，將中國有文字記載的可信歷史提前到了商代。不僅如此，考古調查也日益成為新興的文化活動，遍布於陝西、河北、浙江、福建、四川、西康、新疆和內蒙古等地。連日本也組織「東亞考古學會」，在東北多處進行挖掘。這些經由考古所發現的遺址，說明各地的原始文化，既有不同的文化傳統，又有密切的相互關係，共同組成豐富多彩的中華遠古文化。

😊 小博士解說

　　考古學在近代中國備受關注，不僅來自科學知識的探求，也帶著民族想像的關懷。在面對西方、建構中國的過程中，「中國文化是什麼？」成為重要的課題，傳統典籍必須重新估定價值，由此引發了重建古史的要求。一九三〇年代，民族學與民俗研究在中國的扎根，也與此相近。少數民族既是「他者」，又是同胞。學者們在民族調查中察覺到中國不只是由漢人社會組成的，更有許多異域色彩；一方面反思過去大一統的迷思，一方面則形塑出新的「多元一體」之中華民族想像。

現代考古學發現下的多元中國

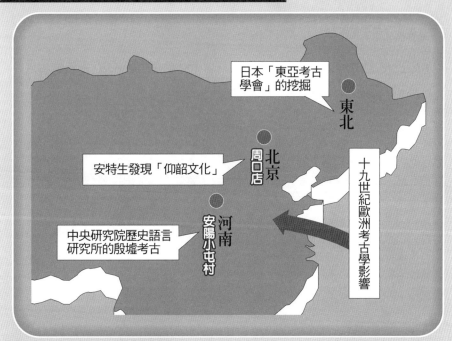

日本「東亞考古學會」的挖掘

東北

安特生發現「仰韶文化」

北京周口店

十九世紀歐洲考古學影響

中央研究院歷史語言研究所的殷墟考古

河南安陽小屯村

仰韶文化的內容

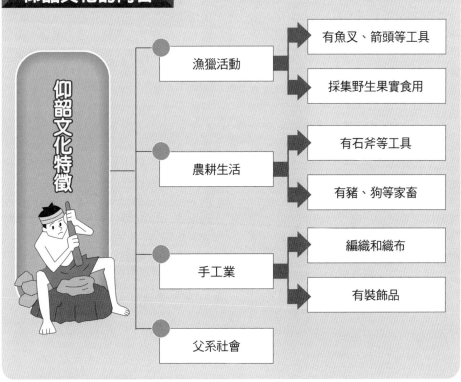

仰韶文化特徵

漁獵活動
→ 有魚叉、箭頭等工具
→ 採集野生果實食用

農耕生活
→ 有石斧等工具
→ 有豬、狗等家畜

手工業
→ 編織和織布
→ 有裝飾品

父系社會

UNIT 1-4 殷墟和甲骨文

圖解中國史

（一）殷墟的發現

河南安陽殷墟遺址的發現，是中國首次以集眾之力所完成的重大考古工作。事實上，它的成功並非偶然出現的產物，最初是來自傳統金石學的啟發。

十九世紀末，山東翰林王懿榮率先在北京的中藥店裡，購買到一批「龍骨」和龜甲藥材，然上頭刻有古老的文字符號。王氏警覺到這可能是很珍貴的文物，於是四處以重金購買，同時進而考證。後來義和團事件發生，八國聯軍入侵京城，王懿榮自盡，該批甲骨遂歸為劉鶚所有。

由於許多學者開始對甲骨產生莫大興趣，古董商販便見機謀利，大肆收購，同時封鎖甲骨的來源消息。在歷經羅振玉等學者的多方探求後，得知甲骨來自河南安陽小屯村，便陸續派人前往收購甲骨。這些甲骨上的「文字」透過羅氏等學者對其進行考釋，認為小屯村就是歷史文獻上所說的殷墟。其後，由王國維的考據推斷，小屯該地是商代盤庚遷都的都城。

然而，文字臆斷都無法獲得歷史真相。真正證實上述學者的觀點，是一九二八年由中央研究院歷史語言研究所組成的考古隊。該隊由董作賓、李濟率領，是一支結合西方理念和方法的科學團隊。直到中日戰爭爆發前，他們先後進行了十五次挖掘。這些考察都使得殷墟成為中國第一個有文獻可考，並為考古學和甲骨文所證實的都城遺址。直到最近，聯合國教科文組織第三十屆世界遺產大會上更將之列入《世界遺產名錄》。

（二）甲骨文所展示的意義

殷墟發掘，除了地、形、物可以充分提供後人對殷商文化的了解外，由安陽出土的甲骨文還具有文字史料之意義，提供我們對於商代隆盛時期的事蹟，有一更加清晰的輪廓。

譬如文字的出現，是文明時代最主要的標誌之一。從安陽出土的甲骨片來看，商代已有象形文字，而且由字彙數目之繁多，以及字體構造之形制，可以看出甲骨文是歷經相當長期發展的文字。換句話說，甲骨字彙的數目約在兩千上下，其出現絕非偶然，正說明當時的社會，早已具有非常複雜的內容，需要相當的符號，以指明當時既存之事物與現象。此外，當中內容包括記事體作品，還有文學性的紀錄，顯示商人對文字應用的技術，已經達到非常純熟的程度。而金石學的傳統，經由劉鶚《鐵雲藏龜》、孫詒讓《契文舉例》及羅振玉《殷墟書契考釋》等書，可以通過周朝金文、小篆、隸書、楷書等相互繼承的系統源流，得到解讀確認。

又如商代民眾一切行事，如祭祀、征伐、田獵、行止、年、雨、夢、命等，無所不卜。除牛肩胛骨外，還兼用龜甲，可知商代是一宗教觀特盛的時代；占卜成為一種專門職業後，僧侶於是受到供奉，成為當時神權政治的指導集團。此外，甲骨文中有不少曆術與天文學的知識，依據日月運行的規律計算時間，按照氣候的變化畫分季節，更有關於上帝的記載。

殷墟的發現

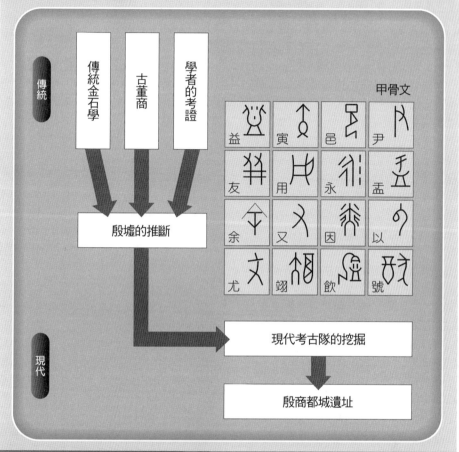

甲骨文帶來的知識觀

	歷史	文字	語言	社會	宗教	天文	氣象	制度
商代	●	●	●	●	●	●		●
周代		●	●	●				●
兩者皆無							●	

UNIT 1-5
「層累造成」的古史觀

（一）古史辨運動的興起

以往對古代的歷史傳說，中國人基於崇拜傳統，始終抱持深信不疑的態度，這樣的情況一直要到十九、二十世紀之交，在「新史學」口號下才出現重大的改變。當中最值得一提的，就是站在批判立場的「古史辨」運動。

發起古史辨運動的人，是江蘇蘇州人顧頡剛。他是北京大學哲學部畢業，歷任廈門、中山、燕京、北京、雲南、齊魯、中央、復旦、蘭州等大學教授，中山大學語言歷史研究所主任、齊魯大學國學研究所主任等職。在「五‧四」反傳統的氣氛下，顧頡剛最先得自康有為和胡適的學術論點所啟示，知道很多古史材料並不可靠，於是發願潛心研究中國古史。從一九二○年開始，顧氏接連考辨古代史事，認為中國傳統的古史系統，在前漢時代已大致確立；同時在缺乏實物證明的基礎下，人們必須認真看待那些古代典籍及傳說。

嗣後顧頡剛的看法，得到文字學家錢玄同等人的支持，但也引發其他許多反對聲浪和爭議。大致從一九二六年至一九四一年間，這些有關古史的學術討論，集結成書，共出版七冊《古史辨》，網羅了三百五十篇文章，有三百二十五萬餘字。在第一冊裡，顧氏寫了一篇長達六萬字的〈自序〉，強調自己倡導、組織古史辨運動的心路歷程。儘管古史辨運動採用的某些方法和結論值得商榷，但無庸置疑對近代中國史學產生了深遠的影響。甚至有西方學者稱譽顧頡剛是「現代中國最卓越的史學家之一，是儒家偶像的破壞者和主張史學改革的人」。

（二）層累造成的中國古史說

顧頡剛針對古史傳說提出「層累造成」的看法，認為古代史事的傳衍約有三項特點：

第一，「時代愈後，傳說的古史期愈長」。譬如周代人們心目中最古的人是禹，可是到孔子時代則是堯舜，到戰國則是黃帝、神農，到秦代有三皇，到漢代以後則有盤古。

第二，「時代愈後，傳說中的中心人物愈放愈大」。如舜，在孔子時代可能只是一個「無為而治」的聖君，然而到〈堯典〉的描述就成為一個「家齊而後國治」的聖人，到孟子時代就成為一個孝子的模範。

第三，在這樣的狀況下，我們不能知道某一件事的真確狀況，但可以知道某一件事在傳說中的最早狀況。如我們不能知道東周時的東周史，但可以知道戰國時的東周史。

在方法論上，顧頡剛又提出要推翻信史，必須具備的四項標準：❶打破民族出於一元的觀念；❷打破地域一統的觀念；❸打破古史人化的觀念；❹打破古代為黃金世界的觀念。總之，古史辨運動推翻了長期籠罩在歷史學界中以「三皇」、「五帝」為信史的古史系統，透過「疑古」考證，對盲目的「信古」展開全面的批判，提出只有在清理、考辨史料的基礎上，才能進行科學的「釋古」工作。

古史辨的成因

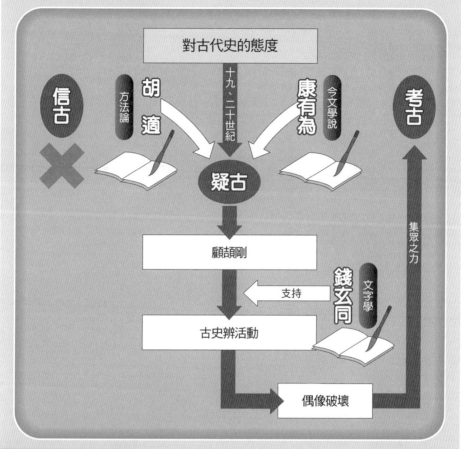

對古代史的態度

信古 ✗

方法論 胡適

十九、二十世紀

疑古

康有為 今文學說

考古

集眾之力

顧頡剛

錢玄同 文字學

支持

古史辨活動

偶像破壞

層累造成說

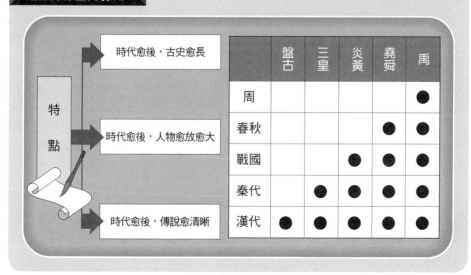

特點

時代愈後，古史愈長

時代愈後，人物愈放愈大

時代愈後，傳說愈清晰

	盤古	三皇	炎黃	堯舜	禹
周					●
春秋				●	●
戰國			●	●	●
秦代		●	●	●	●
漢代	●	●	●	●	●

第 **2** 章
城邦時代與政治

●●●●●●●●●●●●●●●●●●●●●●●●●●●●● 章節體系架構

UNIT *2-1*
宗法分封

（一）宗法制度

在甫脫離部落統治型態、帝國尚未建立之前，基本上，中國屬於「封建」社會，在一個王室的隸屬之下，有寶塔式的幾級封君。每一個封君，雖然都必須對上級稱臣，事實上自己的身分則為一個區域的世襲統治者兼地主；凡統治者皆是地主，凡地主皆是統治者。同時各級統治者下所掌管的一切農民，非農奴即佃客，他們不能私有或轉賣所耕種的土地。

宗法制度即建立在封建的體制上，以血緣關係為紐帶。其具體內容是：周天子為天下共主，又是全部姬姓宗族的領袖，掌握全國最高的政權和族權，每世天子都是以嫡長子來繼承父位，作為下一代天子。其他諸子則為諸侯，同樣地，諸侯也是由嫡長子繼位，其他諸子為大夫；大夫亦由嫡長子繼承，其餘諸子為士；士以下為平民；士以下便不再分封。簡言之，宗法制的特徵是「嫡長子繼位，庶子受封」。這項制度確定了各種等級區別，也嚴格規定了上下所應該承擔的權利及義務。在周代，人們因宗法制度處在不同社會等級，上下互相統屬。

（二）周的諸侯分封

周克服殷商以後，一方面把殷商的國土，轉為周天子所有，另一方面，則把殷商的奴隸及自由民轉化為農奴。把殘存於其他勢力範圍之內的諸氏族之土地與人民，也依照封建制度的原理改變其原來的屬性。大致說來，周代諸侯就起源來說可分為四類：第一類是開國之初，周王室把新征服或取得的土地，分封給宗親姻戚或功臣而建立的。第二類是開國許久之後，周王室畫分畿內的土地賜給子弟或功臣而建立。第三類是將商代原有的土地分封給周代後裔的。第四類是商代原有的諸侯國或獨立國，歸附於周代。

周代社會無疑也是一封建社會。名義上，這整個國家都是「王土」，整個國家裡的人都是「王臣」（《詩經‧小雅‧北山》即說：「普天之下，莫非王土；率土之濱，莫非王臣」），但事實上，周天子所能夠直接統轄的土地，不過只是「王畿之地」。其範圍現今已不能確考，但可知其北不過黃河，最南不到漢水流域，東不到淮水流域，西則鎬京已接近邊陲。除了「王畿」之外，周室先後至少封了一百三十個以上的諸侯國，而諸侯國的內政也幾乎完全自主。周王室只有在開國初年有些影響外，後來諸侯對於王室的義務也形同具文，全憑諸侯個人好惡而定。

但是土地的所有與人民的隸屬，毋寧只是一種政治權力的象徵而已。為了使象徵權力轉化為真實權力，就必須使這種權力之象徵的土地與人民，相互結合以發揮其經濟上的效能。於是乎，天子以之分封於諸侯，諸侯以之分封於家臣。由周天子開始，宗法分封便將村落轉化為無數的封區和領邑。周代的各級諸侯領主，於是在自己的領地以內，大肆把自己所屬的土地，畫分為若干大小相差不遠的區域，把自己所屬的人民，平均地編制於這些區域之內，使之以無報償方式為領主耕種土地。

宗法制度

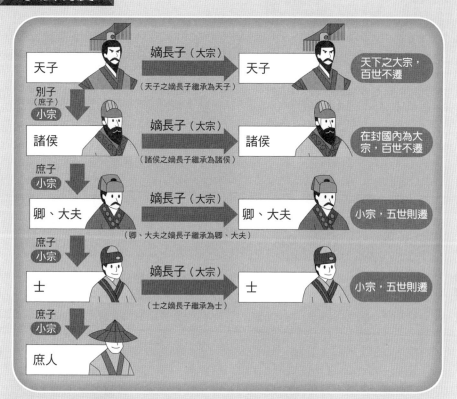

諸侯分封

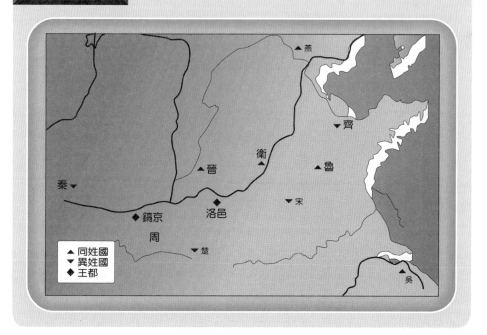

UNIT 2-2 井田制度

（一）周代的土地規劃

井田制是中國在春秋時代以前關於土地公有的形式。所謂「井田」，指的就是方塊田。此一名詞最早見於《穀梁傳·宣公十五年》：「古者三百步為里，名曰井田」，而「井田者，九百畝，公田居一」。它是把耕地畫分為一定面積的方田，周圍有經界，中間有水溝，阡陌縱橫，像一個井字。一人耕種大約一百畝（約合今一百八十二公畝）。每百畝為一方塊，稱為「一田」。甲骨文中的「田囲」字也是由此而來，被認為是井形塊狀耕地的證據。一井分為九個方塊，周圍的八塊田由八戶耕種，謂之私田，私田收成全部歸耕戶（耕農、奴隸）所有；中間是公田，由八戶共耕，收入全歸封邑的諸侯、貴族所有。實際上，並不是每塊井田都是九百畝，可能還存在如八百畝、一千畝等這樣特殊的情形。

圖解中國史

傳說早在夏代時，中國已有井田制的實行；直到商、周兩代，大抵還延續該項制度，到西周時已經發展得很充分。在宗法分封制下，西周的土地制度主要採行公有制，也就是說，全國土地在名義上都屬於周天子。而周天子把土地分賜給各級諸侯和有力的臣子，讓他們的世代享有。但值得注意的是，受到宗法分封的人只能夠擁有使用權，並沒有土地的所有權，不得私相授受或買賣。儘管如此，隨著日後周王室勢力削弱的結果，天子雖成為土地公有制的代表，可是只不過收取一定數量的貢賦而已，實際上已無法有效地控制天下土地了。

到了春秋時期，諸侯和貴族各自在統轄範圍內任行其事，越來越多人公開地將土地吞併為私有。可以說，那時公田和私田有相當長的時間是處於並存的情況。之後，在私田不斷增加、擁有私田的人日益增多的情形下，耕農、奴隸到後來只願意在私田上得到收穫，於是開始大量逃亡，導致公田逐漸荒蕪。再加上鐵製農具和牛耕技術的普及，到了西周晚期，井田制可謂已經名存實亡。

（二）作為理想的井田傳說

「井田制」是否實際上存在和運作過，至今仍為許多史家所存疑。這種和宗法分封制度並行的土地耕作形式，在《左傳》等許多著作中曾有過記載，但以往多將之視為傳說，並不太相信其真實性。如今由出土的宜侯矢簋的銘文來看，顯然該傳說是相當具有歷史根據的。

譬如，孟子曾對井田制提出說明：「方里為井，井九百畝，其中為公田，八家皆私百畝，同養公田，公事畢，然後敢治私事，所以別野人也。此其大略也。」從孟子這段話中，可知土地所有權的關係，包括「君子」、「野人」之間的等級從屬問題。當中值得進一步思考的，是關於莊園制度的內容。更確切說，即使西周時期無所謂的井田制，而此制度的傳說，卻足以暗示莊園制的內容。因此，井田或許並非孟子憑空造謠，而是以莊園制為其歷史素材加以理想化的一種傳說。

井田制度

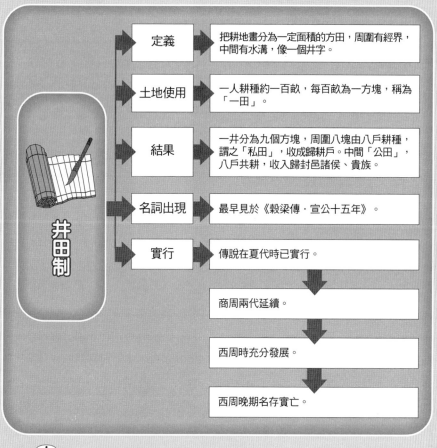

井田制	定義	把耕地畫分為一定面積的方田，周圍有經界，中間有水溝，像一個井字。
	土地使用	一人耕種約一百畝，每百畝為一方塊，稱為「一田」。
	結果	一井分為九個方塊，周圍八塊由八戶耕種，謂之「私田」，收成歸耕戶。中間「公田」，八戶共耕，收入歸封邑諸侯、貴族。
	名詞出現	最早見於《穀梁傳·宣公十五年》。
	實行	傳說在夏代時已實行。

商周兩代延續。

西周時充分發展。

西周晚期名存實亡。

★井田制的土地規畫

井田制度的傳說不僅是經濟生產的規劃，也投射了社會秩序的理想。《孟子·滕文公上》說：「民之為道也，有恆產者有恆心，無恆產者無恆心」；「賢君必恭儉禮下，取於民有制」；「請野九一而助，國中什一使自賦」。戰國時代，各國交相征戰，龐大的軍費支出使得農家的負擔越來越重。孟子有鑑於此，以井田為理想，平均畫分土地，收取九分之一的輕稅，使人民有穩定的生活。同時，又藉此積極建設一個彼此互助、扶持的基層社會共同體：「死徙無出鄉，鄉田同井，出入相友，守望相助，疾病相扶持，則百姓親睦。」儘管當時列國以追求富國強兵為目標，孟子的理想未受重用，但其精神卻在歷代儒家學者面對土地兼併、分配不均、社會動盪的情況時，屢成為改革思想的資源。

私田	私田	私田	100步（約135m）
私田	公田	私田	
私田	私田	私田	
└── 1里（約405m） ──┘			

UNIT 2-3
平王東遷

圖解中國史

（一）幽王的亡國

周代的年祚共有七百九十一年，分為「西周」（西元前十一世紀中期～前七七一年）與「東周」（西元前七七〇年～前二五六年）兩個時期。其中，東周又稱「春秋戰國」時期，分為「春秋」及「戰國」兩部分。

西周最後一位天子——周幽王，因為個性荒淫殘暴，早已為諸侯所不服。他信任的佞臣虢石父，善於阿諛奉承，且相當勢利，致使國人埋怨。之後，美女褒姒入宮，因為深得幽王寵愛，並生下一子伯服。於是幽王進一步廢其正室申后與太子宜臼，改立褒姒為后，以其子伯服為太子。

據說，褒姒平日不愛笑，幽王為求博得美人一笑，曾經試過許多方法都不成功。後來，經虢石父的建議，想到「烽火戲諸侯」的把戲。原來周代的都城鎬京四處布滿烽火臺，用意是為了當西北犬戎入侵時，周天子可以燃燒烽火示警，要求鄰近諸侯前來救援。某日，幽王便無端下令燃舉烽火，將諸侯的軍隊引來，自己則和褒姒從旁觀看。結果，諸侯們紛紛匆忙趕來、匆忙離開；他們來去的糗態，終於引起褒姒大笑。此舉遂使幽王更加深信「烽火戲諸侯」的好處，日後屢試不爽，但也失去諸侯對他的信任，不再理會。

而幽王擅自廢掉申后與太子的事，讓申后的父親申國諸侯非常憤怒。於是，申侯串連繒國與犬戎共同進攻鎬京。此時幽王再度燃舉烽火，向四方諸侯求救，卻無人願意前來。結果幽王在驪山下被殺，褒姒被擄走，行蹤下落不明。

（二）平王繼位與東周開始

幽王死後，諸侯與申侯共同立廢太子宜臼為平王，以奉周祀。由於周平王即位時，有許多諸侯反對，因傳聞平王和母親申后被廢掉後一直懷恨在心，故蓄意發動聯合犬戎殺害幽王和褒姒，然後即位為天子，有殺父之嫌。因此，多數的諸侯不再聽從天子命令。加上此時都城鎬京已成荒野，是犬戎出沒之地，惟有東面的雒邑完整如故，且北有晉國，東有鄭國，西有虢國，可做王室的屏蔽。於是平王決定把都城遷往雒邑，唯「晉、鄭是依」，勉強支運國勢，是為東周之始。

至於原來的西部地區，則由周室託付給另一位護駕功臣——秦襄公，允許他逐退犬戎，便可領有其地。襄公果然不負使命，在那裡建立了秦國，所以王畿西半，不復為王室所有。

周王室經此之後，王畿土地大為削減，元氣大傷，於是日漸衰微，政治局面變成以列國為重心，封建共主的周室從此成為傀儡。換言之，東遷後的周室，本身已降為一個諸侯國。代表東周時期的春秋戰國政治是「禮樂征伐自諸侯出」的時代，不再是西周的繼續，而是跨入另一個時代。「平王東遷」是這一時代的開始。

平王東遷

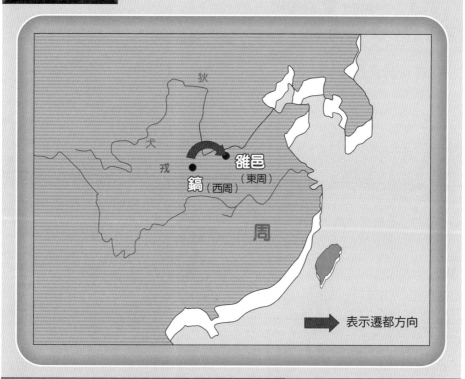

狄

犬
戎

雒邑
（東周）

鎬（西周）

周

⟹ 表示遷都方向

中國歷史上東、西王朝之比較

王朝	年代	都城	事件	說明
西周 東周	前11世紀中-前771 前770-前256	鎬京 雒邑	平王東遷	周王室元氣大傷，不復共主的權威，封建制度逐漸崩壞，形成列國並立之世。
西漢 東漢	前202-前9 25-220	長安 洛陽	王莽篡漢	新莽改制失敗，宗室劉秀崛起一統天下，建立與西漢相輝映的盛世王朝。
西晉 東晉	266-316 317-420	洛陽 建康	五胡亂華	琅琊王司馬睿獲得世家大族支持，即位東南一隅，與北方對峙，下開南北朝時代。

UNIT 2-4
春秋五霸

（一）春秋時代的來臨

中國歷史上稱的「春秋時代」，係指從西元前七七○年到前四七六年的二百九十多年。當時的社會烽煙四起，戰火連天，光是魯史《春秋》記載的軍事行動就有四百八十餘次。《史記》作者司馬遷也說，春秋弒君三十六，亡國五十二，諸侯奔走不得保其社稷者，不可勝數。經由連年兼併，春秋初期一百四十多個國家到後來只剩較大的幾個；而周天子失去往日的權威，反而依附於強大的諸侯。一些強大的諸侯為了爭奪霸權，互相征戰，先後稱霸的五個諸侯稱為「春秋五霸」。他們是：齊桓公、宋襄公、晉文公、秦穆公、楚莊王。換言之，春秋時代的歷史，看似為「五霸繼起」的過程。

（二）五霸軼事

五霸之中，首先成為霸主的是齊國。齊國位居今日山東半島，這裡土地肥沃，地處臨海之濱，有魚鹽商賈利益，又得以遠離戎狄之禍。齊桓公時不避前嫌，任用管仲為相，推行改革，實行軍政合一、兵民合一的制度，於是國力逐漸強盛。之後桓公召集宋、陳等四國諸侯會盟，是歷史上第一個充當盟主的諸侯。當時中原華夏各諸侯苦於戎狄等部落的攻擊，於是齊桓公打出「尊王攘夷」的旗號，北擊山戎，南伐楚國，成為中原霸主，受到周天子賞賜。

齊桓公病逝時，齊國發生內亂。宋襄公率領衛國、曹國和邾國等國人馬攻打齊國，與齊人裡應外合，擁立齊孝公，襄公因此小有名氣。襄公雄心勃勃，想繼承齊桓公的霸業，積極擴展外交，終於在西元前六三八年，宋與楚決戰於泓

水。當時楚軍強大，有人勸襄公趁敵人渡水之際派兵截殺，襄公卻大談仁義，要等楚軍渡河列陣後才願意進行攻擊；結果宋軍大敗，襄公被射中了大腿，隔年重傷而卒。

繼齊國之後，晉國也崛起於山西。晉國地處河汾之間，本為膏腴之地，惟因戎狄之鄰處，時常招致經濟破壞，故發展較齊國落後。但自晉獻公征服驪戎以後，晉文公又因狐偃而與狄人妥協，於是「通商寬農」，「利器明德」，不久便「政平民阜，財用不匱」，稱霸河汾。晉國統一山西以後，也挾其軍事和經濟的力量，東蹦太行山，於是在河北的原野，展開了齊、晉爭霸的局面。

繼晉國之後，秦國也勃興於陝西。由於秦國地處關中，「左崤函，右隴蜀，沃野千里」，本是周人文化發祥之地。自周室東遷以後，秦人因襲王畿西半，「北卻戎翟，東通三晉」，遂稱霸西方。秦穆公曾協助晉文公回到晉國奪取王位，又娶晉太子申生的姊姊穆姬為妻，因此兩國關係曾經相融，彼此聯盟。晉文公死後，聯盟瓦解，演變為秦晉對抗之局。

大約與秦國同時，在長江上游的楚國也興起。該國地域最大，人口最多，物產最豐，文化最盛。相傳楚莊王即位之初，沉迷聲色，荒於政事。有臣子冒死進諫，稱楚國高地有一大鳥，棲息三年，不飛不鳴，不知是什麼鳥？當時莊王知道該臣諷喻自己，於是回答說：大鳥三年不飛，飛則衝天；三年不鳴，鳴必驚人。最後莊王終於聽從臣屬建議，奮起圖治，後人便以此為「一鳴驚人」之典故。

春秋列國及五霸

晉文公
任用狐偃
稱霸河汾，東踰太行山

齊桓公
任用管仲
首倡「尊王攘夷」
實行軍政合一、兵民
合一的制度

秦穆公
地處關中
周室東遷後，稱霸西戎

宋襄公
繼桓公而起
大敗於泓水之戰

楚莊王
位長江上游
成語「一鳴驚人」出處

燕　晉　狄　戎　羌　秦　衛　周　鄭　宋　齊　魯　楚　吳　越

 ★孔子對管仲的評價

春秋末期孔子對管仲的評價，同樣也體現出「五霸」時期的軌跡。像是孔子說：「管仲相桓公，霸諸侯，一匡天下，民到於今受其賜，微管仲，吾其被髮左衽矣！豈若匹夫匹婦之為諒也，自經於溝瀆，而莫之知也。」由於當時周天子的權威動搖，華夏文明已陷入混亂，沒有管仲所成就出來的「霸業」，中原諸國可能早已被鄰近蠻族攻滅，淪為異族統治之域。從重建文化名分秩序與維護國際和平體系而言，管仲輔佐齊桓公自然功不可沒。

 **★子產平丘之會**

春秋時代封建體制的外交餘風猶存，小國也在強權的夾縫中，憑藉一己的智慧維繫存續。鄭國的子產便是一例。西元前五二九年，晉國召集平丘之會，子產在會盟上爭論進貢物品的標準。他說：從前天子所訂制度，地位越尊貴，承擔的貢賦也越多；鄭國是伯國，如果要跟公侯出一樣的貢賦，是沒有辦法的。而諸侯會盟，是為了穩定國際間的秩序，讓小國也能得到生存，如果不然，我們的滅亡也在今天了。他看準晉國內部六卿專政，權臣彼此不合，自顧不暇，於是大膽地提出保障小國的議案。結果自白天一直爭論到傍晚，終使晉君不得不答應，從而確保了鄭國的安全。

UNIT 2-5
尊王攘夷

（一）口號的由來

圖解中國史

「尊王攘夷」一詞最早見於《春秋‧公羊傳》。由於周室東遷，天子的權威削弱，而諸侯國內的爭權奪位和各國之間的兼併戰爭不斷發生，加上戎狄蠻夷等邊境族群趁機入侵，以周天子為中心的體制面臨空前危機。在此情形之下，各諸侯霸主紛紛高喊口號，以擁戴周室、維護華夏、抵禦和討伐外族為準則，這被稱為「尊王攘夷」。尊王攘夷成為春秋戰國時期最重要的政治文化特色，用來確立華夷之別；正如《論語》中孔子稱讚輔佐齊桓公的管仲，說：「微管仲，吾其被髮左衽矣」，表彰他尊王攘夷的功績。

另一方面，有些諸侯則以尊王為名義，相互討伐和征戰，藉此稱霸稱雄，於是東周歷史上出現了「春秋五霸」、「戰國七雄」。當時霸者還頻頻舉辦「會盟」，糾集其他諸侯於一堂，名義上仍以周王為中心。像是齊桓公、晉文公時，有葵丘之會、踐土之會等，可是直到楚莊王時，便不再舉辦會盟，禮義自此無法規範，內容也已變質。由於假借「尊王」擴張自己利益，並非攘夷之舉，因此諸侯之間的爭霸與內戰，曾被孟子形容「春秋無義戰」。

（二）弭兵會盟

晉、楚兩大國長年征戰不斷，地處其間的小國不堪所擾，要求和平的聲浪甚高。於是乎，由小國諸侯發起的調解活動展開。西元前五七九年，在宋國大夫華元的安排下，晉、楚締結不戰合約。當時雙方的形勢均不利於己，都希望靠著暫時的休戰而得到調整；但在西元前五七六年，合約因楚國侵入鄭國、衛國而遭破壞。之後宋國的大夫向戌，為此遊說兩國和平停戰，終於在西元前五四六年，由晉、楚、宋、魯、鄭、蔡、陳、許、曹、衛各國訂定和平之約，史稱為第二次弭兵會盟。

弭兵會盟對春秋時局產生了巨大的影響；它的成功反映了，弱小國家在政治舞臺上扮演著非常重要的角色。從此以後，爭霸戰事暫時停止。戰爭的減少儘管使得小國承受的災難與負擔減輕許多，但後來「僕僕於晉、楚之庭」，「犧牲玉帛，待於二境」，受到大國的嚴重剝削。

（三）尊王攘夷的結果

以晉、楚兩大國為核心的勢力圈中，名義上雖然還是周代封建國家的諸侯，可是實際上已經脫離天子而獨立。也就是說，自由宣戰、媾和、徵稅、組織常備軍，彼此互相併吞和對抗，還侵犯天子，壓迫中央。整個封建體制和秩序因為征戰而蕩然無存。

同樣地，諸侯之下的大夫也進行相互之間的兼併戰爭。而上級諸侯無從約束其大夫，正和天子不能約束諸侯如出一轍。隨著大夫的權威增長，他們甚至企圖取諸侯的地位而代之。所以春秋晚期，臣弒其君之事，史不絕書。例如，田氏取齊、六卿分晉的事件轉相仿效。等到道德秩序斷絕，中國的歷史便轉入戰國時代。

弭兵合盟

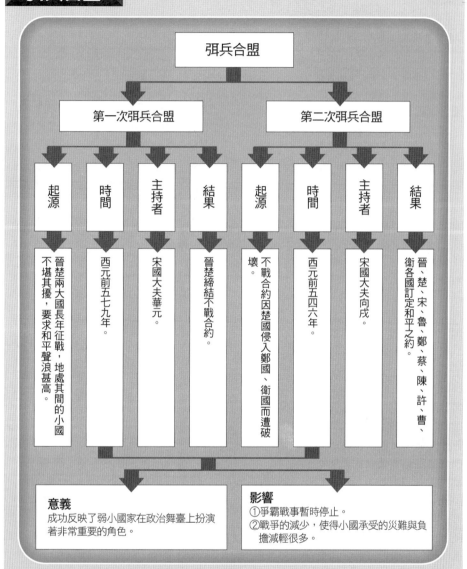

弭兵合盟

第一次弭兵合盟

第二次弭兵合盟

起源	時間	主持者	結果	起源	時間	主持者	結果
晉楚兩大國長年征戰，地處其間的小國不堪其擾，要求和平聲浪甚高。	西元前五七九年。	宋國大夫華元。	晉楚締結不戰合約。	不戰合約因楚國侵入鄭國、衛國而遭破壞。	西元前五四六年。	宋國大夫向戌。	晉、楚、宋、魯、鄭、蔡、陳、許、曹、衛各國訂定和平之約。

意義
成功反映了弱小國家在政治舞臺上扮演著非常重要的角色。

影響
①爭霸戰事暫時停止。
②戰爭的減少，使得小國承受的災難與負擔減輕很多。

★華夷之辨的改變

在「尊王攘夷」的口號下，春秋時代的各國，以「會盟」的形式逐漸確立了新的國際政治秩序。原本被視為夷狄的邊陲國家，像是楚、秦、吳、越等，也隨著其間的種種交流活動，參與到華夏的文化圈來，各族之間邁向融合的趨勢。到了戰國時代，諸國之間殘酷的戰爭，更使得期盼和平的學者提出一個天下的構想，將各國納入一體的文化秩序中。孟子便說：舜是東夷之人，文王是西夷之人，但是他們「得志行乎中國，若合符節。先聖後聖，其揆一也。」華夷之辨也因此從過去的種族分野，開始轉向以文化為標準。

UNIT 2-6
戰國七雄

（一）因應戰爭的新變局

圖解中國史

　　戰國七雄是戰國時期七個較強的諸侯國之統稱。春秋晚期，歷經列國兼併情形之下，諸侯國的數量大大減少。到了戰國時代，僅剩下七個實力較強的諸侯國，分別為齊、楚、韓、趙、魏、燕、秦，合稱「戰國七雄」。

　　在這一階段的政治史中，有幾件大事值得注意：一是韓、趙、魏三家大夫崛起，瓜分了晉國，並被列為諸侯，以及齊國由田氏代替姜氏。換言之，齊、晉兩國進入到戰國時代以後，已非原來的諸侯。這標誌著新興的封建勢力如何奪得國家的最高統治權，成為當時普遍的現象。

　　另一件事是關於各國先後展開了改革活動，或稱之為「變法」運動。為了贏得戰爭勝利，許多諸侯紛紛禮賢下士，吸納對自己有利的政策和謀略。其中最著名的，為秦國的商鞅變法、楚國的吳起變法和趙武靈王實行「胡服騎射」。這些變法運動通常都是中央集權，運用國家政權的力量，對舊的制度、組織和經濟加以改造，目的是為了適應日益頻繁的戰爭所需。與此同時，各種「合縱」、「連橫」的外交活動也四處開展；而相互激烈征戰、頻繁的軍事活動也出現在這一時期。

　　再者，各國諸侯不再像以往提出「尊王攘夷」的口號，而是公開地把周天子拋開，由自己稱「王」。他們已不再作為名義上的周朝諸侯，而是要自己稱王、坐天下、當天子。

（二）秦國的統一

　　戰國七雄之中，後期以秦國國力最強。除秦國以外，其餘六國均在崤山以東。因此該六國又稱「山東六國」。而其餘小國尚有周、宋、衛、中山、魯、滕、鄒、費等，但實力皆遠不及七雄，只能在強國的夾縫中生存，且最終均被滅亡。

　　為了因應各國的激烈兼併，七雄彼此之間的外交不是違約背信，就是對敵人施行殘酷對待。當中許多有名的故事，迄今仍被傳頌。例如楚國違背縱約，與秦結盟，先是失信，後來在齊、韓、趙以及背盟的秦國兩面夾擊下，終至一蹶不振。又如西元前二六〇年，秦將白起率軍進攻趙國，趙派廉頗鎮守長平（今山西高平），築壘堅守，以逸待勞，不分勝負。之後秦國丞相范雎派人到趙國行施「反間計」，散布廉頗壞話，趙王信以為真，派將替換。結果，趙國軍隊因驕傲輕敵，終使秦國採行誘敵深入、迂迴包抄的戰術，一舉降伏趙軍四十萬。這就是中國歷史上著名的「長平之戰」，後來據傳投降的四十萬趙軍均遭活埋坑殺。

　　趙國慘敗後，秦的統一只是時間問題，東方的國家實際上沒有與秦抗衡的能力。於是秦國像秋風掃落葉一樣，掃除山東六國，最後完成統一功業。秦王政於是自稱「皇帝」，並稱為「始皇帝」，從此建立君主專制的中央集權帝國，開創中國政治史的一個新時代。

戰國七雄形勢圖

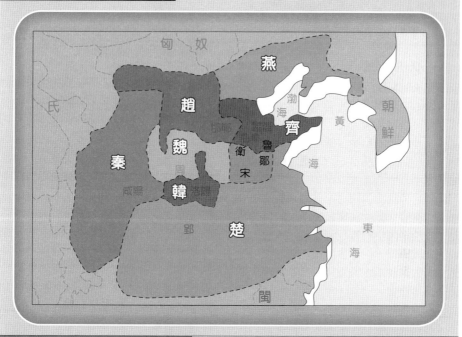

新變局的政治大事

戰國七雄
新變局的大事

韓、趙、魏三家大夫瓜分晉國	齊國由田氏代替姜氏	各國先後展開「變法」運動	「合縱」、「連橫」的外交活動到處展開	各國諸侯公開把周天子拋開，由自己稱「王」

秦國商鞅變法	楚國吳起變法	趙武靈王實行「胡服騎射」

UNIT 2-7
吳越春秋

圖解中國史

（一）必毋忘越

自春秋時期邁入戰國時期，南方長江下游地域有兩個新興的勢力急速成長，那便是吳國與越國。吳、越兩國的歷史故事，一方面既是晉、楚雙方外交牽制的後果，另一方面也同時開啟戰國時代的先聲。

最初，晉國派遣使者至吳國，教導吳國軍隊有關作戰兵法與戰車乘法，目的是在唆使吳國由背後攻打楚國。後來，吳王闔閭即位，便以由楚國流亡而來的伍子胥改革政治，並重用孫武為將軍，進行軍事整備。所以，吳國國勢轉而富強，聯合唐、蔡二國攻楚，破楚國首都郢（今湖北江陵北），迫使楚的東邊國境不得不後退，乃至幾乎滅亡。就在吳大舉攻楚之際，南方的越也趁吳國國內空虛而討伐。沒想到越王勾踐一舉奏效，大破吳軍，闔閭因此負傷不治，臨死之際立太子夫差為王，並留遺言：「不可忘勾踐殺父之仇」。據說夫差為此勵精圖治，每夜臥於薪上，當感到刺痛時，便想起父仇未報。終於在西元前四九四年，吳王夫差將越王勾踐困在會稽山，越國請降。

復仇後的吳國，由於勢力陡增，更積極地擴大在各國的影響力。首先，吳國企圖向北方發展，於西元前四八八年攻打魯國，魯因此成為其半屬國；接著又聯合魯國攻打齊國，大破齊軍，迫齊求和。就連北方之晉國，也畏於此一情勢，於西元前四八二年在黃池與吳進行會盟，結果由夫差主導了該會的進行。

（二）十年生聚，十年教訓

隨著吳王夫差日益驕矜，越王勾踐則是努力謀求復國之道。他獻上美女西施，祈求吳國謀和；並向越國臣民下詔罪己，然後前往吳國給夫差充當奴僕和人質，甚至親嘗糞便，目的是為了贏得夫差的信任。終於皇天不負苦心人，三年後勾踐被釋放回越國。

回國後的勾踐，發誓復仇滅吳。他身邊經常放著動物之膽，用來激勵自己；每當舔到其中苦味時，即憶起會稽山之辱。西元前四八二年，勾踐於夫差赴黃池爭霸之際，趁虛對吳郡進行急襲。儘管夫差奪回國都，但日後卻連年遭受越國進攻之苦，再也無法恢復國力。終於在西元前四七五年，越國大舉進攻吳國，在包圍吳國國都三年後，夫差求降不得而自殺，吳國滅亡且領土被併。

越滅吳是一場劃時代的戰爭，因為一舉而亡大國，在春秋時代不曾有過。此後，便進入到戰國時代。

吳、越兩國史事後來成為東漢趙曄《吳越春秋》的主要內容。吳王夫差的「臥薪」，及越王勾踐的「嘗膽」，都變成後人記憶深刻的軼事。然而，大量取材《左傳》、《國語》、《史記》、《越絕書》等史籍的《吳越春秋》，由於加入太多虛擬、誇張的逸聞傳說，也常為後世史家詬病。究其實，該書為一部介於史家與小說家之間的作品，是後代歷史演義小說的濫觴，也是研究吳越歷史和文化的重要文獻。

吳越春秋

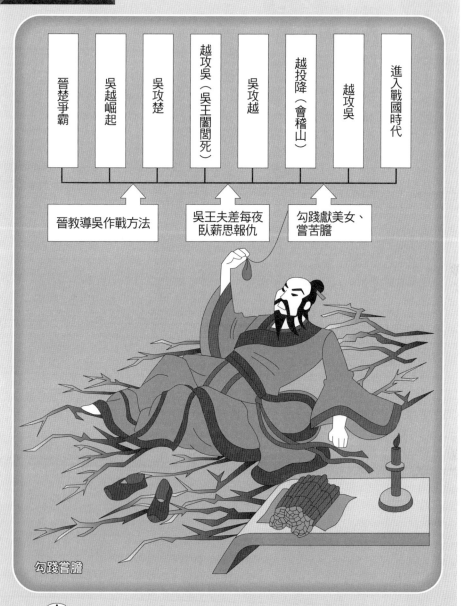

晉楚爭霸　吳越崛起　吳攻楚　越攻吳（吳王闔閭死）　吳攻越　越投降（會稽山）　越攻吳　進入戰國時代

晉教導吳作戰方法

吳王夫差每夜臥薪思報仇

勾踐獻美女、嘗苦膽

勾踐嘗膽

★臥薪嘗膽在近代中國的故事

勾踐的「臥薪嘗膽」故事，在二十世紀以降也成為重要的民族復國之象徵。無論是民初外交挫敗時的「國恥」，還是對日抗戰期間以「生聚教訓」為主題，抑或蔣介石晚年在臺灣想要建立「反攻復國」的基地，乃至中華人民共和國成立後對應蘇聯作為「自力更生」的題材，都是「古為今用」的歷史記憶。最近英國《經濟學人》（*The Economist*）則以「中國崛起之危險」為題，開篇用了此一典故來作譬喻。

UNIT **2-8**
西施與范蠡

圖解中國史

（一）美人計

在吳、越兩國的爭霸中，西施軼事也相當膾炙人口。相傳西施是越國的美女，《莊子・天運》講她因患心病而捧心皺眉，同里醜女東施看見後覺得十分美麗，於是進而摹仿，但更見其醜，結果同里的人紛紛走避或閉門不出。這則「東施效顰」的成語故事，用來比喻不衡量本身的條件，而盲目胡亂的模仿他人，以致收到反效果。吳王夫差最後之所以會敗給越王勾踐，主要因素正因迷上了越王進獻的美女——西施，促使吳國敗亡。

（二）西施之死

這項滅吳的「美人計」始末千古傳頌。在當時，西施因為盛名所累，結果遭到越王勾踐的夫人嫉妒，導致「被沉於江」死去。故事大概是這樣的：越王夫人問勾踐，當越國滅了吳國，該封西施什麼樣的位子？越王順口說：西施復國有功，要封她做越國最大的夫人。因此夫人心生妒忌，欲除這心頭大患。於是就在勾踐要採取行動攻城並救出西施之前，夫人暗中安排人趕在越王之前活捉西施，並將西施裝入麻袋中，連人帶麻袋一起沉入河裡。

有關西施「被沉於江」，曾引人質疑。楊慎在《丹鉛總錄》中引《修文殿御覽》，內有西施被裝在麻袋中沉入江中，隨水漂去淹死的紀錄。墨子則在〈親士篇〉中曾說：「……西施之沉，其美也。」墨子生在戰國初年，所聞當較他人為真切，應屬可信。後來蘇州的老百姓在西施死的地方建造了一座橋，取名「袋沉橋」，這座橋迄今仍在，只是以訛傳訛，變成「帶城橋」了。

另有一說西施隨范蠡而去，泛遊五湖，不知所終。范蠡是越國著名的上將軍，亦是最初發掘西施並推薦給越王的人。據稱范氏認為在越王之下，難以久居，深知勾踐為人可共患難，難與同安樂，遂決定遠走他鄉。於是范蠡協同西施，一起泛舟齊國，變姓名為鴟夷子皮，帶領兒子和門徒在海邊結廬而居。除了戮力墾荒耕作外，又兼營副業並經商，沒幾年積累數千萬家產。范蠡屢次仗義疏財，施善鄉梓，受齊王拜為相國。不到三年，他再次急流勇退，散盡家財。第三次則遷徙至陶，自號「陶朱公」，當地民眾皆尊他為財神，史家司馬遷稱「范蠡三遷皆有榮名。」

這兩種不同的說法，究竟哪一種說法正確，並無確論。把西施的故事編成小說或是戲劇者，大部分傾向於後者，以有一圓滿結局。

😃 小博士解說

在傳統中國的父系社會中，政治領域原為男性專屬，女性少有機會參與。但是男女之間互動又是人類不可避開的天性，故在王朝時代的宮廷政治中，女性往往因此登上歷史舞臺。這帶給了古代史家一個難題，如何去記載這些踰越了界線的女性？在史書上，從妲己、西施、貂蟬，到楊貴妃、陳圓圓，她們多半變成了「女禍」的負面教材，提醒讀者要避開女色誘惑，不可重蹈覆轍，失去清明的判斷力。另一方面，相較於官方文獻，文人與民間創作者則著重雙方情愫與人性刻劃，即使是悲劇收場也帶有惋惜，體現了民間生活的情味。

西施相關傳說

西施傳說

《莊子・天運》	《墨子・親士》	隨范蠡泛五湖
西施為越國美女，因患心病而捧心皺眉，同里醜女東施模仿，但更見其醜，大家紛紛走避或避門不出。	西施復國有功，勾踐欲封為最大的夫人。夫人妒忌欲除之，暗中派人在越王救出西施前，將之裝入麻袋中，沉於江。	范蠡深知越王可共患難，難同安樂，遂決定遠走他鄉。西施隨之而去，不知所終。
「東施效顰」成語故事的由來	蘇州「袋沉橋」	范蠡自號「陶朱公」，當地民眾尊為財神。史家司馬遷稱「范蠡三遷皆有榮名。」

比喻不衡量本身條件，盲目胡亂模仿，以致收到反效果。

東施效顰

知識補充站 ★女禍之楊貴妃

類似「女禍」有官方和民間書寫之別，歷史上楊貴妃也有類似的遭遇。大唐盛世中衰於安史之亂，讓她成了紅顏禍水的代表。由於唐玄宗的寵幸，她的堂兄楊國忠也步步高升，進而專權誤國，導致政治敗壞，民怨沸騰。安祿山趁機起兵造反，大軍直指長安城下。玄宗倉皇出走，到馬嵬坡時將士嘩變，玄宗不得已，殺楊國忠以謝國人，並命貴妃自縊。但是在日後文人的記述中，像是中唐白居易的〈長恨歌〉及陳鴻的《長恨歌傳》，卻隱約透露出楊貴妃沒有死的訊息，清初洪昇在崑曲《長生殿》中，更描寫玄宗對楊貴妃的思念，感動了織女，讓兩人於月宮相會。

029

UNIT 2-9
郡縣制的施行

圖解中國史

（一）先秦的「郡」與「縣」

　　秦始皇帝在西元前二二一年時滅六國，一統天下，其推行之政治重要措施，當首推廢除封建制度。然封建之廢，非始於秦。自春秋以來，西周封建舊制，固已日在崩壞之中，隨之郡縣制推行，二者相因，本屬一事。

　　春秋初期，秦、楚、晉等大國均已設縣。秦和楚的縣可能出現較早。楚在滅掉小國之後，就直接在邊境地區設縣和「別都」（即國君時常居住的都城），或將滅掉的小國國都變為縣。縣是直屬於國君的統治地區，常常是國君到邊境上處理軍國大事或重大問題的地方。

　　春秋時代的縣經常屬於邊防重鎮性質，縣尹是一縣的軍隊統帥。當時的縣尹，其實是一種重要的官職，往往由重要的貴族來輪流擔任，與戰國之後的縣尹頗為不同。當然，其優點是國君可以借此集權。

　　與「縣」有相同功能的還有「郡」。郡的長官稱「守」或「太守」，原為鎮守邊境軍隊的長官，後來變成行政長官。因為郡的範圍大，所以郡之下才畫分縣，實行郡縣兩級制。戰國時代除了齊國設五都之制、沒有設郡以外，各國都先後推行郡縣制。至於秦國推行郡縣制較晚，直到商鞅變法後才正式推行到全國。

　　戰國以後由於經濟制度變革，政治也隨之發生變化。春秋時，各國的重要官職由卿、大夫世襲，戰國則取消改由官僚代替，因此國君可以選官。此外，制度因應縣級的官僚而生：像是對地方官進行年終考核的上計制度；國君、丞相或郡守到郡裡去巡視的「行縣」制度；派官員去監察執行政令情況以及有無違反法令的監察制度。

（二）帝國郡縣制的推行

　　秦自變法以後所擴充得到的土地，大抵直隸於君主，大的置郡，小的置縣；郡縣的長官非世襲，也無世祿。秦始皇既沿成例，每滅一國，便分置若干郡。等到併吞六國，遂成為一個郡縣式的大帝國。

　　秦帝國初立，曾出現過應否設置郡縣的爭論。當時有不少大臣主張實行分封，授各地貴族予世襲的諸侯名分，惟身為廷尉的李斯卻力排眾議，實行郡縣制，並得到秦始皇的接納。於是全國共設三十六郡，每郡有守（相當於省長）、尉（相當於防區司令）和監（相當於監察專員）各一。郡下轄縣；郡（守）與縣（令）由皇帝直接任命。

　　郡縣制的堅持，後來成為中國歷史地方制度的張本。至漢代乃承襲這個制度，自此成為日後各朝代地方政制的基礎。唐代柳宗元曾撰有〈封建論〉，以為中國封建制度百害而無一利。直到近代有不同的看法，毛澤東甚至還寫詩讚揚郡縣制的推行。

小博士解說

　　關於對郡縣制度推行，毛澤東曾有詩提到。不過，在「讀〈封建論〉贈郭老」中，他主要的想法是為秦始皇的功過平反，並舉柳宗元的〈封建論〉為例。這首詩內容是：

　　勸君少罵秦始皇，焚坑事業待商量。
　　祖龍雖死秦猶在，孔學名高實秕糠。
　　百代都行秦王政，十批不是好文章。
　　熟讀唐人封建論，莫從子厚返文王。

郡縣制度

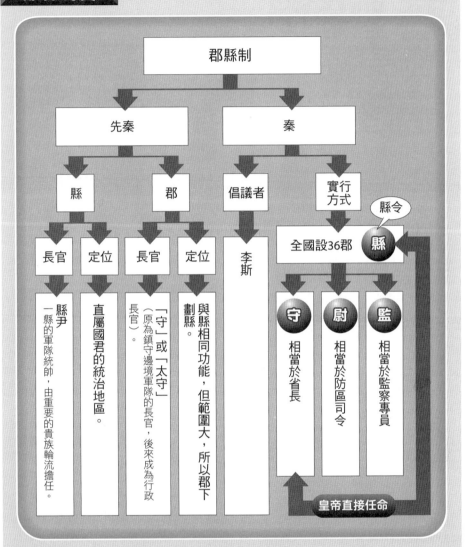

★封建引起王室骨肉相殘

郡縣制從漢朝以來，懸為定法，也與來自於骨肉相殘的歷史教訓有關。西漢初年，中央權威還不穩固，採取「郡國並行」，以分封宗室、抗衡異姓功臣的諸王。景帝時，宗室日益驕縱，為了加強中央集權，朝廷決定削藩，而引起吳王等「七國之亂」。亂事平定之後王國只存名義，失去實權，和郡縣已經沒有差別。日後西晉考量漢代權臣專擅的問題，大封子弟為王來屏障皇室，卻引起了更嚴重的「八王之亂」，間接導致西晉的滅亡。此後封建王侯多為榮銜，沒有實際支配領地的權力。宋明時期，宗室更受限制，儘管養尊處優，卻不能參與實際政事。只有清朝入主中原，保有游牧民族遺風，宗室諸王較為活躍，但也只限於朝廷內部，而無涉於封國了。

UNIT **2-10** 游俠的出現

（一）封建基礎瓦解下的新社會分子

圖解中國史

以井田制為基礎的西周宗法社會結構，人們在血緣關係下被固定在宗族和土地上，少有游離的情況。但是春秋時期以後，由於社會產生劇烈變革，國家秩序動盪，因此出現了不同的力量。譬如「士」階層的游離，即為顯例。而游俠就是從「士」階層中獨立分離出來，成為一個新的社會分子。

由於春秋戰國許多貴族競相養士，對人才、門客多重視和培養，進而對游俠的興起產生推波助瀾的作用。在戰亂的年代，國家秩序的不完整與法律的不健全，隨著封建制逐漸崩解，同時君主專制逐漸強化，游俠從下層社會而起，代表人民的意志。另一方面，社會對於武藝高強的俠義之士之需求，以及社會形成的尚武風氣滋養了游俠生長的土壤。好勇尚武之人於是成為舊政府的反對力量，同時又對開國之初的君主發生了重要的輔助作用。

（二）游俠的分類

歷史上最早記載春秋戰國時期游俠的情況，可能是墨子和韓非二人。然而，他們對游俠的看法不一，各有褒貶。墨子主要是站在民間百姓的立場上，以積極的態度對游俠精神充分肯定；而韓非則是站在人君的立場上，對游俠進行了嚴厲批判，說：「儒以文亂法，而俠以武犯禁」。一直要到漢代司馬遷的《史記》中，才第一次正式為游俠立傳。

在司馬遷的筆下，游俠大致上有一完整的輪廓，並且品德也被揣摩出來。根據《史記》，游俠約有「布衣之俠」、「鄉曲之俠」、「閭巷之俠」、「匹夫之俠」和「卿相之俠」等幾個不同的概念。他們往往按照自己的意圖和評判標準來行事，時常形成一股強而有力的局面與統治階級的王權相對抗。從《史記‧游俠列傳》中司馬遷對游俠的肯定可以看出：他們殺富濟貧，同情並幫助弱者，用自己的評判標準來辨別是非曲直，不畏強暴。

游俠與刺客是不同的，前者的身分是自由的，有自己的人格、地位和尊嚴，並非他人的附屬物，不是誰的「私劍」或是「死士」，有其自己的獨立判斷和價值尺度，能夠在亂世中扶危救困，並主持公道。此外，他們也具有正義感，對人誠信重諾，言行必果。

另外，《史記》將游俠分為「卿相之俠」與「平民之俠」兩大類。卿相之俠是指那些位高權重而又行俠仗義的「王者親屬」，戰國四公子可謂代表。平民之俠是與卿相之俠相對而言，指普通百姓中的游俠，如朱家、郭解等。在司馬遷的筆下，平民之俠更為難能可貴。

司馬遷所寫的游俠其實在漢代仍有餘風。比較不同的是：游俠面對的是一統帝國的建立。有的游俠轉化為政府權力的一部分，出現了俠、官結合的趨勢，逐漸與權力體系結合。同時，隨著豪族勢力形成，他們開始失去獨立存在的基礎，轉而依附豪族，納入豪族門閥力量，走向消亡的歷史命運。

游俠的崛起

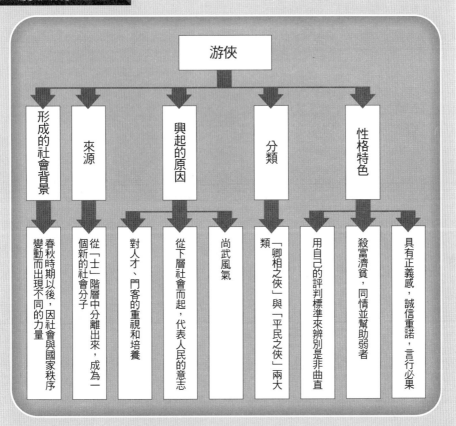

游俠

- 形成的社會背景
  - 春秋時期以後，因社會與國家秩序變動而出現不同的力量
- 來源
  - 從「士」階層中分離出來，成為一個新的社會分子
- 興起的原因
  - 對人才、門客的重視和培養
  - 從下層社會而起，代表人民的意志
  - 尚武風氣
- 分類
  - 「卿相之俠」與「平民之俠」兩大類
- 性格特色
  - 用自己的評判標準來辨別是非曲直
  - 殺富濟貧，同情並幫助弱者
  - 具有正義感，誠信重諾，言行必果

知識補充站 ★荊軻刺秦王

　　游俠中不乏可歌可泣之故事，荊軻即為其一。戰國末年，秦國的統一霸業指日可待，六國節節敗退，已無法靠軍事及外交手段抵擋。位居東北邊陲的燕國，深感滅亡的危機；燕太子丹棋行險著，決定派遣刺客攜厚禮求見，挾持秦王逼他歸還侵占的土地，一旦事情不成，就刺殺他來引起秦國的動亂，讓六國有反攻的機會。

　　荊軻擅長劍術，個性沉穩，成為肩挑這一重任的人選。謀士田光為保守祕密，在獻上計策後自殺。流亡在燕國的秦國叛將樊於期，更為此自刎，讓荊軻帶上自己的頭顱，以得秦王信任。然而事與願違，秦王躲過了致命的一擊，在幾年之後統一天下，成為中國第一個皇帝。咸陽的宮殿上，只留下荊軻的屍體，象徵游俠時代的逝去及帝國秩序的到來。儘管如此，透過《史記・刺客列傳》的刻劃，在出發前夕的易水河邊，好友高漸離擊筑，荊軻和聲唱歌，「風蕭蕭兮易水寒，壯士一去兮不復還」的情景，也成為歷久不衰的文學題材。

荊軻刺秦王

UNIT 2-11 諸子百家

（一）由來

圖解中國史

春秋前的文化究竟發展到什麼程度，由於史料缺乏，很難斷言。但相信至少在春秋初期，社會組織必已相當繁密，人文思想也非常發達。不然諸子百家將無所附麗，也無由產生。

封建社會裡，知識為貴族專有，後來封建漸壞，貴族後裔降為平民，知識也隨之流入民間。加以王室衰微，政治秩序遭到破壞，不能支配人心，因此獨立的思潮開始抬頭，在春秋末期已甚顯著。

到戰國時，社會組織的變化更大，新思想的需求愈急。例如軍國主義的抬頭，自然培養重視吏法的「法家」出現；而諸侯生活日形富裕，也提供一批到處遊說的清客；至於國際間戰爭愈烈，加速基層社會不安情緒，亦刺激人們尋求適當地解決途徑，主張清靜無為的道家和創造新倫理觀的墨家，也就應運而生。

同時，人們受教育的機會增多，寫書工具也大有進步。春秋時代，只有政府才有製作文書的能力，但戰國時期，民間學者也可著書。加上各國寬容的學術政策，讓「士」著書立說，發表意見，創造自由的條件。無論魏國的「西河之學」，或齊國的稷下學宮，還是呂不韋以三千門客編撰《呂氏春秋》，都是顯例。以上因素都孕育了諸子百家爭鳴的客觀條件。

（二）分類

據漢代分類，先秦各學派共有十家，即：儒家、道家、陰陽家、法家、名家、墨家、縱橫家、雜家、農家和小說家。古人以為這些學派出於「王官」，亦即某一家的形成，係由封建時期掌握相關事務的政府機關演變而來。如道家出於「史官」，法家出於「理官」（司法機關）等。如此說法十分牽強，為近人學者懷疑。但另一方面也不能否認諸子百家和封建貴族的密切關係。事實上，各家大都有其特殊的歷史傳統和地理環境，並憑藉一種特殊的職業而來。以下簡略說明。

儒家係指以教書為職業的人。在孔子以前已有專靠教禮授徒為生的「儒」。除教書外，他們有政治抱負，且涉歷政治事務。這種進則仕、貴則教的生活，便是儒者的職業。魯國與周室關係密切，典章文物最為完備，自鎬京為犬戎所陷後，禮崩樂壞，代之成為當時的文化中樞，因此有謂儒家起源於魯國。

墨家的組織最為嚴整，具有濃厚宗教氣氛的組織。據稱宋國人心術質直，富於宗教性，因此成為墨家的重鎮。

法家的起源不是單一的，由於齊、晉、秦等國學政習法和典刑者最多，因此這些國家多出法刑人才。

道家出於官吏。因為官吏一方面可看到官府的舊檔典籍，一方面替朝廷記錄，所以造就博識古今、深明世故的人，李聃便是一例。此外，尚有隱士一類的達觀厭世者。這類隱士多來自楚國的北部，該地區到春秋戰國時，經常發生楚與諸夏的戰爭，受高度文化薰陶的人，因目擊世變，不免產生厭世的想法；但其文化素養，又驅使他們以「達觀」來解決人生問題。

陰陽家大概出於習業星曆卜祝的人，這一學派的發源地是齊國。主要因齊國近海，由海道交通而接觸若干異人異事。這類齊人又分為兩種：一是侈談神仙的方士，一是五行論者，後者便是所謂的陰陽家。

先秦十家學派

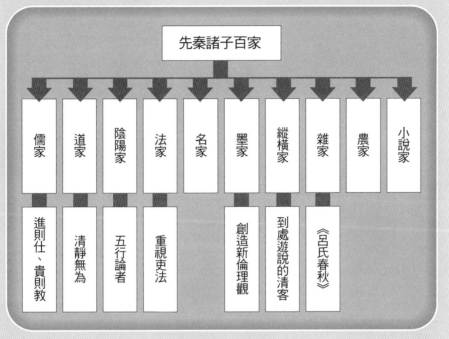

```
                    先秦諸子百家
    ┌────┬────┬────┬────┬────┬────┬────┬────┬────┬────┐
    ↓    ↓    ↓    ↓    ↓    ↓    ↓    ↓    ↓    ↓
   儒家  道家  陰陽家 法家  名家  墨家  縱橫家 雜家  農家  小說家
    │    │    │    │              │    │    │
    ↓    ↓    ↓    ↓              ↓    ↓    ↓
 進則仕、 清靜無為 五行論者 重視吏法      創造新倫理觀 到處遊說的清客 《呂氏春秋》
 貴則教
```

★縱橫家的蘇秦與張儀

諸子百家中，縱橫家是很特別的一派。他們既不具體系的思想理論，也沒有一致的政治理想，遊走於各國之間，為各君主積極獻策，反映戰國時代的劇烈變局與獨立士人的崛興。眾多說客中，以蘇秦和張儀最著名。

當時七國競爭，秦國獨強，蘇秦一一分析利害關係，遊說六國合力，形成南北縱向的結盟。「合縱」的策略一舉壓制了秦國的擴張，使秦國有十五年之久不出函谷關，蘇秦也因此身配六國相印，衣錦還鄉。

傳說中張儀則是蘇秦在鬼谷子門下的同學。他在魏、楚兩國鬱鬱不得志，最後投奔秦國，提出「連橫」構想，遊說弱國與秦國形成橫向聯合，攻打其他國家獲取利益，造成六國內訌不能團結，瓦解了「合縱」。

儘管他們的外交計策並不長久，卻也靠著雄辯的口才與對大勢的洞悉，改變了一時的國際情勢，致有「一怒而諸侯懼，安居而天下熄」的說法。縱橫之名，也因此而來。

蘇秦刺骨

UNIT *2-12* 道家

道家是春秋戰國時期諸子百家中最重要的思想學派之一。該學派處在劇烈的政治與社會變遷裡，希望由現實中逃避，老子與莊子即為代表，世以「老莊」並稱。

（一）老、莊其人及思想

先秦思想家中，老子是位神祕的人物，他的事蹟已無法確考。據說老子姓李名耳，字聃，曾經做過周室的史官。他大致與孔子屬於同時代的人物，後來見周室日衰，便辭官隱去，不知所終。現存五千字的《道德經》一書，是他隱去前路過函谷關，為關令尹喜所寫的。

老子認為：世上萬事萬物的進行，其所遵循的法則是「物極必反」和「禍福相倚」。凡是事物在某一方面發展到極致之際，也就是它走向相反方向的開始；因此，禍與福在輪流地變換著。所以，體察當中變化，人們應該謙卑遜讓，知足寡欲。同時，老子也指出文明是人類痛苦和罪惡的源泉，因為世上許多貪取詐偽的行為，往往經由智慧和知識而來。因此，主張廢棄知識和文字，以塞其源；至於一切由文明所產生而來的享受，也都在屏棄之列。政治方面，老子主張小國寡民，統治者應當任人民自便，不加干涉，強調「無為」才可「無不為」。

莊子名周，約與孟子同時，是戰國時期宋國人。他的著作《南華經》，是老子思想的繼承和發展者，但避世思想較老子更為明顯。莊子認為世界循著一定的自然律在流轉變遷，萬事萬物在變動的巨流中，無所謂是非和貴賤。人和其他萬物一樣，由生以至於老死，都是自然的演變。生的時候也就是死的開端，

要想獲得至安至樂之生，定非順乎自然，破除拘執不可。應當超脫世界上一切欲望的束縛和情感的縈擾，把自身與天地萬物合為一體，破除我與非我的界限。由此而論，一切的政治制度、社會禮俗，都是一種束縛，是沒有價值的。所以莊子的政治思想，也是以「無為」為歸宿。所以說「絕聖棄知而天下大治」，君主要「無容私」。

（二）道家思想的影響

道家思想對後世中國人產生重大影響，尤其是《道德經》與《南華經》，深受人們推崇。兩部書主旨均強調萬物皆由「道」生成，「道」為無形物，而且是無盡藏的，「有」與「無」皆因此道而成立，所以無為轉成有為。相較於其他諸子百家都有意識地推動政治，努力於追求富國強兵，道家認為這是錯誤的，應該順其自然任其發展。而理想的社會，是雞犬相聞的小國，國中只有少數人居住，沒有戰爭，也不要旅行，甚至不需要文字，以入手的食物和衣服便能滿足一生。換言之，對一般追求成立大國的風氣，可說是強烈的批評。後世奉「無為」為最高行事準則，即源自道家看法。

老子與莊子的作品也廣為流傳。《道德經》被翻譯為多國文字，當中充滿各式各樣的辯證式文字，如名句「禍兮，福之所倚；福兮，禍之所伏。物或損之而益，或益之而損」。至於莊子的文字，堪稱中國文學史上的一大奇葩，將先秦散文推向了新的高峰。

道家代表人物

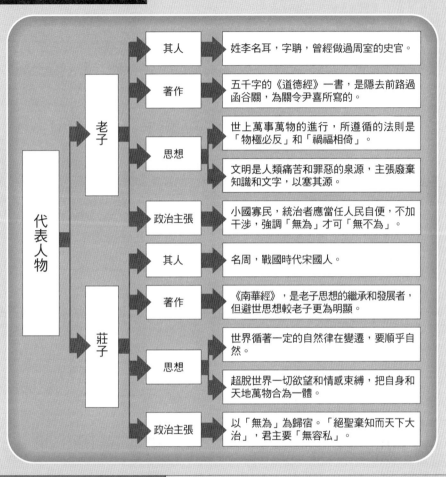

代表人物

老子
- 其人 → 姓李名耳，字聃，曾經做過周室的史官。
- 著作 → 五千字的《道德經》一書，是隱去前路過函谷關，為關令尹喜所寫的。
- 思想 → 世上萬事萬物的進行，所遵循的法則是「物極必反」和「禍福相倚」。
- 思想 → 文明是人類痛苦和罪惡的泉源，主張廢棄知識和文字，以塞其源。
- 政治主張 → 小國寡民，統治者應當任人民自便，不加干涉，強調「無為」才可「無不為」。

莊子
- 其人 → 名周，戰國時代宋國人。
- 著作 → 《南華經》，是老子思想的繼承和發展者，但避世思想較老子更為明顯。
- 思想 → 世界循著一定的自然律在變遷，要順乎自然。
- 思想 → 超脫世界一切欲望和情感束縛，把自身和天地萬物合為一體。
- 政治主張 → 以「無為」為歸宿。「絕聖棄知而天下大治」，君主要「無容私」。

道家思想的影響

道家思想的影響

- 《道德經》與《南華經》均強調萬物皆由「道」生成，「道」為無形物，而且是無盡藏的，因此「有」與「無」皆因此道而成立，所以無為轉為有為。

- 理想的社會，是雞犬相聞的小國。

- 後世中國人奉「無為」為最高行事準則，源自道家看法。

- 《道德經》被翻譯為多國文字，當中充滿各式辯證式文字。莊子的文字堪稱中國文學史上的奇葩，將先秦散文推向了新的高峰。

UNIT 2-13 儒家

　　春秋末到戰國初期，隨著政治體制的變遷，不同的階層和人物對自然、社會以及其他種種問題提出了看法和見解。他們著書立說，開門授徒，遊說宣傳，出現了思想的百家爭鳴。「百家」中產生重大影響的學派是儒家。

（一）孔子其人及思想

　　儒家的創始者是孔子。他出生在魯國一個沒落的貴族家庭，從小勤奮好學，刻苦讀書，掌握了西周時代流傳下來的六藝（禮、樂、射、御、書、數）知識，熟悉古代的典章制度。到三十多歲的時候，就招收一批學生，開始了私人講學。孔子是中國歷史上首創私學教育的人。他和他的學生形成了一個重要的學派──儒家。

　　孔子相當嚮往西周的政治制度，希望維護舊有的等級名分。他對齊景公說政治就是要「君君，臣臣，父父，子子」，強調要恪守自己的名分。對於春秋時期社會上屢次出現僭越的行動，他表示反對，為此要求「正名」，認為「名不正，言不順」。

　　當然孔子的政治思想中也有不少積極性的因素。譬如主張：「有國有家者，不患貧而患不均，不患寡而患不安。」他反對統治者剝削，認為要「舉賢才」來管理政治。他把西周政治歸結到「克己復禮」，提倡恢復禮治就做到了「仁」。

（二）孟子其人及思想

　　到了戰國中期，另一位儒家代表孟子（名軻），繼續補充、發揮和改造孔子的學說，同時駁斥反對學說的各種觀點，使儒家學說發展到一個新的境界。

　　孟子的政治思想中最重要的是興「王道」、行「仁政」。「王道」就是先王之道。孟子將堯、舜、禹、湯、文、武、周公的政治看成是最理想的政治，希望各國的統治者不要去打破古代聖王統治的舊形式，而要推行和復興這種「王道」，反對主張暴力改革的「霸道」。此外，他還高唱「民為貴，社稷次之，君為輕」著名的民貴君輕論。

　　在哲學思想上，孟子提出「性善論」。他認為每個人生下來的性情是良善的，但孟子並不是說人整個性情都是善的，而是說其中有仁、義、理、智等的善端，也就是「惻隱之心」、「羞惡之心」、「恭敬之心」和「是非之心」。為了避免外界不良事物的引誘，孟子主張做到「不動心」和「寡欲」，即不為一切外界事物所干擾，以培養「浩然之氣」。

（三）儒家學說對後世的影響

　　就實質來說，儒家思想是一種社會倫理學，或是宗教的倫理學詮釋，但絕不是宗教的本身。西方常以「儒教」來稱呼，可能有所誤解，不如看成是一種觀念、思想、價值觀比較妥當。

　　直到今天，儒家學說對中國、東亞、東南亞，乃至全世界都產生深遠的影響。崇奉儒學為官學的最後一個王朝──大清帝國被民國取代以後，儒家思想才開始受到外來文化的衝擊。不過儘管如此，儒家思想依然是中國社會一般民眾的核心價值觀，同時也是東亞地區的基本文化信仰。

儒家代表人物

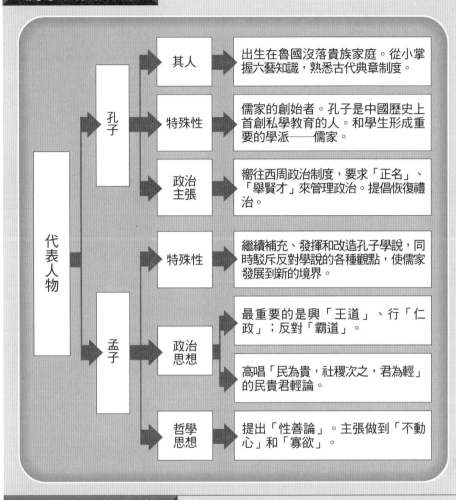

代表人物

孔子

其人	出生在魯國沒落貴族家庭。從小掌握六藝知識，熟悉古代典章制度。
特殊性	儒家的創始者。孔子是中國歷史上首創私學教育的人。和學生形成重要的學派——儒家。
政治主張	嚮往西周政治制度，要求「正名」、「舉賢才」來管理政治。提倡恢復禮治。

孟子

特殊性	繼續補充、發揮和改造孔子學說，同時駁斥反對學說的各種觀點，使儒家發展到新的境界。
政治思想	最重要的是興「王道」、行「仁政」；反對「霸道」。
	高唱「民為貴，社稷次之，君為輕」的民貴君輕論。
哲學思想	提出「性善論」。主張做到「不動心」和「寡欲」。

儒家學說的影響

對後世的影響

儒家學說對後世的影響

- 儒家思想是社會倫理學，或是宗教的倫理學詮釋，但絕不是宗教本身。
- 儒家學說對中國、東亞、東南亞，乃至全世界都產生極深的影響。
- 儒家思想至今仍是中國社會一般民眾的核心價值觀，同時也是東亞地區的基本文化信仰。

UNIT **2-14** 墨家

（一）與儒家並稱「顯學」的墨家

圖解中國史

墨家出現在春秋戰國之交，大約在孔子的儒家學說之後。據傳，墨家學說由墨翟創立，他的思想和儒家曾經一度相當流行，甚至分庭抗禮，並稱「顯學」。當時有「不入於儒，即入於墨」之說；戰國後期墨家的影響一度，凌駕於儒家之上。

墨家及信徒的特點是有一嚴密的組織和嚴格的紀律，並且多半來自手工業者和農民，熟悉工藝技術，掌握一定的科學和軍事知識。因為有強烈的社會實踐精神，他們吃苦耐勞、嚴於律己，把維護公理與道義看作是義不容辭的責任，因此大多是有知識的勞動者。其最高的領袖被稱為「鉅子」或「巨子」，墨家的成員則自稱為「墨者」，所謂「墨子之門多勇士」。按墨家的規定，被派往各國做官的墨者，必須推行墨家的政治主張；行不通時寧可辭職。另外，做官的墨者要向團體捐獻俸祿，做到「有財相分」。當首領的人更要以身作則。

（二）墨家的思想主張

墨子的中心思想是「兼愛」，認為社會上一切的人只有「兼相愛」，才能「交相利」。換言之，如果能使飢餓的人獲得食物，缺衣的人有衣服可穿，辛勞的人可以得到休息，那麼混亂的社會秩序也就因此得以有效地治理了。既然要「兼愛」、「交利」，所以墨家反對侵略戰爭，主張「非攻」。在墨子及其信徒看來，戰爭對失敗者的傷害，結果是既傷人命，也損其才；對勝利者而言，僅僅是獲得了數座城池與稅收，但總體來說也有巨大的損失，所以戰爭是沒有意義的行為。

那麼由誰來實行「兼愛」、「非攻」呢？墨子提出了「尚賢」、「尚同」的主張；建議打破階級局限，選舉最賢能的人來當國王，只要有才能，就選拔他當官，使「官無常貴，民無終賤」。墨子主張經由這些賢人來管理國家，一切在下的人都要絕對服從在上的人，建立一個從上到下絕對的統治權，而一切影響社會安定的事情將不致發生，如此一來便能做到天下「尚同」。

墨子同時也反對掌權的「王公大人」過著奢侈腐化的生活，主張「節用」。他反對儒家所鼓吹的「厚葬」，尤其守喪之人需歷時三年，這麼長的時間將影響國家的生產力，乃浪費之事，因此號召「節葬」，認為貴族們厚葬成風是浪費社會財富。此外，他生活簡樸，認為音樂、舞蹈都是無用的，所以力主「非樂」。

對於宗教信仰方面，墨家的主張是「非命」、「天志」、「明鬼」。墨子認為人們可以通過自己的努力奮鬥來掌握命運，因此「農與工肆之人」都可以當官，同時反對「上智與下愚不移」的命定論。這些對於命運的積極面想法構成他所謂的「非命」思想。至於「天志」在墨子看來是十分重要的，它是衡量一切的標準。無論是「王公大人」，還是「萬民」的所作所為，都可用它來量度。他認為天是有意志的，鬼是存在的，把天和鬼作為制裁、恐嚇當時掌權的「王公大人」們的一種工具，所以人們不可忤逆「天志」和「鬼命」。實際上，天和鬼的意志都是用來警惕統治者不該倒行逆施，這正代表了墨子自己的意志。

墨家學說

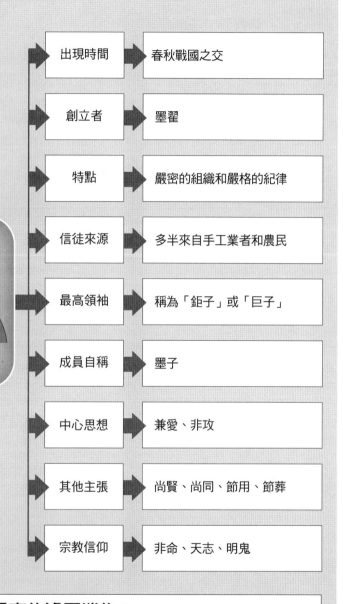

墨家

出現時間	春秋戰國之交
創立者	墨翟
特點	嚴密的組織和嚴格的紀律
信徒來源	多半來自手工業者和農民
最高領袖	稱為「鉅子」或「巨子」
成員自稱	墨子
中心思想	兼愛、非攻
其他主張	尚賢、尚同、節用、節葬
宗教信仰	非命、天志、明鬼

知識補充站　★墨家的遽爾消失？

一度成為顯學的墨家，為何在秦漢以後遽爾消失？這個問題曾引起歷代學者的探討。就內因而言，墨家組織嚴密，弟子必須過著刻苦的生活，捨身行道，不近人情。《莊子》便評論說「天下不堪。墨子雖能獨任，奈天下何。」在外部條件上，大一統帝國以倫理維繫上下秩序，並採法律制度控制各地。墨家打破階級局限，強調平民之風，又具備獨立的集體性格，難以成為新王朝的根基。於是西漢中期司馬遷撰寫《史記》時，墨家不但衰落，連有關的文獻都很稀少了。直到晚清，隨著傳統權威的動搖，學者開始在儒學之外尋求出口，強調實學與奮蹈精神的墨家才又獲得關注。其中關於邏輯知識與工匠技藝的篇章，更被引為接軌西學的思想資源。

UNIT 2-15 法家

（一）法家的起源和發展

法家是先秦以君權為核心的政治思想學派，強調君主利用「法」、「術」、「勢」三者的運作來控制臣民，並實行配套的國家管理方針，以強兵富國為原則，達成霸業。歷史上對法家的評價，多認為他們太過刻薄，忽略人性光輝的一面。

法家的發源地大致有二：一是齊國，一是三晉（即韓、趙、魏）。齊國一派法家思想的重心在於經濟，認為人君當以政令督禁，為人民謀求利益，至於辦法則是以重農政策為中心，輔以節用、輸財、濟困等諸端措施。雖然人民享有充裕的衣食，但法家認為私產不能積聚過多，以致貧富懸殊，因此主張將工商大利收歸國有。此外，人民道德也須以經濟作為基礎，它最為後世所傳誦的兩句話是：「倉廩實而知禮節，衣食足而知榮辱。」

三晉的法家思想，著重在政治上如何鞏固政府地位，加強君主權力。當中又可分為三派：一派重「術」，即以權謀操縱臣民，判別忠奸，加以賞罰處分，使臣民因此悚懼，不敢為非作歹。一派重「法」，主張經由法律，以嚴刑重賞為手段，促其徹底實行。另一派重「勢」，強調勢位對君主之重要，認為君主只要掌握政府的權威，即可號令人民，莫敢不從。

（二）法家代表人物

春秋時期被認為具有法家想法的是齊國的管仲。《管子》對法、律、令的分析是：「法者，所以興功懼暴也；律者，所以定分止爭也；令者，所以令人知事也。」接著是鄭國的子產，他在鄭國進行內政改革，整頓貴族田地和農戶編製，承認土地私有，按畝徵稅等。他率先使用二百斤的鐵鑄造一個鼎器，把新制定的刑書鑄在鼎上，放置於王宮門口，讓百姓都知道新刑法。這就是歷史上有名的刑鼎。

戰國初期曾任魏文侯相、主持變法的李悝，則被視為法家始祖。李悝實行「善平糴」政策，在豐年時官方以平價購買餘糧，荒年以平價售出，以平糧價。此外，他彙集當時各國法律，編成《法經》六篇，係中國古代第一部比較完整的法典，內容主要闡述如何維持治安、緝捕盜賊、防止人民反叛及對犯罪者的判刑等。該書現僅存篇目，內容雖已失傳，但仍可於《秦律》及現今發掘的「秦簡」中反映出來。

商鞅變法則是法家在戰國時重大的成就。他在秦孝公執政期間，先後兩次變法，內容為「廢井田，開阡陌，實行郡縣制，獎勵耕織和戰鬥，實行連坐之法」。於是秦國建立了延續百餘年的「耕戰」國策，且為完成一統天下的抱負，起了關鍵的作用。

真正集「法」、「術」、「勢」大成的人物，是戰國末年的韓非。他的思想學說以勢為體，以法、術為用，更吸收道家的「無為」，構成法家思想中最完備的系統。實際上，韓非之學出於荀子，源於儒家，但他卻反對儒家的賢人政治：因為世上的賢人太少了；惟有君主將威權在握，國家便可以為治。荀子的「禮治」後來韓非並沒有繼承，反倒強化了他對君主如何運用法術和權勢治國，總結了前期法家思想，提出一套比較全面地加強中央集權、鞏固君主統治、防止人民反抗的學說。

法家的派別

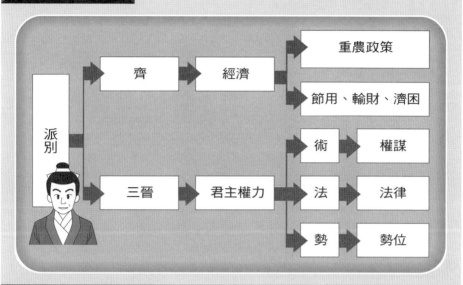

派別
- 齊 → 經濟 → 重農政策
- 齊 → 經濟 → 節用、輸財、濟困
- 三晉 → 君主權力 → 術 → 權謀
- 三晉 → 君主權力 → 法 → 法律
- 三晉 → 君主權力 → 勢 → 勢位

法家代表人物

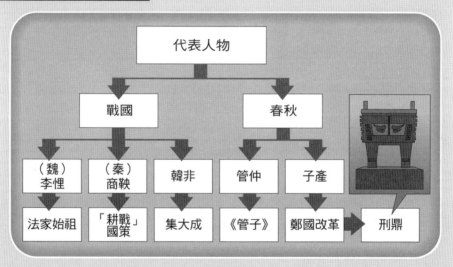

代表人物
- 戰國
  - （魏）李悝 → 法家始祖
  - （秦）商鞅 → 「耕戰」國策
  - 韓非 → 集大成
- 春秋
  - 管仲 → 《管子》
  - 子產 → 鄭國改革
  - 刑鼎

知識補充站 ★商鞅變法的歷史價值

　　戰國時期，各國紛紛尋求富強之道，形成了改革家的黃金時代，商鞅便為其中代表。然而他偏重法律、追求功利的構想，卻不被後世所讚賞。漢朝的賈誼就批評他「違禮義，棄倫理」，敗壞秦國的風俗。

　　秦朝的滅亡，也讓歷代引以為戒：反對政府過度干預，強調以倫理維繫社會秩序，以為徒法不能獨行，道德人心才是根本。即使倡言「天變不足畏，祖宗不足法，人言不足恤」的王安石，也無法越過此線。直到晚清，才有梁啟超寫下《中國六大政治家》，賦予商鞅等變法者正面的歷史形象。

UNIT *2-16*
雜家

（一）雜家反映戰國時代的趨勢

圖解中國史

「雜家」是先秦時代學術思想中的九流十家之一。它不具有原創思想，而取各家所長、避各家所短見長，因此很難區分雜家思想的中心主旨。就目前所知的資料，此一名稱是班固在《漢書·藝文志》中最早提出的：「雜家者流，蓋出於議官。兼儒、墨，合名、法，知國體之有此，見王治之無不貫，此其所長也」，並著錄雜家著作二十種、四百零三篇於其後。直到近代，學者對雜家的定義有更清楚的界定，例如胡適便說：「雜家是道家的前身，道家是雜家的新名。漢以前的道家可叫做雜家，秦以後的雜家應叫做道家。」

事實上，諸子百家到戰國後期彼此相互的影響愈來愈明顯，那時政治的一統已為大勢所趨，使得各家思想爭鳴的情況，漸漸轉入總結階段。像是荀子，不僅是儒、法合流的關鍵人物，也是開啟總結諸子風氣的第一人。他的〈非十二子〉、〈解蔽〉、〈天論〉等篇，正是善於批判和吸收諸家的優秀成果。除荀子以外，韓非對儒家、墨家、楊朱學派和道家也進行批判性的總結。直到西漢初年，雜家學說的影響仍然猶存。

（二）代表著作及其思想

先秦雜家以《呂氏春秋》為代表作。《呂氏春秋》是戰國末年秦國丞相呂不韋組織屬下門客集體編纂的著作，又名《呂覽》，在西元前二三九年完成，正值統一六國的前夕。此書共二十六卷，一百六十篇，二十餘萬字。書中尊崇道家，肯定老子順應客觀的思想，但捨棄了消極的成分，同時又融合儒、墨、法、兵眾家長處，形成了包括政治、經濟、哲學、道德、軍事等各方面的理論體系。據稱，呂不韋編纂此書的目的，在於綜合百家之長，總結歷史經驗及教訓，為以後的秦國統治提供長久的治國方略。

《呂氏春秋》雖然形式上很有系統，但內容並沒有自己獨特的思想體系，而是把諸子百家的學說拼湊在一起。從這一角度看，此書很像是一部先秦諸子百家的史料彙編。不過，把各家學說湊在一起，難免也有重複和自相矛盾之處。如吳起被王錯陷害，由西河出走的故事，重複出現於〈長見〉、〈觀表〉兩篇，而且文字大體相同。自相矛盾之處則如在〈大樂〉篇反對墨子「非樂」，〈振亂〉篇反對墨子「非攻」、「救守」等觀點，而〈當染〉篇卻又以墨子的觀點立論。

然《呂氏春秋》能夠對諸子百家兼容並蓄，企圖把各家學說融合在一起，亦有其時代客觀因素的存在。這是因為戰國後期，秦統一六國的條件已經成熟，然必須為統一需要製造輿論。當時秦國是以商鞅的法家思想作為統治學說，可是呂不韋對此提出異議。換言之，《呂氏春秋》的出現，恰是政治方面列國爭霸，走上統一過程之際，在思想意識形態領域的反映。

雜家

雜家

定義	先秦時代學術思想中的九流十家之一。取各家所長，避各家所短，不具原創思想。
名稱出現	班固《漢書・藝文志》最早提出
近代定義	胡適說：「雜家是道家的前身，道家是雜家的新名。」漢以前道家叫雜家，秦以後的雜家應叫道家。
代表著作	《呂氏春秋》

呂氏春秋

雜家代表作 呂氏春秋

- 呂不韋與門客集體編纂。

- 尊崇道家，肯定老子思想，但捨棄消極成分。

- 融合儒、墨、法、兵眾家之長。

- 從列國爭霸走向統一的思想意識形態反映。

知識補充站 ★雞鳴狗盜的伯樂

戰國後期，除了秦國的呂不韋，齊國的稷下學宮也十分著名，各派學者在此相互辯論，形成「百家爭鳴」的盛況。齊國宗室孟嘗君受此風影響，禮賢下士，數千食客待遇都與自己相同。他出使秦國時，一度遭到囚禁，靠著食客中的「狗盜」偷來狐裘獻給寵妃而脫身；又有食客學「雞鳴」，使函谷關守將提早打開大門，從而順利返國。當初孟嘗君招攬兩人，食客都羞與為伍，這時才感到孟氏的識人之明。雞鳴狗盜雖不登大雅之堂，卻體現出當時的精神，凡有一技之長、一得之見，求才若渴的君侯都願意兼容並蓄，廣納百川。

第 **3** 章
帝國的初治

●●●●●●●●●●●●●●●●●●●●●●●●●●● 章節體系架構 ▼

UNIT 3-1
皇帝制度

（一）皇權的確立和鞏固

圖解中國史

中國邁入帝國統治的階段後，整個社會體制以皇帝為中心，實行皇帝制度。它係以「君權神授」學說為理論基礎，用嚴格的名位、等級和繼承形式，完成各項規定，集中突出皇帝個人的權威地位，擁有至高無上、不受制約的絕對權力。中國的皇帝制度自西元前二二一年由秦始皇創立，經過歷代王朝的不斷發展、強化，直至一九一六年袁世凱的復辟垮臺而徹底廢除，前後歷時兩千一百三十七年。

那麼，皇帝如何能實際控制和指揮整個帝國的運轉？一般來說，主要是通過官僚臣民向上奏事、朝議、刺察等形式，來掌握全國的軍政資訊，進行日常統治。

以奏事來說，有「面奏」和「書奏」的區分。面奏係指具有一定身分的大臣和貴族進宮當面向皇帝反映情況，同時接受諮詢或請示。至於書奏，通常是官員由一定管道呈遞文書，請皇帝裁定或審批。奏事文類，計有章、表、書、啟、議、疏、封事、題本、奏摺、狀、冊等，各有其使用範圍和作用，不允許混淆錯用。康熙和雍正時更推行「密奏」制度，不但具奏人有嚴格規定，而且必須親手繕寫，無論奏前或奏後均不准向人洩露內容。此外，當任何官員奉得皇帝批旨（稱為朱批），也不許向任何人出示，並要限期繳回，不准抄存。密奏制度反映了帝制晚期皇權的極端高漲。

朝議則有「廷議」和「集議」的區別。平日皇帝在殿堂聽政，百官按例朝見，有事向皇帝口頭提出，有爭議時當朝議論，謂之廷議。有些事務皇帝不在朝中提出，而「下其議」於官員，如「九卿會議」、「王大臣會議」，然後再將意見上奏，謂之集議。無論如何，廷議或集議都是為了有利於皇帝做決策。

刺察，即皇帝透過自己控制的監察系統（如明代的錦衣衛和東廠、西廠等），對各級文武官員進行監督和審察，目的在了解社會的政治情況，並加強對社會和百官的控制。

（二）維護皇權的制度

皇帝運用各種方式維護自己的皇權，其中有關名位的規定，即為重要形式之一。譬如，歷朝皇帝會藉由名號樹立自己的正統性，以維護尊嚴：像是皇帝自稱「朕」，臣民稱他為「陛下」；皇帝講的話曰「制」、「詔」；使用的車馬、衣服、器械等百物曰「乘輿」，所在曰「行在」，所居曰「禁中」，後宮曰「省中」；皇帝的印章曰「璽」，所到曰「幸」，所進曰「御」；皇帝的命令有「策書」、「制書」、「詔書」、「戒書」等說法。從漢代起，直到唐、宋、元、明、清各代，又在此基礎上發展、強化、調整及充實，圍繞皇帝的名號形成既系統又嚴密且不容僭用、侵越的名位制度。而對名號制度的使用，還擴大延伸到皇親國戚。

另外皇位繼承也是一個核心問題，關係到皇權延續和王朝穩定。普遍說來，是以由嫡長繼承、順序嗣位的原則：皇位由正后所生的長子繼承，如長子早死，有子即立其子，無子再由嫡次子順序繼承。只有在正后無子的情況下，才可能考慮庶生的長子。但圍繞皇位繼承的殘酷鬥爭隨之俱興，致使騷亂、爭議、政變、兵變、謀殺、篡位等不斷出現，危及帝國統治。

皇權制度的建立

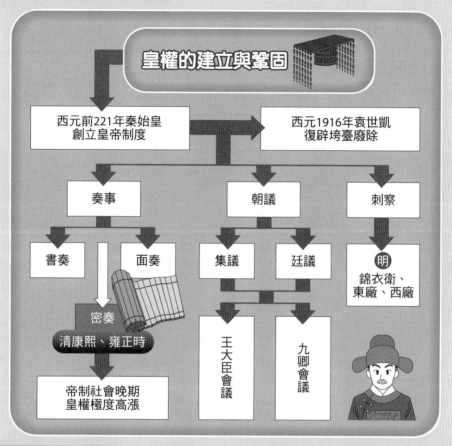

皇權的建立與鞏固

西元前221年秦始皇
創立皇帝制度

西元1916年袁世凱
復辟垮臺廢除

奏事

朝議

刺察

書奏

面奏

集議

廷議

明
錦衣衛、
東廠、西廠

密奏
清康熙、雍正時

帝制社會晚期
皇權極度高漲

王大臣會議

九卿會議

皇權維護

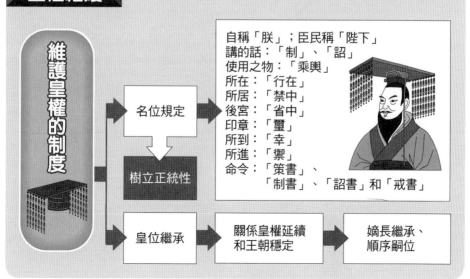

維護皇權的制度

名位規定

樹立正統性

自稱「朕」；臣民稱「陛下」
講的話：「制」、「詔」
使用之物：「乘輿」
所在：「行在」
所居：「禁中」
後宮：「省中」
印章：「璽」
所到：「幸」
所進：「禦」
命令：「策書」、
　　　「制書」、「詔書」和「戒書」

皇位繼承

關係皇權延續
和王朝穩定

嫡長繼承、
順序嗣位

UNIT 3-2
秦始皇

（一）千秋萬載的皇家產業

西元前二二一年，打倒東方六國的秦王政，首次將周代以來多數小國分立的局面改變，建立以漢民族為主體的中央集權國家。儘管在秦統一天下以前，商和周已具備帝國的雛形，但仍是實行氏族或封建組織，而秦帝國卻是徹底的郡縣式帝國，將大權集於中央政府。

這時候的秦王，已不再是秦國的君王，而是全中國的支配者。所以，以「王」為稱號，當然不能對應和相稱其地位，因此使用支配者的稱號「皇帝」。「帝」原為天神之意，是支配自然界和人間的主宰。遠從殷商末期，此語有被用於稱呼先王，但也僅限於死後成為神的先王。因此，意味著神的「帝」之稱號，變成支配天下世界的人物，而秦王政此後便稱為皇帝。

為了確保支配者的絕對性，秦王政不但希望自己長活在世上，還一心想把皇位永遠傳之子孫。他自稱「始皇帝」，意思便是由他開始，「二世三世，至於萬世」。因此，為了確保秦帝國的長治久安，他想盡方法，來防止國內外任何危及統治穩固的可能因素。

（二）秦始皇的功績與評價

秦始皇是中國歷史上一位極富傳奇色彩的劃時代人物。他是中國第一位皇帝，也是邁入中央集權時代的第一人。他一生併天下、稱皇帝、廢分封、置郡縣、征百越、逐匈奴、修長城、通溝渠、銷兵器、遷富豪、車同軌、書同文、錢同幣、幣同形、度同尺、權同衡、行同倫、一法度、以法治國、焚書坑儒，對於中國之大一統事業，乃至中國政制之創建，還有版圖的確立，都起

了不可磨滅的關鍵作用，對後世中國和世界產生不可估量的深遠影響。

然而自古以來，秦始皇也一直是位備受爭議的人物。正面稱譽他的，說他統一文字和度量衡，使得中國自此完成一統大業，不再回到封建時期。至於負面則稱其為專制獨裁的「一代暴君」：不管修建長城、建設馳道、焚書坑儒等，全以「子孫萬世之業」為著眼點，但其暴行惡狀卻流傳萬世。

平心靜氣而論，秦始皇的功過都有其時代背景的因素所致。譬如他為了防止先秦六國的勢力重起，除了進行制度的劃一外，不得不構築南北交通路線，整備全國的道路網，以防叛亂發生。而銷兵器、遷富豪，乃至焚書坑儒等舉動，都有類似的統治考量。像是焚書，其實是為了思想統制，醫藥、卜筮、農林之外的書籍必須繳出和限期燒掉。坑儒中「儒」的身分，實為那些提倡神仙道且毀謗皇帝的方士與儒者。同時為了抵抗南北外族帶來的戰禍，他下令修建長城，並且屢次巡遊南北各地，沿途刻劃無數紀功碑，甚至出兵北逐匈奴，南平百越。

所以，當我們評量秦始皇的歷史功過時，必須衡量到他和時局的交涉關係，認真理解他所處的環境，以及任何舉動背後的緣由，這樣才能有一番比較公允的認識。

秦始皇的功與過

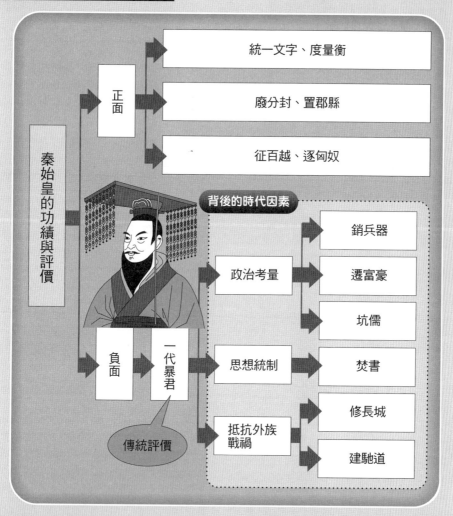

秦始皇的功績與評價

正面
- 統一文字、度量衡
- 廢分封、置郡縣
- 征百越、逐匈奴

負面 → 一代暴君

傳統評價

背後的時代因素

政治考量
- 銷兵器
- 遷富豪
- 坑儒

思想統制
- 焚書

抵抗外族戰禍
- 修長城
- 建馳道

知識補充站 ★對「焚書坑儒」的辯護

　　傳統中國歷史上，秦始皇的「焚書坑儒」都被認為是負面之舉，但也有人提出不同的省思。像是清代的朱彝尊，在〈秦始皇論〉中則是替他辯護，認為秦始皇所要坑殺的是「亂道之儒」，而不是聖人之徒。此外，焚燒的典籍其實都是諸子百家的「邪說」，並非是真正要燒掉詩書；但如果只是焚燒諸子書而不燒詩書，則諸子「邪說」有所附會，所以不得不連同詩書一併燒毀。

　　朱彝尊由此得出一個結論：「焚書坑儒」中的「儒」是那些亂發議論的處士，把秦始皇逼到不得已，最後才走到這個極端。所以，真要說是誰造成「焚書」的結果，絕非為秦始皇焚書，而是那些亂發議論的處士所間接造成的。

UNIT 3-3 萬里長城

（一）各代長城的修築

圖解中國史

長城是不同時期的古代中國為了抵禦塞北游牧民族侵襲而修築的軍事工程。它的修築始於春秋戰國時代，距今有兩千多年的歷史，其中尤以秦、漢、明三代的規模最大。萬里長城之名，始自秦始皇。據司馬遷《史記‧蒙恬傳》：「秦已併天下，乃使蒙恬將三十萬眾，北逐戎狄，收河南，築長城。因地形，用險制塞，起臨洮，至遼東，延袤萬餘里。」秦長城把過去秦、趙、魏、燕等國的長城連接起來，從臨洮到遼東。現存的長城遺蹟主要始建於十四世紀的明代，從明太祖洪武至明神宗萬曆年間，歷經先後二十次大規模的修建，西起嘉峪關，東至虎山。

萬里長城的修築，由於歷代的生產力、技術水平及面臨的軍事形勢不同，因此在構造、形制、面貌和建築方法也互有不同。然大體來說，係以「因地形，據險制塞」為基本法則。它並非是一道孤立的城牆，而是由大量建築所組成的嚴密防禦體系，主要由關隘、城牆與樓臺、烽燧三部分組成，此外，還包括其他一些的附屬設施。根據二〇〇九年中國國家測繪局及國家文物局最新的考古研究報告顯示，長城全長共八千八百五十一公里。一九八七年聯合國教科文組織更將長城列入世界文化遺產。

（二）長城的軍事和文化意義

長城自古以來是農耕的漢民族用來防禦北方游牧民族的前線。游牧騎兵雖有優良的機動能力和強大的攻擊力，但對於城垣的防禦體系卻始終無能為力，因此修建長城的確能夠有效遏阻北方民族的侵擾。當然，僅僅倚賴長城的消極防禦，事實上並不能阻止有組織、大規模的進攻，中國歷史上仍不乏有越境之游牧民族。

從文化層面來說，長城的存在也是一個華夷之別的精神防線。尤其是在近代，中國人更屢以萬里長城作為國族的想像和象徵。〈長城謠〉一曲本為「盧溝橋事變」後，上海華藝影片公司劇本《關山萬里》的插曲，描述東北被日本占領的痛苦，也傳達急切返鄉的期待，後來影片未拍成，這首歌卻風行成為抗戰歌曲。今日中華人民共和國的國歌〈義勇軍進行曲〉中，也有「不願做奴隸的人們，把我們的血肉築成我們新的長城」的歌詞，號召在國家最危急的時刻，抵禦入侵。此外，「長城」也成為中國各種產品、企業廣泛使用的品牌名稱之一。

然而長城的負面評價也不少。如陳琳〈飲馬長城窟行〉：「男兒寧當格鬥死，何能怫鬱築長城」，譏諷修築長城勞民傷財，是「閉關鎖國」的象徵；又如香港Beyond樂隊的歌曲〈長城〉：「帝王的勳章、戰士的胸腔……以為從此不再聽到在呼號的人」，因為醜化中華人民共和國禁錮人民思想，而遭有關當局列入「黑名單」，禁止播放。在中國民間有「哭長城」故事，孟姜女的丈夫被抓去修築長城，後死於城牆之下，為此孟姜女在城下痛哭，哭倒城牆八百里，更被廣為流傳。

萬里長城

長城的修築過程

春秋戰國時代，秦、趙、魏已小有規模。

→

秦連接過去的長城，從臨洮到遼東。

→

各代陸續有修建

→

明太祖洪武至明神宗萬曆，歷經二十次大規模修築。

→

西起嘉峪關，東至虎山。

長城的意義

長城的軍事和文化等意義

負面

姜女在城下痛哭，哭倒城牆八百里。 被抓去修築長城，死於城牆下，為此孟 民間「哭長城」故事中，孟姜女的丈夫

遭有關當局列入「黑名單」，禁止播放。 醜化中華人民共和國禁錮人民思想，而 Beyond樂隊的歌曲〈長城〉，因為

民傷財，是「閉關鎖國」的象徵。 陳琳〈飲馬長城窟行〉譏諷修築長城勞

正面

用的品牌名稱之一。 成為中國各種產品、企業廣泛使

現代意義

城作為國族的想像和象徵。 近代以萬里長 華夷之別的精神防線。

文化

族的侵擾。 有效阻止北方民 修建長城能 族的前線。 禦北方游牧民 農耕漢民族防

軍事

UNIT **3-4** 孟姜女傳說

（一）通行的孟姜女傳說

圖解中國史

民間流傳的故事和傳說往往經由多重演變，最後呈現出與本來實際情況相異的內容，源於中國的「孟姜女哭長城」，即是一例。

這則故事最通行的版本是這樣的：秦始皇徵調全國壯丁修築萬里長城。蘇州萬家有一獨子，名叫萬喜良；由於萬員外不捨兒子，遂讓萬喜良連夜逃離，因此，被通緝在外。後來陰錯陽差，萬喜良闖入孟家宅院，千金孟姜女正好到庭園玩耍，不慎跌入荷花池。她爬起來脫衣扭乾，被萬氏窺見，無地自容只有成婚。雙方締結良緣本為喜事一樁，但萬氏逃役的身分不幸洩露，官府欲逮捕他，並送往修築萬里長城。萬喜良生素體弱，不到幾天就死了。妻子孟姜女生要見人，死要見屍，故長途跋涉到長城，悲慟不已，伏地大哭。忽然間長城倒塌，牆基下露出屍骨。秦始皇聽說孟姜女哭倒長城，破壞公共建設，大為震怒，派人捉拿孟姜女。不料，一見後驚為天人，想納為妃；孟姜女佯裝答應，要求秦始皇為亡夫在江邊舉行祭典，乘機投水自殺。

孟姜女的民間故事強化秦始皇性格的殘暴，而好色形象亦更加鮮明。可是故事內容卻是歷經不斷修正，愈來愈精彩，當然離歷史也愈來愈遠。

（二）還原孟姜女的真面貌

最先注意到孟姜女故事演變的，是明末清初學者顧炎武。他在《日知錄》中闡述了孟姜女流傳的過程。近代學者顧頡剛等人則做了更詳盡的闡述；根據顧氏的還原，孟姜女故事的原型，出自《左傳·襄公二十九年》。然而《左傳》的這則史事非常簡略。大意是說：春秋時期齊國和莒國打仗，齊國大夫杞梁（也叫杞殖）拒絕莒國的賄賂，戰死沙場。齊王回國，在郊外遇到杞梁的妻子，派人向她弔唁，她不接受，堅持齊王依禮到她家裡弔唁。在《左傳》裡，杞梁的妻子十分理性，似乎沒哭；可是到了戰國時期，《禮記·檀弓》卻寫她在路上迎柩而哭；至於西漢劉向的《列女傳》，描述得就更誇張了，說她連哭十天，哭到城牆崩塌，最後投水自盡。到此，孟姜女故事的雛形浮現。

在唐人所留《琱玉集》轉載的《同賢記》，則進一步將故事設定於秦始皇修築長城。男主角杞良因築城戍卒，吃不了苦，逃至孟家後園，偷窺孟家女兒孟仲姿洗澡。孟仲姿羞愧，只好和杞良結婚。後來杞良回到工地被打死，遺骸埋在牆基。孟仲姿傷心欲絕，嚎啕大哭，哭倒眼前一面長城，發現一堆屍骨，卻不知道哪個是杞良的。仲姿哭出血來，血流入杞良遺骸，仲姿便帶著丈夫屍骨歸葬。

如此血流尋夫的描繪，之後歷經宋、元、明、清各代文人的共同創作，出現各種修正版本。於是男女主角的姓名、身世、故事細節、哭城地點、尋夫路線，紛紛有不同的說法。杞梁後來訛化成「萬喜良」或「范喜良」，其妻則成為孟姜女。所以南宋鄭樵便說：「杞梁之妻，與經傳所言者，數十言耳，彼則演成萬千言……。」直到元代，開始將孟姜女的故事搬上舞臺，成為戲曲的元素，陶宗儀的《輟耕錄》中載有最早的劇本名目。明代中葉以後，各地更興起為孟姜女立廟的運動。

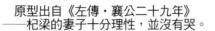

孟姜女的傳說過程

```
原型出自《左傳・襄公二十九年》
──杞梁的妻子十分理性，並沒有哭。
                ↓
《禮記・檀弓》──迎柩而哭。
                ↓
西漢《列女傳》──連哭十天，孟姜女故事的雛型浮現。
                ↓
唐《琱玉集》轉載的《同賢記》，設立秦始皇修長城。
                ↓
元代將孟姜女故事搬上舞臺。
                ↓
明中葉後，興起為孟姜女立廟的運動。
```

以女性感情為訴求

以秦始皇形象為訴求

以道德重整為訴求

★中國四大民間故事

　　孟姜女傳說被譽為中國四大民間故事之一。另外三個分別是「牛郎織女」、「梁山伯與祝英台」以及「白蛇傳」。它們全部都與愛情有關，對廣大民眾生活具有深刻的影響。

　　「牛郎織女」講的是牛郎與下凡的仙女織女相戀，此事觸犯天條，但天上喜鵲被他們的愛情感動，化作「鵲橋」，讓牛郎織女團聚。之後王母娘娘也受其影響，讓兩人在每年農曆七月初七於鵲橋相會。

　　「梁山伯與祝英台」的故事，則是敘述梁山伯與女扮男裝的祝英台悲劇性的愛情，被認為是千古絕唱。「白蛇傳」約成於南宋時期，明代作家馮夢龍《警世通言》第二十八回就有「白娘子永鎮雷峰塔」。故事描述一個修練成人形的白蛇精──白素貞與凡人許仙之間曲折的愛情故事。然因白素貞與代表「正道」的法海和尚衝突，突出了頑強鬥志和為愛犧牲的精神。最後雖仍以「白娘子」失敗而告終，但其悲劇性征服了廣大觀眾。

UNIT **3-5** 西楚霸王項羽

圖解中國史

（一）「諸侯上將軍」傳奇

秦帝國建立不過十五年的光景，很快便走向滅亡之途。在秦始皇死後，權臣趙高勾結胡亥與李斯，偽造遺詔立胡亥為帝，並賜秦始皇長子扶蘇死。秦二世胡亥繼位後，由於個性昏庸，沒有能力控馭各地的反抗力量，終於在西元前二〇九年，陳勝、吳廣率先起兵反秦，兩人聲勢浩大，引來紛紛響應。

項羽是楚國貴族後裔，史書上說他力能扛鼎，才氣過人，勇武無敵。項氏的祖父在今日蘇州也舉兵起事，獲得多人歸附，並挾楚懷王嫡孫，仍號「懷王」以爭取楚地民心。受到家風影響所致，項羽很年輕就加入了反秦行列，且在軍中屢建奇功，成為「諸侯上將軍」，擔任各路諸侯軍隊的統帥。他曾命令楚軍在一夕之間坑殺秦降兵二十餘萬人，又曾不計前嫌，以仇人來治軍，因而聲名大噪。

（二）楚漢相爭

當項羽繼續向秦帝國的政治中心——關中進軍時，卻被另一支由劉邦率領的軍隊搶得先機。後來兩軍對峙，當時項羽統率四十萬軍隊，而劉邦只有十萬人。項羽的屬下遊說他藉此鏟除劉邦，可是項羽卻在鴻門宴請劉邦，席間非但沒有殺他，還讓他平安離去，史稱為「鴻門宴」。不久項羽進入咸陽後，便殺秦降王子嬰，並焚燒秦宮（不是阿房宮），大火維持三個月。據稱所到之處「無不殘破」，致使關中人民對他大失所望。

之後，項羽尊楚懷王為「義帝」，仗著自己滅秦功高，另行分封天下。他先自立為「西楚霸王」，統治梁楚九郡，定都彭城；又把原來六國的土地封給有功的部下和其他反秦將領，至於六國後裔反而被徙封到偏遠地方；並且違背與懷王之約定，把關中封給三位降將，將劉邦封到漢中當漢王。這些不當的分封措施，埋下了日後項羽多面受敵的失敗種子。

西元前二〇六年，漢王劉邦出兵占領關中，展開與項羽間的爭奪。三年後，楚、漢兩軍因拉鋸而議和，平分天下，以鴻溝為界，西歸漢，東歸楚。結果劉邦違背約定，出兵攻楚。西元前二〇二年初，漢軍三方在垓下包圍糧食不足的楚軍，並要士兵以楚地的方言唱歌，讓項羽軍隊誤以為他們的家鄉已經被漢軍所掌握。這「四面楚歌」的心理戰術，終使楚軍軍心渙散。項羽和他寵幸的虞姬突圍不成，退至烏江自刎。漢軍終取得最後勝利。

（三）後世對項羽的評價

項羽性格剛愎自用，最終落得失敗的下場，但他寧死不願愧對江東父老，與虞姬悲壯美麗的愛情，卻為後代所追思。儘管史家司馬遷批評過項羽的「霸王之業」，可是仍將他列入〈本紀〉，與上古的統治者具有同等地位，是唯一享此殊榮而無帝王（皇帝）頭銜的人，可見其歷史意義。

至於中國傳統戲曲裡，也多和項羽有關的內容，如近代京劇中有一名劇——「霸王別姬」即是。

西楚霸王項羽

項羽失敗的原因

- 未在鴻門宴上殺死劉邦。

- 殺秦降王子嬰，焚燒秦宮，使關中人民失望。

- 分封措施不當。

- 垓下被圍，「四面楚歌」心理戰術使楚軍渙散。

項羽烏江自刎

UNIT 3-6 平民皇帝劉邦

（一）大丈夫當如是

圖解中國史

西漢太祖高皇帝劉邦是中國歷史上第一位平民出身的皇帝，他出生於江蘇沛縣的農戶家裡。據說，年少時的劉邦性格豪爽，不喜讀書，也不願從事農作，經常被父親訓斥為「無賴」。成年後，我行我素的劉氏做了泗水亭長，和縣裡官吏們混得很熟，在當地小有名氣；他在秦都咸陽服徭役時，見到秦始皇出遊，曾發出「大丈夫當如是」之歎。

有次劉邦奉命押解犯人到驪山，途中不少人逃脫，率性的劉邦乾脆放走所有人，自己成為反秦勢力之一。楚漢相爭前期，劉邦入關中，與父老「約法三章」，凡「殺人者死，傷人及盜抵罪」，使秦都咸陽很快地恢復社會秩序，並贏得人心。後來他在蕭何、張良、韓信等人的協助下，終於徹底擊垮項羽楚軍，完成一統中國的大業。

（二）隨性不拘的性格

一位出身平民的人，如何走上帝國統治的道路，最後成為天下共主？這是許多人感興趣的問題。我們大致可以從劉邦「隨性不拘」的人格特質得到答案。儘管被父親斥為「無賴」，做事我行我素，卻能籠絡容納天下英雄，為他所用。他在稱帝後不久，某次設宴問群臣：自己何以得天下？而項羽又為何失天下？當時有人回答：「陛下每次派人攻城掠地，往往將所降的戰果授與部屬，是『與天下同利』。可是項羽性格卻妒賢嫉能，對有功的部屬加以殺害，對賢能的部屬又加以懷疑動機，至於戰勝後不懂得分享、賜予戰利品，獲得土地也不拿來犒賞部屬，因此才會失去天下。」劉邦回答：「各位只知其一，不知其二。說到運籌帷幄的打仗策略，能夠決勝於千里之外，我的能力不如張良；而治理朝廷、安撫百姓、令天下糧食富裕不致挨餓，我的能力不如蕭何；就連統帥百萬之軍，每戰必勝，每攻必取，我的能力也不如韓信。這三位都是人中豪傑，可是我都能善用他們的本事，這是我之所以最後可以得到天下的原因。」這番話顯示劉邦具有識人之明，又能廣納眾議，才是致勝關鍵。

另一件事也能顯示劉邦容納異見的胸懷。他早年輕視儒生，稱帝後仍認為讀書無用。有一回儒生陸賈在劉邦面前言必稱《詩》、《書》治天下，結果劉破口大罵：「我居馬上得天下，何需理會《詩》、《書》上所說的話！」陸氏據理力爭說：「馬上得天下，難道可以馬上治天下嗎？秦以刑法併得天下，假使施行仁義、取法先聖，陛下又怎能得天下而有之？」劉邦心中感到尷尬，還是命陸賈嘗試撰寫秦失天下和自己得天下等成敗因素，上奏給他。後來每寫完一篇，劉邦無不稱贊，左右群臣皆高呼萬歲。劉邦甚至稱此為「新語」。劉輕視儒生的行為也獲得修正，還曾經親自準備祭品，祭祀孔子。

小博士解說

早年，淮陰市屠戶中有個年輕人侮辱韓信說：「你雖個子高大，其實內心很膽小。」甚至當眾侮辱他說：「你當真不怕死，就拿劍刺我；如果怕死，就從我胯下爬過去。」韓信彎下身去，從他胯下爬過去。滿街的人都嘲笑韓信。其實韓信並不是怕這個年輕人，而是沒有道理殺他，他認為沒有道理的事不能做，因此寧可受辱也不傷人。就因他能忍人所不能忍，才能成就大事。

平民皇帝劉邦

劉邦成功之路

出生於江蘇沛縣的農戶家。

年少時性格豪爽，不愛讀書，不願從事農作，經常被訓斥為「無賴」。

成年後做泗水亭長，在當地小有名氣。

在秦咸陽服傜役時，見秦始皇出遊，曾發出「大丈夫當如是」之歎。

奉命押解犯人到驪山，途中不少人逃脫，劉邦乾脆放走所有人，自己成為反秦勢力之一。

楚漢相爭前期，劉邦入關與父老「約法三章」，凡「殺人者死，傷人及盜抵罪」，使咸陽很快恢復社會秩序，贏得人心。

在蕭何、張良、韓信等人的協助下，徹底擊垮項羽楚軍，完成統一大業。

劉邦成功的人格特質

劉邦成功的人格特質

隨性不拘	儘管被父親斥為「無賴」，做事我行我素，卻能籠絡容納天下英雄，為他所用。
與天下同利	每次攻城掠地，往往將所降的戰果授與部屬。
有識人之明，能廣納眾議	善用張蕭韓三位人中豪傑，是最後可以得到天下的致勝關鍵。
容納異見的胸懷	早年輕視儒生，稱帝後仍認為讀書無用。儒生陸賈在劉邦面前言必稱《詩》、《書》治天下：「馬上得天下，難道可以馬上治天下嗎？」劉邦命陸賈嘗試撰寫秦失天下和自己得天下等成敗因素，上奏給他，稱此為「新語」。輕視儒生行為也獲得修正。

UNIT **3-7**
丞相制度

（一）三公九卿

　　秦代建立一統帝國，除了皇帝掌握所有的權力之外，還有維繫整個行政運作的官僚，位居一人之下、萬人之上的丞相也不容忽視。

　　這項制度起源於春秋時期，到秦代成為正式的官名。漢代的官制大體因襲秦代，中央政府的高級官吏以丞相、太尉、御史大夫為主，稱之為「三公」，但丞相仍是全國官吏的最高首長，掌理國家的大政，為「行政的首腦」。太尉是軍隊的最高指揮官，本來在秦代掌理全國軍事，至漢代已不能掌握軍事全權，但其威望尊崇並未稍減，惟因實權不大，時廢時置。御史大夫一職對有野心的丞相來說是個牽制，其責任是考察文職官員的表現，有時甚至也負責監察丞相對國事的處理。漢代的御史大夫權力甚大，通常皇帝的詔書會先經過御史大夫，才轉給丞相；而丞相上書也由御史大夫轉達，顯然對丞相具有監視與制衡的作用。

　　「三公」之外又有「九卿」，負責特定的行政範圍之任務。九卿主要為皇室之私臣，所負的職責彼此間有相當大的差異。例如「太常」，任務是掌管國家的宗教祭祀，有時還負責接收和考核擔任官職的候選人；「光祿勳」掌管的是大批等待官職、執行任務的各種顧問人員和廷臣；「衛尉」為皇宮提供保衛安全；「太僕」則負責維護帝國需要的運輸工具──車、馬及其裝備；「廷尉」負責法律程序及各地送來需要判決的案件；「大鴻臚」負責接待外國的顯貴人士；「宗正」負責保存宗室的紀錄；「大司農」主要掌管稅收（用錢和穀物支付的土地稅與人頭稅），支付官員的俸祿和供給軍隊需要的給養，又負責執行特定的經濟措施，例如國家的鹽鐵專賣、平抑物價及運輸；「少府」的職務是維持皇室的生活。

（二）丞相制的沿革

　　丞相制在中國歷史上幾經變遷，大概都跟皇帝權力的擴張有關。如漢武帝時，政務職權逐漸轉移到尚書手裡，稱之「內廷」，方便皇帝一人決策。至於由丞相所全面領導的那些官署正規機構則稱為「外廷」。儘管外廷係由職業文官組成，可是到了武帝後期，許多產生影響的重要決策都由內廷的人參與制定。換言之，尚書於是成為權重的政務機關。

　　自兩漢起，「丞相」一詞遂由不同掌握重權的行政官員代表，端看皇帝君權一人意志為何。無論中書監、中書令、侍中、尚書令、僕射，乃至隋唐三省制（中書、門下、尚書）、宋代同平章事、元代中書省、明代內閣大學士，或清代軍機大臣等均係如此。在所有的官職中，丞相的變化實為最多，這是由於歷代君主既需要丞相幫助輔佐政事，同時又擔心他們的權位過重，危及自身權力。特別是君權高漲的時代，愈是能力有為的皇帝就愈無法長期忍受權力過大的相權，故對相權不斷地裁減。明太祖朱元璋的罷相，就是一個具體的實例。

三公制度

三公（中央政府的高級官吏）	丞相 → 全國官吏最高首長——行政首腦	監視與制衡作用
	太尉 → 軍隊的最高指揮官	
	御史大夫 → 考察文職官員表現、監察丞相	

九卿制度

九卿（皇室的私臣）	
太常	掌管國家宗教祭祀
光祿勳	掌管各種顧問人員和廷臣
廷尉	法律程序及需判決的案件
大鴻臚	接待外國顯貴人士
宗正	保存宗室的紀錄
大司農	掌管稅收、執行特定經濟措施
少府	維持皇室生活
衛尉	為皇宮提供保衛安全
太僕	負責維護帝國需要的運輸工具

★蕭規曹隨的故事

劉邦建立漢朝後，蕭何擔任相國，參考前朝文獻，制訂典章及制度。他死前，推薦由曹參繼任。曹參上任後，整日飲酒吃肉，清靜無為。漢惠帝覺得曹氏墨守舊規，問他為何如此？曹參問說：「皇上跟先帝誰比較聖明？」惠帝說：「我怎麼敢跟先帝比？」曹參又問說：「那麼，我跟蕭何誰較賢能？」惠帝說：「你不及於蕭何。」於是曹參說：「陛下說得對，高祖與蕭何共定天下，法令已經完善。今日陛下垂拱，我則守職，不好嗎？」因此舉政皆無所變更。這段故事日後廣為流傳，後人比喻「蕭規曹隨」，意即依循前任所訂的規章行事。

UNIT 3-8
司馬遷與《史記》

圖解中國史

（一）司馬遷的生平與性格

　　司馬遷是一位偉大的史學家和文學家。他出生於史官世家，父親司馬談是漢武帝時期的太史令，也是一位非常傑出的學者。受到家學遺緒，司馬遷繼承父職，任太史令。

　　西元前九十七年，名將「飛將軍」李廣的孫子李陵主動請纓出擊匈奴，結果兵敗被俘，漢武帝為此震怒。當時滿朝文武以為李陵叛降，理當全家受誅。而在這時，身為太史令的司馬遷卻挺身為李陵辯護。他認為李陵敗降是因為「救兵不至」；儘管兵敗，卻以少勝多，以弱勝強，有意澄清。

　　可惜這番表述沒有得到漢武帝的理解，反而讓皇帝誤認司馬遷批評自己用人不當，造成軍事失利。於是盛怒下，將司馬遷投入牢獄，以「誣謗」的罪名判處死刑。當時死刑有兩種方式可以充抵，一是「贖錢五十萬減死一等」，另一是「死罪欲腐者，許之」，處以腐刑（閹割）。由於沒有足夠的金錢，司馬遷只得屈辱地接受腐刑。出獄後，司馬遷改任中書令，歷經八年發憤撰寫史書，亦欲「究天人之際，通古今之變，成一家之言」，完成了中國第一部紀傳體通史——《史記》。

（二）《史記》的內容與地位

　　司馬遷跟父親一直都有承繼《春秋》而修史的宏願。司馬遷曾把「紹明世」、「繼《春秋》」的工作，與周公、孔子的事業連繫起來，認為如此才能「撥亂世反之正」。也就是說，對《春秋》性質的深刻認識和對現實史學需要的迫切感受，共同促成了司馬遷《史記》的完成。

　　《史記》是一部通史，時間上起自黃帝，下迄漢武帝，縱貫了遠古以來的歷史；空間上則於中國以外，寫及所知的整個世界，包括匈奴、朝鮮、南越、西南夷、大宛等，一一載入。《史記》在中國史學上享有至高的聲譽，絕非偶然，有其客觀的特點。例如，該書以「紀傳體」為體例，透過人物和時間來傳達歷史的特色，也是司馬遷的創設。像是〈本紀〉記載歷代帝王盛衰的緣由；〈表〉要闡明同一段時期、不同空間的發展狀況；〈書〉則是述說典章制度的設立與演變；〈世家〉表揚那些對帝王有功的名臣諸侯；〈列傳〉描寫社會各階層中多元樣貌的人們。全書有嚴密的思想邏輯體系，自此例一定後，成為歷代撰作史書重要的則例。

　　此外，司馬遷除寫帝王將相的事蹟外，還兼寫社會上形形色色的人物，像是儒林、循吏、游俠、貨殖者流，皆寫入列傳，關照到社會整體的面相。《史記》不僅記載偏遠地區其他民族的山川地域、風俗人物，司馬遷更遍足各處，採訪耆舊。

　　最後，《史記》價值在於深刻地總結秦漢之際的歷史經驗。該書以詳近略遠的方式，記錄距司馬遷當時約百年的史事，概括有如下問題：為何秦國能擊敗六國，完成統一大業後又招致速亡？楚漢相爭中，強大的項羽何以敗給弱小的劉邦？處於極盛時期的漢武帝，在統治上面臨什麼新的問題？這些問題，既是司馬遷所處時代的重大問題，也是《史記》不朽的因素所在。

司馬遷與《史記》

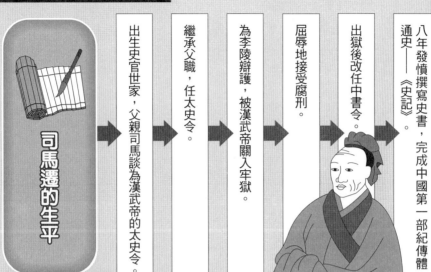

司馬遷的生平

出生史官世家，父親司馬談為漢武帝的太史令。

繼承父職，任太史令。

為李陵辯護，被漢武帝關入牢獄。

屈辱地接受腐刑。

出獄後改任中書令。

八年發憤撰寫史書，完成中國第一部紀傳體通史——《史記》。

《史記》

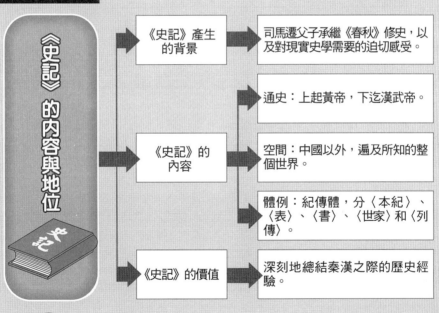

《史記》的內容與地位

《史記》產生的背景 → 司馬遷父子承繼《春秋》修史，以及對現實史學需要的迫切感受。

《史記》的內容 →
- 通史：上起黃帝，下迄漢武帝。
- 空間：中國以外，遍及所知的整個世界。
- 體例：紀傳體，分〈本紀〉、〈表〉、〈書〉、〈世家〉和〈列傳〉。

《史記》的價值 → 深刻地總結秦漢之際的歷史經驗。

知識補充站 ★兩個司馬大不同

司馬遷、司馬光雖然同姓司馬，但兩人相差一千多年。他們相同之處是各留下了一部傳世的重要史著：《史記》及《資治通鑑》。司馬遷撰寫的《史記》為紀傳體，按人物記載；而司馬光的《資治通鑑》則是編年體方式，以年代為綱目。

UNIT 3-9
桑弘羊與《鹽鐵論》

圖解中國史

（一）桑弘羊的生平及財政主張

桑弘羊是西漢武帝時期著名的財政專家。他出生於洛陽，父親為當地商人。十三歲時，因其智巧被漢武帝選用入宮，擔任「侍中」。侍中是一親近皇帝的官職，可以經常出入宮中，深受重視。桑弘羊當任侍中期間，多次參與軍國大事的討論，他了解漢武帝的為人和抱負，也深受其影響，這段期間長達二十六年。

由於漢武帝連年向匈奴用兵，國家府庫財政發生困難。為了彌補財政虧空，大臣向漢武帝推薦山東的大鹽商東郭、咸陽和河南南陽的大冶鐵商孔僅，擔任「大農丞」，利用他們經商的經驗和技術，管理鹽鐵事務，通過鹽鐵收歸官營增加國家收入。因為桑弘羊善於計算經濟問題，武帝於是找他一起規劃。桑弘羊提出「算緡」和「告緡」的辦法，對工商業者增稅和鼓勵告發，全國雷厲風行。同時又推行鹽、鐵、酒的專賣制度，以「均輸」和「平準」來調節各地物資，防止私鑄的劣質錢幣流通，穩定市場。

但桑弘羊的政策也遭到許多人反對。鹽鐵的官營固然增加政府的財政收入，可是對百姓也有不利之處。例如，政府將鹽鐵的銷價訂得太高，強制民眾購買，反而增加其負擔和不便。在武帝死後、漢昭帝即位不久，全國各地擁有功名的賢良文學之士，聚集於京師，對桑弘羊的政策提出批判。桑弘羊時任御史大夫，便接受挑戰，與他們展開激辯。當中桑弘羊代表官方立場，共發言一百一十四次，由桓寬加以記載，即著名的《鹽鐵論》。這場論戰之後，只廢除了酒的專賣，其他政策仍然維持。隔年，桑弘羊捲入燕王劉旦及上官桀謀反的事件，被殺。

（二）《鹽鐵論》的歷史意義

由西漢桓寬所編著的《鹽鐵論》，不僅反映桑弘羊與賢良文學之士這次「鹽鐵會議」爭議的始末，實際上也是中國古代的一本政論性散文集。

全書共六十篇，從內容來看，第一篇至第四十一篇，記述了會議正式辯論的經過及雙方的主要觀點。第四十二篇至第五十九篇則寫會後雙方對匈奴政策、法制等問題的爭論要點。最後一篇則是後序。

以意義言，《鹽鐵論》無疑是研究西漢經濟史、政治史的重要史料。由於《史記》對桑弘羊的記述不夠完備，《漢書》又未立專傳，幸《鹽鐵論》因有桑弘羊的對話，可以補此不足。另外，《鹽鐵論》採用對話體的寫法，並且各篇之間互相聯繫，在古代散文作品中也是很少見的。

唯一美中不足是《鹽鐵論》的作者桓寬偏向儒家思想，在敘述文字裡對賢良文學之士多加讚揚，而描述政府官員們的窘態，或默然不對、或勃然作色、或憮然內慚等，頗有貶抑之辭。但無論如何，比起西方經濟學的亞當斯密《國富論》，這部書要早了將近二千年，是很難得的政治經濟學文獻。

桑弘羊的主張

桑弘羊的生平與財政主張

生平
- 出生洛陽，父親從商。
- 13歲被選入宮，任「侍中」。
- 長達26年參與軍國大事討論。
- 提出「算緡」和「告緡」，對工商業者增稅和鼓勵告發。

財政主張
- 推行鹽、鐵、酒專賣制度。
- 用「均輸」和「平準」調節各地物資。

《鹽鐵論》

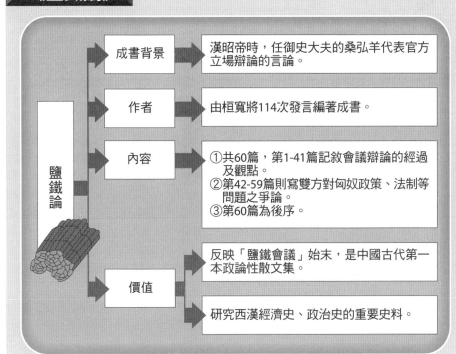

鹽鐵論

成書背景 → 漢昭帝時，任御史大夫的桑弘羊代表官方立場辯論的言論。

作者 → 由桓寬將114次發言編著成書。

內容 →
①共60篇，第1-41篇記敘會議辯論的經過及觀點。
②第42-59篇則寫雙方對匈奴政策、法制等問題之爭論。
③第60篇為後序。

價值 →
反映「鹽鐵會議」始末，是中國古代第一本政論性散文集。

研究西漢經濟史、政治史的重要史料。

UNIT 3-10
張騫和班超

漢代是中國史上的盛世之一。其中為人津津樂道的，是張騫和班超外交上的勝利。

圖解中國史

（一）張騫的「鑿空」外交

張騫是西漢武帝時期著名的外交使節，也是一位卓越的探險家。當時的武帝有意聯合西北大月氏國，共擊外患匈奴，於是派張騫率領百餘名人員出使西域，從隴西（今甘肅）流域出發。在途中，張騫不幸遭匈奴虜獲，但首領單于並沒有殺掉他，而是將其囚禁，還讓他娶妻生子。儘管如此，張騫卻沒有忘記自己的使節身分，繼續等待有朝一日能完成使命。

終於在西元前一二九年，張騫有機會逃出匈奴的控制，並在大宛國的引導下抵達了大月氏國。不過，大月氏人卻無意進行聯合軍事之舉，張騫無奈只能啟程回國。路途上，他又被匈奴擒獲，歷經劫難後才回到漢帝國，原本整個百餘人的使團，只剩兩位生還。

西元前一一九年，漢武帝命張騫為中郎將，再度出使西域，執行聯合烏孫以「斷匈奴右臂」的外交政策。張騫平安抵達伊犁盆地的烏孫國，但當時烏孫國內部已經分裂，且對漢帝國不甚了解，所以並沒有給予滿意的答覆。此後，張騫屢派副使，對烏孫周邊地區的大宛、康居、大月氏、安息、身毒、于闐、扜彌等國進行外交活動。直到西元前一一五年才啟程回國。這次張騫帶著數十位來漢帝國探路的烏孫國使者，以及數十匹良馬，結果被封為「大行」，位列九卿。

（二）投筆從戎的班超

班超是東漢史家班彪之子，也是《漢書》的作者班固之弟，三人合稱「三班」。但班超的成名並不是因為史學成就，而是選擇了不同的道路；據說他以為官府抄寫書籍謀生，有天忽然對抄書感到厭煩，便說「大丈夫應當效法張騫立功異域」，遂投筆從戎，成為東漢著名的外交家。

西元七十三年，班超出使西域。最初到鄯善國時，國王非常禮遇班超，但幾天後態度卻突然冷淡。班超以為「必有匈奴使者來」，故決定「不入虎穴，焉得虎子」，親手格殺匈奴使者，次日還將首級展示給鄯善王，該國在震驚下決定歸順漢室。透過這類強力的手段，班超曾多次協助西域各國抵抗匈奴，以及親匈奴國家的入侵；在長駐的三十多年期間，班超不僅善於用武力鎮撫各國，更善於用外交手段聯絡較遠的國家，維持百年東漢帝國的聲威。

（三）歷史意義

張騫和班超開拓的外交路線，大約為今日的絲路中線，主要在天山南麓。他們二人對兩漢帝國通往西域道路有重大的貢獻，不僅引進了汗血馬、葡萄、苜蓿、石榴、胡桃、胡麻等等，還開啟民族交流史上的新紀元。如同梁啟超稱讚張騫是「堅忍磊落奇男子，世界史開幕第一人」，他們在危難中不失氣節與勇氣，更成為日後人們所學習的對象。

張騫出西域路線圖

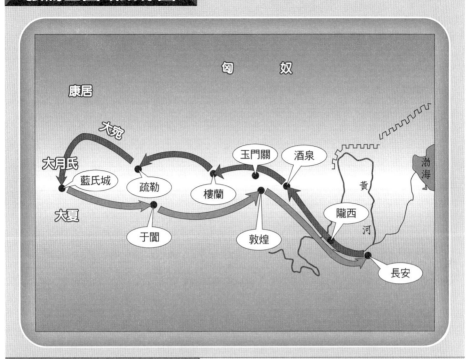

班超通西域路線圖

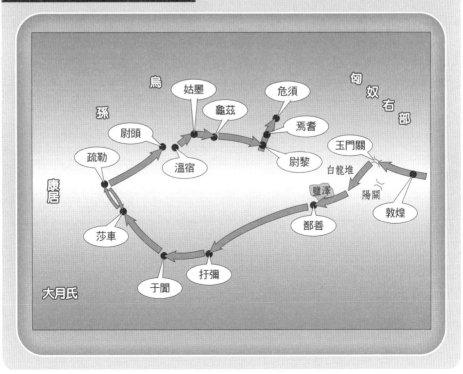

UNIT 3-11 新莽變法

圖解中國史

（一）王莽與新朝的出現

兩漢帝國之間曾出現過一段短暫的「新朝」政權。這個政權係由「禪讓」制而產生，主角是當時深受儒生所擁戴的王莽。他本來是漢元帝皇后之姪，據說從年幼起就孝母尊嫂，且生活儉樸，飽讀詩書，因此聲名遠播。

王莽在西元前二十二年初任黃門郎，後因禮賢下士，平日清廉，受眾人愛戴。隨著西漢末期外戚在宮中日益得勢的情形下，王莽屢得朝野擁戴。西元三年，王莽的女兒成了皇后，此後他更銳意謀奪皇位。不久，毒死漢平帝，立年僅兩歲的孺子嬰為皇太子，太皇太后命王莽代天子朝政，稱「假皇帝」或「攝皇帝」。於是王莽大膽假借有人對其勸進，終於在西元八年接受孺子嬰的「禪讓」稱帝，改國號為「新」，開啟了中國歷史上篡位做皇帝的先河。

（二）新朝「新政」

當上皇帝後的王莽，不改其書生性格，極力仿照周代的制度推行「新政」。譬如，他改變幣制，更改官制與官名，以王田制為名恢復井田制，下詔全國土地為國有，不得買賣；並把鹽、鐵、酒、幣制及山林川澤都收歸國有，希望回復周代理想。然而，古今時勢已然迥異，他的政策其實多有迂腐之處，百姓民眾未蒙其利，先受其害。所以，新朝的「新政」不僅沒有給人耳目一新的感覺，反而挑起天下各貴族和平民的不滿。

同樣新朝的外交政策也有欠考量。王莽將原本臣服於漢帝國的匈奴、高句麗、西域諸國及西南夷等屬國統治者，由原本的「王」降格為「侯」。此外，

又收回匈奴單于的「璽」，改授予新匈奴單于「章」；甚至將這些屬國的名稱任意竄改，遂使各國因此拒絕臣服新朝，造成邊境戰亂不絕。

新政新法既然遭到阻力，王莽更以嚴刑峻法變本加厲，百姓起而淪為盜賊。加上連年發生天災，飢民如飛蝗所至，海內鼎沸。於是群雄兵起，王莽所建的新朝，匆匆十五年而亡。

（三）新莽變法的歷史意義

王莽在歷史評價上普遍不高，一般咸認他是位「偽君子」，如《漢書》即將之列為「逆臣」一類。這些評價大抵受到了東漢史家的影響。直到近人胡適為王莽平反，說他是「中國第一位社會主義者」，認同改革中的土地國有、均產、廢奴等政策。從另一角度看，王莽也屬於書生式政治家。他登位後盡信以中國古典來施政，雖然有點不切實際，卻也說明其書生的復古性格。

如此性格不獨為王莽所特有，實際上也是時代環境使然。西漢後期以來，儒生經常以災異為藉口，攻擊不滿意的人事成為慣技，這都給了王莽最好的篡位環境和理論根據。而王莽的威儀與神奇的影響力，使得他篡漢之舉，天下如狂而奔赴；後來王莽執意代漢與推行「新政」，也是在此自我滿足感上進行，完全忽略了現實的考量。綜觀他的變法，其改革勇氣是空前的，其政治思想是富於幻想的，但失敗也是必然的。

王莽新朝

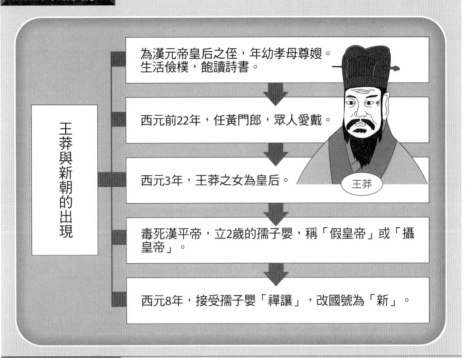

王莽與新朝的出現

為漢元帝皇后之侄，年幼孝母尊嫂。生活儉樸，飽讀詩書。

西元前22年，任黃門郎，眾人愛戴。

西元3年，王莽之女為皇后。

毒死漢平帝，立2歲的孺子嬰，稱「假皇帝」或「攝皇帝」。

西元8年，接受孺子嬰「禪讓」，改國號為「新」。

王莽

王莽新政

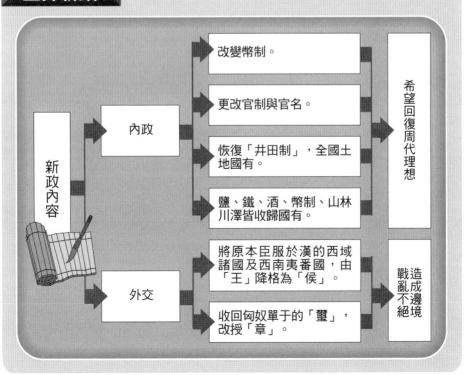

新政內容

內政

改變幣制。

更改官制與官名。

恢復「井田制」，全國土地國有。

鹽、鐵、酒、幣制、山林川澤皆收歸國有。

希望回復周代理想

外交

將原本臣服於漢的西域諸國及西南夷番國，由「王」降格為「侯」。

收回匈奴單于的「璽」，改授「章」。

造成邊境戰亂不絕

UNIT 3-12 光武中興

圖解中國史

（一）混戰中的興漢大業

新朝末期，各地滿布反對勢力，情勢異常紊亂，以綠林、赤眉兩支民軍最受矚目。西元二十二年，漢高祖劉邦的九世孫劉縯、劉秀也在河南南陽起兵，立劉玄為更始帝。後來內部發生分裂，更始帝殺了劉縯。劉秀由於力量薄弱，不敢公開決裂，反向劉玄請罪，始免一死。不久，劉秀施展計謀擺脫更始帝的監控，轉往河北略地經營。

劉秀先後消滅河北赤眉軍，打著更始的旗號，採用軍事進攻和分化瓦解的手段，收編並控制了河北地區。之後又攻擊在洛陽的更始軍，終於在西元二十五年即皇帝位，定都洛陽，仍以漢為國號。他自稱光武帝，史稱「中興」，後世稱所建的漢為「東漢」或「後漢」，以別於建都長安的「西漢」或「前漢」。劉氏也是中國歷史上唯一的「一姓之再興」的家族。

（二）光武政績

光武當政的中、後期乃至明帝時期，東漢曾出現了一個「馬放牧，邑門不閉」、「四夷賓服，家給人足，政教清明」的穩定社會局面。細究其政治措施，目的不過是在維持現狀為滿足，也就是如何鞏固劉家自身和子孫的權位而已。儘管有一些制度上的變革，其用意仍不出上述的範圍。例如，把「三公」（司徒、司空、太尉）的重要職權轉移至尚書，以防大臣的擅權；另外，提高刺史的權力，以使他們更能嚴格的監督地方；又取消各郡國人民的軍事訓練，以預防反側等。總之，東漢的開國氣象遠不如西漢初年來得恢宏。

然光武帝個人的統治色彩和風格，也主導了日後整個東漢王朝的發展，像是崇尚節儉。光武即位後力求簡化政務，撤除了許多官吏，同時省併全國四百餘縣，甚至一度撤消邊防要區。這類措施，固然有其流弊，但人民也因簡政而得以修養生息。

「光武中興」最值得留意的特色是他提倡儒術，御下寬厚。譬如建立太學，設置五經博士，三公也多以宿儒任之。與「尊儒」並行的措施便是表彰氣節。

光武帝鑒於新莽時代士大夫頌功德、獻符瑞的無恥作風，認為缺乏不仕二姓的「高風亮節」，力謀矯正，因此特別尊重德行之士。尤其對於王莽代漢期間，社會上那些隱而不仕的官僚、名士，加以表揚、禮聘，藉此說明他們忠於漢室。例如曾徵召名士周黨、嚴光入朝，有意起用。結果周黨入見俯伏而不拜謁，陳述自己願意謹守志向，隱居村野；而嚴光則不受「諫議大夫」之職，自願到富春江去耕地、垂釣。劉秀不僅沒有責備他們，反而表現出一種超乎尋常的豁達，當旁人對其二人貶斥時，劉秀卻褒揚有加。這類表彰氣節之舉，奠定後來東漢王朝重要的基礎，士大夫因此競以名節相尚，大大地改善了社會風氣。

此後直到東漢滅亡，以標榜並建立名號遂為一時風尚。士人重視自己的氣節，配合朝廷尊崇儒教政策，於是相互成為特色。日後品評人物也在世族門閥中形成重要元素。

光武中興

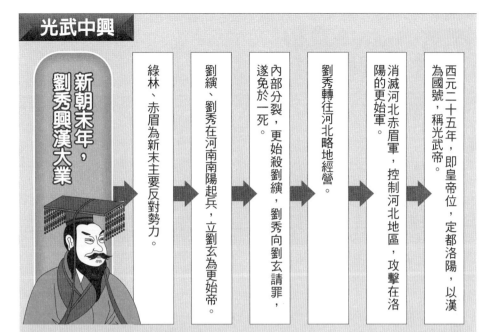

新朝末年，
劉秀興漢大業

→ 綠林、赤眉為新末主要反對勢力。

→ 劉縯、劉秀在河南南陽起兵，立劉玄為更始帝。

→ 內部分裂，更始殺劉縯，劉秀向劉玄請罪，遂免於一死。

→ 劉秀轉往河北略地經營。

→ 消滅河北赤眉軍，控制河北地區，攻擊在洛陽的更始軍。

→ 西元二十五年，即皇帝位，定都洛陽，以漢為國號，稱光武帝。

光武帝的政績

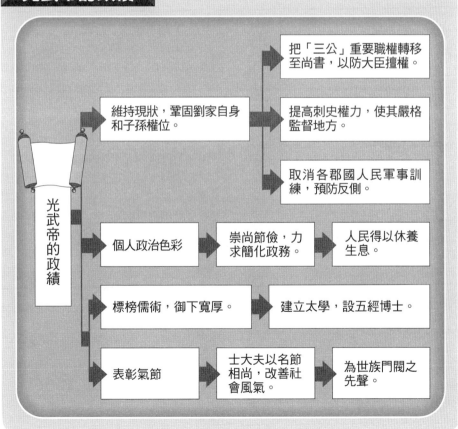

光武帝的政績

→ 維持現狀，鞏固劉家自身和子孫權位。
→ 把「三公」重要職權轉移至尚書，以防大臣擅權。
→ 提高刺史權力，使其嚴格監督地方。
→ 取消各郡國人民軍事訓練，預防反側。

→ 個人政治色彩 → 崇尚節儉，力求簡化政務。 → 人民得以休養生息。

→ 標榜儒術，御下寬厚。 → 建立太學，設五經博士。

→ 表彰氣節 → 士大夫以名節相尚，改善社會風氣。 → 為世族門閥之先聲。

UNIT 3-13 察舉與徵辟

圖解中國史

（一）帝國統治需才孔急

漢代對於人才的晉用，與過去封建社會有所不同，開始出現制度性的建立，而察舉與徵辟就是最鮮明的例證。原來帝國從群雄征戰中完成統一，歷經幾代統治之後，當初以軍功為主的大臣們紛紛退出歷史舞臺。在武帝統治時期，已呈現「宿將略盡」的局面；而功臣後裔雖都承襲了爵位，卻因身居朱紫之列，難免驕逸腐化，因此選官制度更具有急迫感。

為了擴大帝國的統治基礎，納進更多治理人才，察舉與徵辟遂成為選拔官員的方式。這對原先實行的世祿、世卿制而言，無疑為一大進步。

漢文帝於西元前一七八年下詔，要求地方察舉賢良方正、能直言極諫的人。十三年後，又詔諸侯王、公卿、郡守舉賢良方正、能直言極諫之士，被舉者共有百餘人參加。但漢文帝僅為偶然之舉；直到漢武帝即位之後第七年，才要求「初令郡國舉孝廉各一人」，明確規定郡國必須選舉的人數，標誌正式建立察舉制。

（二）察舉與徵辟

所謂「察舉」，就是由州、郡等地方官員，在自己轄區內進行考察，發現有朝廷需要的人才，以「孝廉」、「茂才異等」、「賢良方正」等名目，加以推薦，經過一定的考核，授以官職。應舉者按不同的科目進行考試，考試由皇帝出題策問，或由丞相、御史二府及九卿策試；根據對策成績之高下分別授官或為郎官候補。考試地點在京城的太常寺或公車司馬署等處。此制度盛行於兩漢，中衰於南北朝。

「徵辟」亦稱「辟舉」，在秦漢魏晉南北朝時期，這是一種範圍廣泛而又十分重要的入仕途徑。徵辟分為中央和地方兩種途徑，往往徵召名望顯赫的人士任官，由皇帝徵召者稱「徵」，官府徵召者稱「辟」。許多當時的名人均以徵辟而入仕，像是平民東方朔通過上書，自薦到武帝身邊任職，並以他的幽默才智屢次勸諫皇帝做出決策。而有文學家和哲學家身分的揚雄，則是由於漢成帝賞識其文才，而被拔擢到宮裡擔任給事黃門郎。科學家張衡也是因為聲名遠播，被漢安帝徵召為郎中，後又升為太史令。

（三）對後世的影響

漢代的察舉、徵辟制度為朝廷提供了大量人才，社會上的秀異分子集中到了政府體系之中。但在運作過程中也產生了三個額外的效應，甚至對後世影響之大，竟然遠遠超過漢代本身。

首先，催生了士大夫階層，此後社會上任何階級的人，要想進入官僚體系，必須先設法進入這個群體，或與這個群體有些關係。其二，漢代的選拔人才導致了官僚性質的門閥出現。被選拔的人與選拔者因為有師生的關係，造成越是官大的人，其門生故吏就越多，如此循環往復，世襲的門閥自然而然地就產生了。其三，因為對德性名聲的重視，在操作鄉舉里選之際，崛起了一批臧否人物的「名士」。他們藉此噓枯吹生，進而操縱輿論，反而加劇了政局的腐敗。

察舉與徵辟

察舉與徵辟

- 察舉 → 州、郡官員在轄區內進行考察，以「孝廉」、「茂才異等」等名目推薦。 → 應舉者根據成績分別授官或為郎官候補。

- 徵辟（辟舉） → 範圍廣而又十分重要的入仕途徑。
  - 分中央和地方兩種，皇帝徵召稱「徵」，官府徵召稱「辟」。

察舉與徵辟的影響

察舉與徵辟的影響

- 對漢代 → 為朝廷提供大量人才，社會上秀異分子集中到政府體系。

- 對後世（影響更大）
  - 催生士大夫階層
    想要進入官僚體系，就必須設法進入這個群體。
  - 官僚性質的門閥出現
    選拔人才方式，使被選拔人與選拔者有了師生關係，循環往復，產生世襲門閥。
  - 重視德行名聲，崛起一批臧否人物的「名士」。
    進而操縱輿論，加劇了政局的腐敗。

知識補充站 ★劉劭《人物志》

　　漢代選拔人才的方式，促成後來人物品評鑑識的風氣。曹魏時期的名法之臣劉劭，便據此寫下《人物志》一書，為人物的觀察分析提出系統研究。該書也配合了曹魏制定的「九品中正」，在《隋書・經籍志》列為〈名家類〉。

　　劉劭《人物志》提出「三度」、「八觀」、「五視」等審視人物的途徑。「三度」指的是中庸至德的聖人、以德為目的兼才、偏至之才。「八觀」則由人的行為舉止、情感反應、心理變化，由表象而深至內裡，反覆察識。「五視」係於居、達、富、窮、貧等特定情境中，考察人的品行。

UNIT **3-14**
清議

圖解中國史

（一）品覈公卿，裁量執政

東漢自中葉以後，接連出現外戚專權、宦官禍亂、西羌侵擾等問題，造成政治和社會上動盪不安，使得察舉、徵辟制度都按照人們的愛憎行事，嚴重地剝奪了士人的進取之路。與此同時，各地儒生和太學生也發展至三萬餘人，他們因為上進無門，就與官僚士大夫相互結合，在朝野形成一個龐大的反宦官專權之力量。透過「激揚名聲，互相題拂，品覈公卿，裁量執政」，這些士人經常發出議政言論，試圖影響朝政，就是「清議」。

所謂「激揚名聲，互相題拂」，係指那些廉正的官吏、士人、太學生等群體相互標榜。例如，當時有句話講到「天下模楷李元禮（李膺），不畏強禦陳仲舉（陳蕃），天下俊秀王叔茂（王暢）」，即是形容三人的社會觀感與形象。至於「品覈公卿，裁量執政」，主要是針對宦官專權亂政而提出評論。又有針對選才不一情形的批判，如說：「舉秀才，不知書；察孝廉，父別居」，強調讀書人不識學問，乃至欺世盜名，對朝廷造成危害。還有其他類似的議論自基層社會流入太學之中。而以郭泰為首的太學生，他們奉司隸校尉李膺、太尉陳蕃為領袖，公開與宦官集團相對抗。

（二）清議的影響和定位

從現代的角度來看，清議猶如社會輿論一般，有著類似的功能存在。由於東漢時期實施察舉和徵辟，所以社會上普遍關注鄉黨議論；而這時的太學清議，更是注重評論實際政治與臧否人物。太學生有強烈的參政意識，他們品評政界人物，參與上層政爭；加上少年英銳，

敢於思想創新，言行較為勇敢。他們雖然尚未躋身於官場，但因與民間接觸較為密切，對於弊政的危害有直接感受。本來讀書士人以儒家的倫理道德為依據，在當時頗能引起激濁揚清的作用。這也讓為官的統治者時存戒慎恐懼，擔心一旦觸犯，便可能為此丟官免職，甚至被禁錮鄉里，不許再入仕。

於是乎，清議從政治上來說，本是為伸張公論而來，卻促使矛盾加劇，宦官勢力反撲。忠良紛紛遭到免官，不是在獄中被害，就是出外逃亡。而不同陣營的儒生士大夫，也藉此結合宦官加以誣陷，爆發兩次「黨錮之禍」。

💡 小博士解說

陳蕃是清議的士人典型。據傳陳氏小時候，有次父親朋友來訪，問為何無灑掃接待客人呢？他回答：「大丈夫處世，當掃除天下，安事一室乎？」說明「講求士風」的影響，連子弟都以此為志向。

日後陳蕃為官，更以此為志。大將軍梁冀寫信請託，但他拒絕收下；面對使者百般威脅，陳氏不為所動。此外，當時零陵、桂陽一帶有山賊作亂，朝中多人主張出兵鎮壓，陳蕃卻認為只要澄清吏治，亂事自然平息。雖然他為人個性耿直，亟受社會聲譽，但也招來怨懟。直到黨錮之禍爆發，李膺等人陸續受到誣陷，陳蕃為之請命，最後也因密謀剷除宦官而死。

《後漢書》裡稱許陳蕃等人「功雖不終，然其信義足以攜持民心。漢世亂而不亡，百餘年間，數公之力也。」換言之，史家著眼不在於他們的事功，而是其言行帶來的輿論影響，維繫搖搖欲墜的漢代社會與文化秩序。

清議

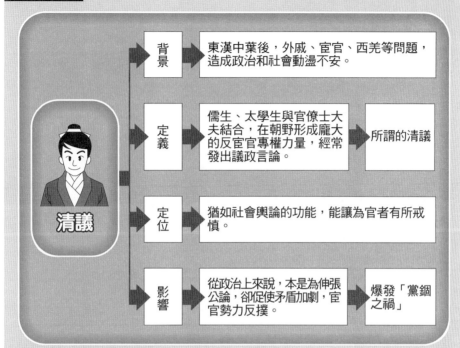

背景	東漢中葉後，外戚、宦官、西羌等問題，造成政治和社會動盪不安。	
定義	儒生、太學生與官僚士大夫結合，在朝野形成龐大的反宦官專權力量，經常發出議政言論。	所謂的清議
定位	猶如社會輿論的功能，能讓為官者有所戒慎。	
影響	從政治上來說，本是為伸張公論，卻促使矛盾加劇，宦官勢力反撲。	爆發「黨錮之禍」

★明清易代時期的清議

　　形成於東漢後期的「清議」，既成為中國重要的文化傳統，也在歷代遭逢世變之際不斷被提及，藉此反思自身所處的環境。特別是歷經明清易代的士人，因為目睹明末東林黨議論政治的現象，多有這方面的抒發。像黃宗羲便指出：晚明的東林黨人裡不乏敗類，而攻擊者裡也有節操高尚的官員。萬斯同編修《明史》也說：東林黨到末期多以表現特立獨行的意見來博得聲譽，國事因此爭論不休，即使有好的政策也難以推動。相對於此，顧炎武則有不同看法。他說：天下的人不能以義為利，提倡名節至少可以讓人們「以名為利」，儘管策略的考量有失先王之道，仍不失為挽救社會價值觀的辦法。王夫之更認為：清議一絕，人們諱言名教，便同流合汙、不以為恥了，到時「天人之理既絕，大亂將作」。

　　綜觀他們一方面指出以道德為標準，使得君子小人之辨嚴格化，導致重意氣而輕是非，造成黨派之爭更為激烈；一方面則認為強調氣節人品，仍以此為挽救亂局的方法。從中我們亦可以看到中國傳統政治以「人治」為依歸所面對的兩難。到了清代中葉，趙翼的講法更為持平，提醒我們：當越講求氣節成為某一環境的「習俗」時，人們為了要「絕出流輩，以成卓特之行」者，往往不知自己的短處。特別是舉世以此為風尚，認為可以解救世運之衰，卻反而變本加厲，形成「其衰乃更甚」。中國歷史上東漢如此，明末也是如此，時至今日仍能給我們許多啟發。

UNIT 3-15
黨錮之禍

圖解中國史

發生在東漢末期桓帝、靈帝間兩次重大的黨爭事件，史稱「黨錮之禍」。事件的起因是儒生、士大夫對宦官亂政的現象不滿，雙方互相衝突，結果宦官得到統治者的默許，以「黨人」的罪名將士人禁錮終身，前後共發生過兩次。

（一）第一次黨錮之禍

東漢中期之後，從和帝開始，歷朝君主都是年幼即位，壽命也不長。由於幼主不能施政，實際上則由太后臨朝，多援引娘家的外戚來輔佐政事。直到皇帝年紀漸長，亟思掌握大權；可是能信任的則為身邊側近的宦官，於是結合宦官勢力剷除外戚。每當下一任年幼的皇帝即位之際，教訓反覆重新來過，形成惡性循環。自此，外戚與宦官的交替專權當政，互相攻擊，造成朝政日壞。到了桓帝、靈帝時，局面更加不可收拾。

宦官方面有侯覽、曹節、王甫等，一向任用私人，敗壞朝政，為禍鄉里。如侯覽曾奪人宅舍三百八十一所，土地一百一十八頃；其兄更謀財構陷無辜，聚斂上億的財富。相對而言，外戚一方的竇武比較清正，因此與朝官、太學生聯合，對宦官集團進行激烈的抨擊。

西元一六六年，部分宦官為非作歹，官員成瑨等人不畏權貴，按律處置。宦官向桓帝進言，皇帝聽信其言，重處了這些官員。雙方為此展開鬥爭。當時朝中大臣、地方官員以及民間百姓大多站在士人一邊，紛紛指責宦官亂政，宦官一方遂以「交結誹謗，疑亂風俗」為由，誣陷李膺等結黨以營謀進身，牽引同類，淆亂是非。透過了這一罪名，宦官遂指當時反對他們的名士為「黨人」，密告皇帝。最後桓帝大怒，詔告天下，要求逮捕並審理。不久，黨人等雖然獲得釋放，但規定放歸田里，終身罷黜，史稱「第一次黨錮之禍」。

（二）第二次黨錮之禍

西元一六八年，靈帝即位，陳蕃、竇武等人認為宦官過度干涉朝政，私下商議，趁日食的天象上書太后，要求革除宦官參政。但竇太后卻一心保護宦官。宦官經由私下管道得知將遭剷除，於是先下手為強，脅迫尚書假傳詔令，劫持竇太后，追捕竇武、陳蕃等名將。護匈奴中郎將張奐不久前率軍出征，此刻剛回到京師，尚未了解局勢，宦官假傳詔令騙過了他。張奐誤以為是竇氏叛亂，遂進攻。竇武被重重圍困，最後自殺；竇太后則被軟禁在南宮，李膺等再次被罷官，並禁錮終生。為了防止報復，宦官進一步向靈帝進讒言，誣陷黨人其實「欲圖社稷」，意圖謀反。而靈帝並未細察，卻大興牢獄，將叛國嫌疑者的範圍擴大，殃及更多的無辜者，史稱「第二次黨錮之禍」。

黨錮之禍因為宦官任意誅殺士大夫一方幾盡而結束，當時的言論及日後的史家多以為傷害到東漢帝國的根本，為黃巾之亂與帝國衰亡埋下伏筆。兩次黨錮之禍後，清正的官員不是被害就是被禁錮，宦官更加為所欲為，殘害百姓，因而激起民變，釀成黃巾之亂。此後，士大夫及地方豪強不再對中央朝廷效忠，開始出現離心效應，所以黃巾之亂後群雄並起，也就不令人意外了。

黨錮之禍

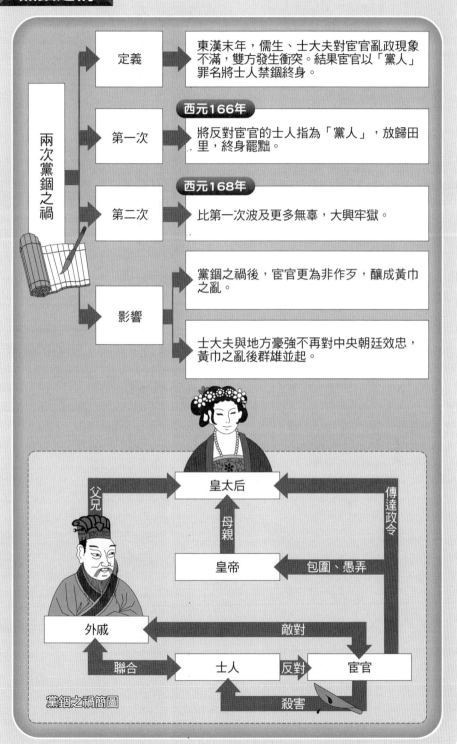

| | 定義 | | 東漢末年，儒生、士大夫對宦官亂政現象不滿，雙方發生衝突。結果宦官以「黨人」罪名將士人禁錮終身。 |

兩次黨錮之禍

定義　東漢末年，儒生、士大夫對宦官亂政現象不滿，雙方發生衝突。結果宦官以「黨人」罪名將士人禁錮終身。

第一次　**西元166年**　將反對宦官的士人指為「黨人」，放歸田里，終身罷黜。

第二次　**西元168年**　比第一次波及更多無辜，大興牢獄。

影響
- 黨錮之禍後，宦官更為非作歹，釀成黃巾之亂。
- 士大夫與地方豪強不再對中央朝廷效忠，黃巾之亂後群雄並起。

皇太后

皇帝

外戚

士人

宦官

父兄

母親

傳達政令

包圍、愚弄

敵對

聯合

反對

殺害

黨錮之禍簡圖

UNIT **3-16** 佛教的東傳

（一）來自印度的宗教信仰

圖解中國史

佛教源自古印度，由釋迦牟尼在大約西元前六世紀所建立。它是世界上最重要的宗教之一，與基督教、伊斯蘭教、印度教並列為四大宗教，在世界上，尤其對亞洲地區有廣泛的影響。按歷史時期的畫分，佛教可分為「原始佛教」、「部派佛教」和「大乘佛教」三階段，其中，「部派佛教」又被稱為「小乘佛教」。如果依照地理位置的話，可分為南傳佛教與北傳佛教兩大支；隨著藏傳佛教的出現，北傳佛教又分為漢傳及藏傳；若按修行和傳授方式則可分為顯教和密教。

西元前第三世紀起，印度孔雀王朝支持佛教發展，派遣傳教師至各地宣教，主要往南、北兩個方向進行傳播：南傳的小乘佛教經由斯里蘭卡到東南亞一帶，北傳的大乘佛教則經喀什米爾到新疆，於西元一世紀左右傳入中國；另一支於西元八世紀正式傳入西藏，成為「藏傳佛教」（亦稱為喇嘛教）。於是佛教在東南亞和遠東各地奠定深厚的根基和影響。

（二）佛教東來

一般認為佛教是在西漢末、新莽和東漢前期時由印度經西域傳入的。根據記載，漢哀帝時曾出使大月氏，大月氏派人口授《浮屠經》。到了東漢明帝派人前往西域，迎來竺法蘭等，並帶來了許多佛像和佛經，用白馬駝回首都洛陽，皇帝命人修建白馬寺供其居住，翻譯《四十二章經》。中國佛教史上便以此為佛教傳入之年。

佛教早在東漢初期即傳入中國，但當時儒學興盛，發展不大。至西晉年間，官方與民間的佛教信仰逐漸普遍。相傳西晉時代東西兩京（洛陽、長安）的寺院共有一百八十所，僧尼三千七百餘人。東晉時期，佛教形成南北區域。北方由匈奴、鮮卑等民族建立五胡十六國，這些地區的統治者多提倡佛教，有重要的佛經譯出；南方雖為東晉王朝所保有，但盛行清談玄理，南來的佛教名僧也符合時勢潮流，造成盧山、建康兩地信仰的盛況。南北朝時期，佛教非常隆盛。許多道場、佛寺成為宣揚佛教的根據地，還有統治者支持，南朝梁武帝蕭衍甚至提倡尊儒崇佛，並曾多次捨身出家。

（三）佛教對文學、藝術的影響

至隋唐以前，佛教對中國的文學、藝術產生若干影響。譬如佛經在歷代翻譯者的努力下，創造出一種融冶華梵的新體裁。此外，佛典的理趣、風格、詞句及故事進入到詩文中者漸多，像是〈贈沙門法和〉十偈（今存一偈）、〈贈慧遠偈〉、〈盧山東林雜詩〉等詩，還有〈物不遷〉、〈不真空〉、〈般若無知〉、〈沙門不敬王者〉等文論。

其次，佛教藝術開始興盛，例如造像，著名的有襄陽的丈六釋迦金像、山陰的無量壽像等。隨之而來也影響了繪畫方面，像顧愷之的〈淨名居士圖〉、〈八國分舍利圖〉等，相傳風行一時。唐代佛教藝術實奠基於此，這可從流傳至今的敦煌文物便能知曉。

佛教的東傳

```
                    佛教的東傳
```

時間	傳播者	在中國普遍	文學藝術的影響
西漢末、新莽和東漢前期，由印度經西域傳入。	漢哀帝時，大月氏口授《浮屠經》。 東漢明帝，從西域迎來竺法蘭等，並翻譯《四十二章經》。	西晉時，官方與民間佛教信仰逐漸普遍。 東晉時，佛教形成南北區域。 南北朝時，佛教更為隆盛。	①文學 創造出一種融冶華梵的新體裁。 ②佛典的理趣、風格、詞句及故事進入詩文。 藝術 造像、繪畫

佛教東傳路線圖

（地圖標註：韓國、中國、日本、越南、柬埔寨、印度尼西亞）

★達摩的傳說

中國佛教史上最受注目的是達摩。他其實是活躍於六世紀南北朝時代的外國僧侶。但是隨著後人的任意增添附會，達摩不但成為中國禪宗的初祖，而且深具神異能力，常有玄妙禪語。到了十世紀左右，所有關於達摩的傳說幾近完成。宋初《景德傳燈錄》中有其傳記，也成為定論。

UNIT 3-17
黃巾之亂與道教

圖解中國史

（一）結合道教信仰的「太平道」

東漢末年，瘟疫流行，農民生活困苦。河北鉅鹿人（今平鄉）張角、張梁、張寶兄弟三人於冀州魏郡用法術、咒語到處為人醫病。據說，許多患病的百姓喝下張角的符水後，不藥而癒，因此被奉為活神仙。之後，他在民間活動十多年，追隨的信徒愈來愈多，甚至高達數十萬人，遍及青、徐、幽、冀、荊、揚、兗、豫等八州。由於信眾絡繹不絕，張角創建了「黃天太平」的道教組織，以崇奉的《太平經》為名，又稱「太平道」，並自稱「大賢良師」。沒想到野心漸露，張角反抗漢室之聲日盛。朝廷中有楊賜等官員上表，要求捕殺並驅散教民，但始終未曾壓制。

就在西元一八四年，張角以「蒼天已死，黃天當立，歲在甲子，天下大吉」為口號，公開起兵反漢。「蒼天」意指東漢，「黃天」就是黃巾軍，據五德終始說的推測，漢為火德，火生土，而土為黃色，所以眾信徒們頭綁黃巾，象徵要取代衰敗的朝廷。此外，張角一面派人在政府機關門上寫上「甲子」二字來記認，另一方面又派馬元義到荊州、揚州，打算召集數萬人到鄴準備，此外，更數次到洛陽勾結宦官封諝、徐奉，企圖裡應外合。就在起事前的一個月，門徒唐周告變，供出京師的內應，官兵於是捕殺太平道信徒，誅連千餘人，並下令追捕張角。由於事出突然，張角被迫提前一個月發難，史稱「黃巾之亂」。不久，舉國七州二十八郡發生民變，黃巾軍勢如破竹，州郡失守，吏士逃亡，震動京都。

（二）地方割據造成東漢覆亡

漢靈帝見太平道如此猖獗，遂以何進為大將軍，率軍鎮衛京師，又命各地嚴防，準備作戰。大臣們紛紛上諫解除黨禁，對皇帝說：「黨錮之禍積怨日久，若是與黃巾合謀，恐怕朝廷難救」。結果靈帝從善如流，大赦黨人；接著派兵四處征伐，終於在西元一八五年春天暫告底定。

黃巾亂事雖被平息，但漢室的威信卻遇上嚴重打擊，各地仍不斷有小型叛亂。西元一八八年，黃巾軍再次舉事，為了有效鎮壓平亂，靈帝接受劉焉的建議，將部分刺史改為「州牧」，由宗室或重臣擔任，讓其擁有地方軍、政之權，以便加強控制地方，有效進剿。漢靈帝此舉下放權力，助長了地方軍隊的力量，形同軍閥割據一般，成為滅亡的導火線。

這個中國歷史上規模最大的一次宗教組織暴動，對東漢王朝的統治產生了巨大的衝擊。為了有效平定黃巾亂事，中央把軍政大權下放至地方，雖然穩定了政局，讓亂事無法快速地蔓延全國，減緩東漢覆亡的時機，可是卻造成了地方輕視中央，使具有野心的將領或官員，藉此擁兵自重，為東漢末年軍閥割據混戰揭開序幕，並種下三國分立的遠因。

黃巾之亂的過程

從「太平道」到「黃巾之亂」

東漢末，瘟疫流行，張角、張梁和張寶三兄弟為人治病，被奉為活神仙。

信徒日眾，張角創建「黃天太平」道教組織，又稱「太平道」，自稱「大賢良師」。

西元184年，張角公開起兵反漢，信眾頭綁黃巾，在政府機關門上寫「甲子」記認。

因門徒唐周告變，張角提前一個月發難，稱「黃巾之亂」。

舉國七州二十八郡均發生民變，震動京都。

漢靈帝以何進為大將軍，西元185年春天暫告底定。

西元188年，黃巾軍再次舉事。靈帝將刺史改為「州牧」，助長了地方軍隊力量，成為滅亡的導火線

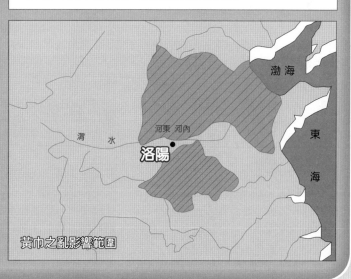

黃巾之亂影響範圍

UNIT *3-18*
赤壁之戰

圖解中國史

（一）曹操的飲馬江漢

東漢群雄割據，最後由權臣曹操「挾天子以令諸侯」，基本上統一了北方局面。西元二〇八年，面對著南方尚有敵對勢力，為求剷除反對聲浪，完成自己的野心，曹操決定進行南征。

當時南方荊州有劉表和劉備，江東則有孫權，都是不願屈服於曹操之下。八月，劉表病死，其子劉琮繼位，很快在曹軍壓力下納表投降。本來依附在荊州的劉備為避免陷入孤立，只好南逃。然而，劉琮部屬及荊州士民紛紛投歸劉備，隨劉軍逃亡。曹操以投降而來的荊州水軍為水戰主力，預備先滅劉備，再順勢侵吞江東的孫權。劉、孫兩人順應時勢，開啟一段合作聯盟的佳話。

（二）鏖戰赤壁

十月，曹操進駐江陵，隨即親率大軍東下。劉備一方的謀士諸葛亮建議求救於孫權，並將軍隊移師樊口。諸葛亮與魯肅同回柴桑（今江西九江的西南方），面見孫權，先以激將法刺激，然後察覺孫權既不願受制於曹操，但又擔心曹軍勢強而不能匹敵。於是諸葛亮聲明：劉備的軍力仍不下兩萬，有能力與曹操作戰；又分析出曹操的劣勢：勞師遠征、士卒疲憊、北人不習水戰、荊州之民尚未真心歸附曹操。諸葛亮認為，如果孫、劉兩方聯合，可以逆轉取勝，並明示戰後將有三分天下之勢。由於當時曹操來勢洶洶，孫方以張昭為代表主張投降，頗令孫權一時難以抉擇；魯肅建議召回駐守鄱陽的周瑜共商對策。

周瑜亦堅決主張抗曹，並言只要有五萬精兵就可戰勝。於是孫權任命周瑜和程普為左右都督，率領三萬士卒沿江而上，與劉備共同抗曹。十二月，周瑜與劉備會合，兩軍逆水而上，行至赤壁，與正在渡江的曹軍相遇。曹軍時已遭瘟疫流行，而新編水軍及新附荊州水軍難以磨合，士氣明顯不足，因此被周瑜所敗。曹操於是把水軍與陸軍會合，為了解決北方士卒不習慣坐船的問題，將艦船首尾連接起來，使人、馬於船上如履平地。周瑜採納黃蓋的火攻計策，燒盡北船，延及岸上各營，頃刻曹軍大敗。曹操見敗局無法挽回，引軍向江陵逃卻。此戰造成曹軍傷亡過半，曹操又恐赤壁失利而使政權不穩，立即自還北方。孫、劉聯軍終於取得了勝利。

（三）三國鼎立下的「演義」

赤壁之戰的失利，使得曹操失去了在短時間內統一全國的可能性；而孫、劉雙方則藉此勝役開始發展，壯大各自勢力。日後曹、劉、孫三家又以爭奪荊州為始，揭開三國鼎立的序幕。後來，三國故事即在明清小說家羅貫中的筆下，描繪得栩栩如生，深得讀者喜愛。赤壁之戰更是《三國演義》裡最為傳頌的內容之一。

小博士解說

流傳迄今的羅貫中《三國演義》，乃蒐集宋元以來的三國故事話本而成。該書是中國古代長篇章回小說的開山之作，亦與《西遊記》、《水滸傳》、《紅樓夢》齊名。小說以擁蜀反魏、尊劉貶曹為中心，其中有不少內容和情節是作者虛構的。然而，由於塑造出鮮明、有生命力的人物形象，而為一部藝術性很高的作品，影響人們對三國史事的了解。

赤壁之戰

赤壁之戰
交戰雙方

曹操

孫權　劉備

周瑜　諸葛亮

曹操

孫權

諸葛亮

樊城　新野

襄陽（荊州）

江陵　烏林　樊口

赤壁

➡ 曹操軍行進方向

赤壁之戰示意圖

UNIT 3-19
三國時代

圖解中國史

（一）三國鼎立

赤壁會戰後，曹操退回北方，三分鼎立之勢形成。劉備先是占據荊州，後入成都。西元二二〇年，曹操子曹丕取代漢獻帝，建國號「魏」。隔年，劉備也在成都稱帝，國號「漢」（一般稱「蜀」或「蜀漢」）。西元二二九年，孫權在建業稱帝，國號「吳」。三國分立時代於此開始。

三國初期，各國致力整頓吏治、恢復社會秩序和發展經濟，其中又以曹魏的成績突出。因為從曹操統一北方、開展屯田起，逐漸恢復生產力，同時又改革東漢許多弊政，抑制地主豪強的勢力，掃除宦官和外戚的專權。魏文帝時，實施九品中正法，承認一般士族有做官的權利，經濟上也給予優惠。至於蜀漢，丞相諸葛亮嚴格厲行法治，賞罰分明，國力增強；特別是對於西南夷的招撫，開發少數民族地區。吳國則自西元二二一年，孫權遷都建業後，致力於東南地區開發，比起東漢時的情況而言已大不相同。

魏、蜀、吳三國各成犄角，任何一方勢力壯大之際，其他兩方便聯合對抗，如此情況長達四十餘年。西元二一四年，劉備進占益州後，又在漢中駐軍，是蜀漢的全盛時期。本來蜀、吳兩國在赤壁之戰的合作基礎上，可以共同對抗北方的曹魏；沒想到因為荊州問題，雙方形同水火。西元二一九年，留守荊州的關羽遭孫權軍隊襲殺。劉備為此出兵爭奪，與吳軍發生夷陵之戰，後來敗退入蜀，病死。其子劉禪繼立，由諸葛亮輔佐。直到西元二二七年，蜀、吳兩國才獲得諒解，重新結盟；諸葛亮率軍進駐漢中，同魏國展開爭奪關隴的激戰。

西元二六三年，蜀漢首先被魏國所滅，兩年後司馬炎篡奪曹魏政權，並於二八〇年滅吳。

（二）文化意義的「三國」

三國時期雖為亂世，但因人才輩出，成為後世經常追思的對象。不論唐宋詩詞，還是元明清的戲劇和民間藝術，甚至直到今天，三國人物與事件仍係電視、電影或遊戲題材之一。

事實上，三國也是漢唐帝國轉型期的開端。許多制度和現象都肇始於這段期間。例如「部曲」的確立，本為漢代軍隊編制的名稱，後來泛指私人軍隊。由於戰亂連年，許多農民請求擁有武裝的豪強保護，這些世族大姓於是聚眾收編。大抵兩晉南北朝時期，類似的隸屬關係遂合法化，成為普遍現象。

此外，戰爭頻繁也促使人們四處遷移，造成人口流動。當時大致朝三個方向進行：❶由關中西遷至涼州、益州，或沿漢水至荊州；❷由中原地區往東北遷移至冀州或幽州，再遷至遼東；❸由中原地區遷移至徐州彭城，再南遷至江南地區。

至於文化方面，三國也是不容忽視的時代。如著名的醫學家華佗，擅長外科手術；另一位張仲景鑒於動亂下疫病流行，致力於研究，其所著的《傷寒雜病論》是中醫史上第一部理法方藥具備的經典。

三國鼎立

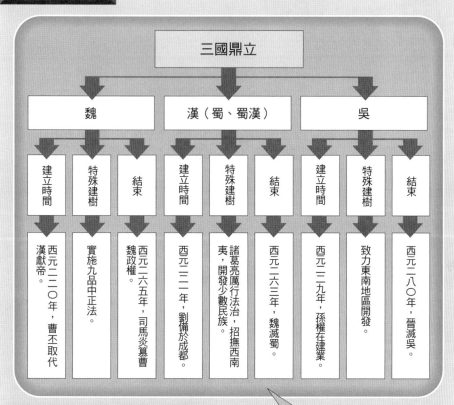

三國鼎立

魏	漢（蜀、蜀漢）	吳
建立時間	建立時間	建立時間
特殊建樹	特殊建樹	特殊建樹
結束	結束	結束

魏
- 建立時間：西元二二○年，曹丕取代漢獻帝。
- 特殊建樹：實施九品中正法。
- 結束：西元二六五年，司馬炎篡曹魏政權。

漢（蜀、蜀漢）
- 建立時間：西元二二一年，劉備於成都。
- 特殊建樹：諸葛亮厲行法治，招撫西南夷，開發少數民族。
- 結束：西元二六三年，魏滅蜀。

吳
- 建立時間：西元二二九年，孫權在建業。
- 特殊建樹：致力東南地區開發。
- 結束：西元二八○年，晉滅吳。

文化意義的「三國」

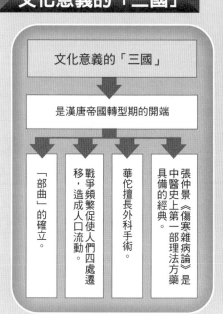

文化意義的「三國」

是漢唐帝國轉型期的開端

- 張仲景《傷寒雜病論》是中醫史上第一部理法方藥具備的經典。
- 華佗擅長外科手術。
- 戰爭頻繁促使人們四處遷移，造成人口流動。
- 「部曲」的確立。

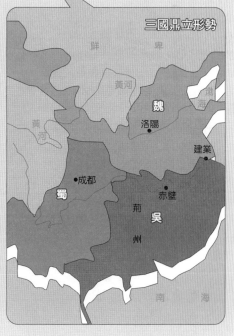

三國鼎立形勢

鮮卑
黃河
渤海
魏
洛陽
建業
黃河
成都
蜀
赤壁
吳
荊州
南海

UNIT 3-20
門第世族

圖解中國史

（一）門第的萌芽

門第係指世代為官的名門望族，又稱為門閥、衣冠、世族、士族、勢族、世家和巨室等，是兩漢到隋唐時期的一個重要歷史現象。

門第世族的形成，最早可追溯至西漢時期。由於漢武帝獨尊儒術，無論朝廷的徵辟，或是郡國的察舉，大多以贍富經學者為上選；但由於經學傳授不易，經學大師常將其獨特見解授與子弟，經由歷代傳授，累世經學往往造成累世公卿，世族的雛形已逐漸浮現。

至晚於東漢時期，門第世族的觀念便已萌芽。當時的學者皆以經學傳授子孫，以便入朝為官；隨著這樣代代相傳的結果，逐漸形成名門望族。如汝南的袁氏家族（著名人物有袁紹、袁術），四代人中竟有五人位居三公之位，堪為代表。日後受到戰爭不斷的結果，許多豪強、士紳家族，紛紛由此崛起，成為地方上穩定社會的重要勢力，也是造成門第世族的主要來源之一。

門第世族政治在三國以後達到鼎盛，近人曾經分析這種特殊的政治、社會現象，其實是一種世族與皇權的共治，而且是在特定條件下所出現的非常態政治。門第世族為了要維護自己的利益，經常必須依附統治者的需求，反之，也獲得更多的利益。因此門第愈高，往往官職也愈高。我們可以看到永嘉之亂及五胡亂華以後，東晉司馬氏在江南立國時，倚賴的便是門第世族的支持，足可見其力量。

（二）著名的門第世族

大致從三國到兩晉南北朝期間，中國有幾個知名的門第世族接連成為歷史舞臺上的焦點。以下分別介紹：

❶僑姓世族

為永嘉之亂後從北方南遷的世族。他們多居朝廷要職，勢力龐大，自視甚高，仍以中原望族自相標榜，號稱「僑姓」。當中最顯赫者為琅邪王氏、陳郡謝氏、汝南袁氏、蘭陵蕭氏等。

❷吳姓世族

自孫吳以來，原先留在江南當地的名族，統稱「吳姓」，以顧、陸、朱、張等門第（號稱「吳四姓」）為首。

❸國姓

晉室南遷後，中原為胡族所統治。北魏孝文帝推行漢化政策，命令鮮卑人說漢語、改漢姓，以元姓、長孫姓、宇文姓、于姓、陸姓等貴族為首，號稱「國姓」。

❹郡姓

留在北方的世族雖為被征服者，卻不願與改為漢姓的胡族相混。他們為區別胡漢，往往在姓氏前冠當地郡名，稱為「郡姓」，如：太原王氏，即為居於太原郡的王姓世族。

門第世族制是兩漢到隋唐最為顯著的社會現象，其影響造成朝廷重要的官職被少數氏族所壟斷，個人的出身對仕途的影響，遠大於本身的才能與專長。直到唐代，這項制度才逐漸被以考試為依據的科舉制度所取代。

門第世族的起源

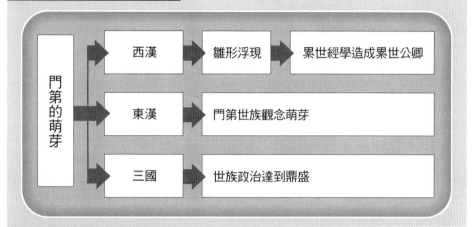

門第的萌芽	西漢	雛形浮現	累世經學造成累世公卿
	東漢	門第世族觀念萌芽	
	三國	世族政治達到鼎盛	

著名門第世族

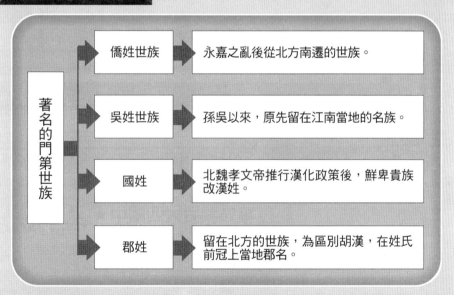

著名的門第世族	僑姓世族	永嘉之亂後從北方南遷的世族。
	吳姓世族	孫吳以來，原先留在江南當地的名族。
	國姓	北魏孝文帝推行漢化政策後，鮮卑貴族改漢姓。
	郡姓	留在北方的世族，為區別胡漢，在姓氏前冠上當地郡名。

知識補充站 ★劉義慶的《世說新語》

劉義慶編撰的《世說新語》，是漢、晉之際政治與思想轉變期間交互影響下的產物，也是描述門第世族的代表作品。該書前後出現的人物共有六百一十四位，以兩晉最多，而東晉又占總人數的一半左右。

《世說新語》中所記載的機智論辯、生活情調、宗教情操、藝術情趣及感情奔放等現象，都說明了這個時代人物的個性。全書分上、中、下三卷，有三十六篇，即是針對不同個性類型所歸納的總結。

UNIT 3-21
九品中正

　　九品中正制度也稱為「九品官人法」，是盛行於魏晉南北朝時期主要的選官制度。這種選官制度，實際上是兩漢時期察舉制的延續和發展，或者說是另一種表現的形式。

（一）解決察舉制的弊端

　　察舉制度到東漢末年，已為門第世族所操縱和利用。他們左右了當時的鄉閭輿論，使察舉出現弊端，各種腐敗的現象隨之滋生。曹操因為出身於宦官家族，加上自己唯才是舉的政略需求，曾試圖大大削弱門第的影響力，不以人才的出身來決定其職務。他曾經三次發布求才令，明確指出，即使是「不仁不孝」之人，只要是「高才異質」，並且有「治國用兵之術」，就可得到任用，共同與曹魏政權一起治理國家。這項呼籲無疑對當時社會上強調「德治」和「仁孝」的儒家思想造成巨大的衝擊，用人標準的原則因此修正，結果引來「猛將如雲，謀臣如雨」的盛況，也逐漸改變了由門第世族控制選才的局面，為建立新的選舉制度創造有利的條件。

　　九品中正制就是在這種背景下產生的。曹操死後，其子曹丕採納朝臣陳群的建議，將「唯才是舉」的方針加以制度化，提出九品中正制，作為選拔官吏和擴大政權之基礎。簡單地說，九品制是在朝廷選擇一些有賢能及識見的官員，擔任其原籍州、郡的中正官，負責察訪散居各地的同籍人事。然而必須留意的是，當時的察舉制尚未完全廢除，兩者一同並行。

（二）九品的內容

　　至於中正官在察訪州、郡各地的士

人時，綜合他們的德才、門第定出「品」和「狀」，供吏部選官參考。所謂「品」，即是評定的等級，共分有上上、上中、上下、中上、中中、中下、下上、下中、下下九品，但類別卻只有上品、中品和下品（二品至三品為上品；一品為虛設，無人能達到；四品至五品為中品；五至九品為下品）三類。在德才與門第中，定品往往依據後者，稱為「計資定品」。至於「狀」，則是中正官對士人所做的綜合評語。大體上，這些評語都很固定，只是東漢後期名士品評人物的制度化。

　　實際上，九品中正制的設立和施行，目的是為了緩和朝廷與世家大族的矛盾，以求得曹丕代漢稱帝的支持。然而，九品中正制反而大大加強了世族對官職的壟斷。雖依據人的家世、德性、才能來評定，但中正官多由高門子弟擔任，在評選時不免偏私，所以制度到後來被門第世族所把持，造成「上品無寒門，下品無世族」的現象。原本想要壓抑的門第世族問題，反倒加速其發展，不可不謂歷史的諷刺。

　　但從時代趨勢來看，這也是無可奈何的結局，端看蜀、吳兩國發展，亦可窺知。東吳因獲得江東世族的合作，能與曹魏長期抗衡。反觀蜀漢由於長期得不到巴蜀地區世族的支持，導致後期人才匱乏，成為三國中最早滅亡的國家。

九品中正

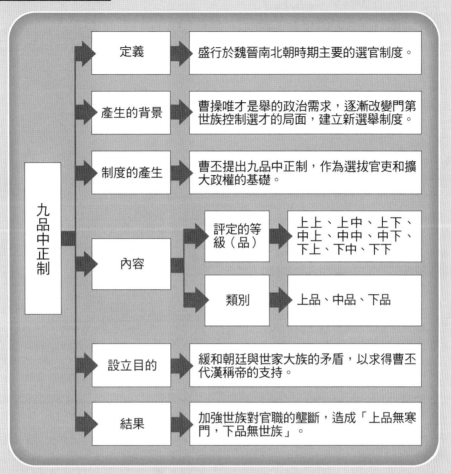

定義	→	盛行於魏晉南北朝時期主要的選官制度。
產生的背景	→	曹操唯才是舉的政治需求，逐漸改變門第世族控制選才的局面，建立新選舉制度。
制度的產生	→	曹丕提出九品中正制，作為選拔官吏和擴大政權的基礎。
內容	評定的等級（品） →	上上、上中、上下、中上、中中、中下、下上、下中、下下
	類別 →	上品、中品、下品
設立目的	→	緩和朝廷與世家大族的矛盾，以求得曹丕代漢稱帝的支持。
結果	→	加強世族對官職的壟斷，造成「上品無寒門，下品無世族」。

（九品中正制）

知識補充站 ★雪夜獨行舟的王徽之

在描述人品鑑識上，《世說新語》有許多小故事都展現了人物不受世俗眼光拘束的一面。〈任誕篇〉第二十三則「雪夜獨行舟」，即以王徽之為例，談論王氏飄渺自任的性格。內容是這樣的：

> 王徽之家住山陰時，有一天晚上下起大雪。他開門一望，想起好友戴逵。於是靈機一動，拿起酒來灌了幾口後，就命人駕車出遊。那時戴逵住在剡溪，距離相當遙遠；王徽之決定以小舟載酒，雪夜獨航，直到走了一夜後才抵達戴的家門口。可是一到門前，王徽之掉頭便走。有人問道：「既然都來了，何不敲門見戴氏？」而王徽之說：「興盡便走！何必見戴！」

這段文字雖然簡要，卻描寫那種任意狂誕的性格，俱躍紙上。

UNIT 3-22
陶淵明的〈桃花源記〉

圖解中國史

（一）田園隱逸詩人

魏晉南北朝時期出現眾多知名人物，其中最值得一提的就是陶淵明。他出身於沒落的官宦家庭，曾祖父陶侃官至大司馬，祖父陶茂擔任過武昌太守，父親陶逸則任安成太守。早年陶淵明曾任江州祭酒等職，後因個性耿介，以「不為五斗米折腰」，辭官回家，從西元四〇六年起隱居不仕，直至四二七年以貧病交加，溘然長逝。

歸田後的二十多年期間，是陶淵明一生創作力最為豐富的時期。據統計，陶氏流傳至今的作品共有詩一百二十餘首，另有文、賦等十餘篇。其中田園生活是陶詩中最重要的題材，因此後人將他稱作「田園詩人」。其實陶淵明的詩在南北朝時影響並不大。劉勰著《文心雕龍》，對陶淵明隻字未提；鍾嶸《詩品》列陶詩為中品，稱陶氏為「古今隱逸詩人之宗」；大概只有梁代昭明太子蕭統對陶淵明推崇備至，《文選》收錄陶氏的詩文十餘首。而陶淵明的田園隱逸詩，反而對唐宋詩人有很大的影響，杜甫、蘇軾都曾給予很高的評價。蘇軾甚至寫有和陶詩（模擬與陶淵明互相唱和）共一百零九首，可見影響之深。在中國詩人裡，陶淵明享有很崇高的地位；近人朱光潛先生便認為：「中國歷史上可以與他比擬的，前有屈原，後有杜甫。」

（二）寫實而兼具批判的〈桃花源記〉

其實陶淵明除了描寫田園景物的詩之外，尚有許多以歷史事件、人物、政治時事，乃至哲學抱負、思想追求為題材的作品。簡單的說，他的作品風格既有淡泊閑適的一面，也有豪放激越的一面。尤其當中每每蘊涵了對晉、宋間政治的思考與評判。他最著名的作品為〈桃花源記〉，就是一篇人所共知的著名之作。

在〈桃花源記〉裡，陶淵明描述了一個他所憧憬的桃花源社會，那裡人民彼此和諧美好，沒有戰亂，是一安居樂業、自食其力的社會。在生活上，他們日出而作，日落而息；此外沒有兵丁、官吏，是一「絕仁棄義」、「絕聖棄智」的「小國寡民」式的社會。這篇運用故事體裁所寫的散文，毋寧像是一篇幻想小說，其實不光是向人宣傳世外桃源的美景而已，也是對秦代以來的社會，特別是對當時的東晉社會表示不滿，並且進行辛辣的諷刺。雖然陶淵明筆下，沒有明確告訴讀者，桃花源裡的人為什麼生活得那樣地愉快與和睦，可是讀過的人很快就能明瞭：一處沒有暴政和戰亂的社會，甚至沒有徭役和苛捐的地方，是多麼令人嚮往。如此的環境和秦、漢、魏、晉以來那種充滿著欺詐、壓迫、剝削和爭奪的實際社會，恰好形成鮮明的對比。換言之，陶淵明就是通過這篇優美的散文，表達他的美好願景，同時對當時統治者進行嚴厲的批判。影響後人的，則是「桃花源」一詞與「烏托邦」齊名，都代表了一個美好世界的理想。

陶淵明生平

陶淵明的歷代評價

南北朝 → 劉勰著《文心雕龍》，對陶淵明隻字未提。

南北朝 → 鍾嶸《詩品》將陶詩列為中品。

南北朝 → 梁代昭明太子蕭統對陶推崇備至，《文選》收陶詩文十餘首。

唐宋 → 陶的田園隱逸詩，對唐宋詩人有很大的影響，杜甫、蘇軾給予很高評價。

近代 → 朱光潛認為陶具有崇高地位，可比擬者前有屈原，後有杜甫。

桃花源記

桃花源記

作品內容 → 描述一個陶淵明所憧憬的社會情景。

體裁 → 運用故事體裁所寫的散文。

文學作品下的含意 → 對晉宋間統治者進行嚴厲的批判。

影響 → 「桃花源」與「烏托邦」齊名，代表一個美好世界的理想。

★陶淵明作品欣賞

陶淵明，〈飲酒詩〉第五首
結廬在人境，而無車馬喧。
問君何能爾？心遠地自偏。
采菊東籬下，悠然見南山。
山氣日夕佳，飛鳥相與還。
此中有真意，欲辯已忘言。

第 **4** 章
民族與文化融合下的陸權帝國

●●●●●●●●●●●●●●●●●●●●●●●●●●● 章節體系架構 ▼

UNIT **4-1**
五胡亂華

圖解中國史

自東漢晚期起，隨著漢帝國的衰落和瓦解，加上北方游牧民族不斷地向內地遷徙，盤踞在長城內外一帶，終於在西晉「八王之亂」時，趁勢起兵南下爭奪控制權，造成中原地區大亂，史稱「五胡亂華」。

（一）永嘉之亂

西晉惠帝初年，江統便在〈徙戎論〉中建議遷返胡人，去除禍患之源。政局敗壞下，晉朝非但不能以文化用夷變夏，反而因族群雜處生出種種糾紛，形成不安的種子。此議未果，「八王之亂」已生，成為「五胡亂華」的導火線。由於惠帝本身昏庸無能，引來皇后及宗室在宮廷內進行長達十六年的權力鬥爭，加劇了統治危機。參與這場動亂的皇族其實不只八位，但結果卻讓朝廷失去地方的影響力，促使居住在內地的胡族紛紛產生叛變心理。終於在西元三〇四年，氐族李雄首先稱成都王，國號「大成」，並於三三八年改國號為「漢」，史稱「成漢」。同一時間，北方的匈奴劉淵也統領五部宣布獨立，稱漢王，自稱繼承漢室正統。四年後，劉淵稱帝並遷都平陽，國號「漢」，史稱「前趙」。

成漢與前趙的建立，揭開「五胡亂華」的序曲。在晉懷帝期間，前趙的劉淵過世，其子劉聰繼位，終於在西元三一一年向西晉王朝進攻，甚至打算率兵攻打洛陽。該年六月，洛陽被前趙所攻陷，晉懷帝慘遭俘虜，並殺太子司馬詮、宗室、官員及士兵百姓三萬餘人，挖掘陵墓、焚毀宮殿，史稱「永嘉之亂」。這場動亂使得西晉走上滅亡之途，北方游牧民族因此紛紛立國，開啟亂世長達百餘年。

（二）從五胡十六國到南北朝時期

所謂「五胡」，係指匈奴、鮮卑、羯、羌、氐等五個胡人的游牧部落聯盟。他們從西元三〇四年之後的百餘年間，在華北地區建立數十個強弱不等、大小各異的國家，其中存在時間較長且具有重大影響力的共有十六國。

這段期間，晉室偏安江南，另成立東晉王朝。而北方則歷經混戰，直到西元四二三年，北魏政權在拓跋燾的勵精圖治下，國力大盛，於是積極統一北方。北魏對各民族的文化與制度採取包容的態度，終於在攻伐胡夏、遠征北燕和圍攻北涼後，完成統一北方大業，此後進入「南北朝時期」。

歷經多年戰禍後，中國邁入民族與文化融合的陸權帝國時代。無論在政治體制、軍事制度，乃至社會、人口、經濟、宗教、藝術等層面，都產生相當多元的變化。舉例來說，如前涼統治的河西地區，由於相對中原而言較少戰亂發生，曾經吸引大量流民投奔。因此，河西地區的農業、畜牧業都有所成長，漸漸發展出「河西文化」。

北方各族不只主動地接受漢文化，有的君王甚至崇尚儒學，獎勵文教。而宗教和藝術，胡族也影響了漢族文化，產生融合。從歷史角度來看，五胡亂華對中國的影響深遠，地位並不亞於同一時期歐洲西羅馬帝國被日耳曼等游牧民族的入侵，兩者均具有重要的意義。

八王之亂

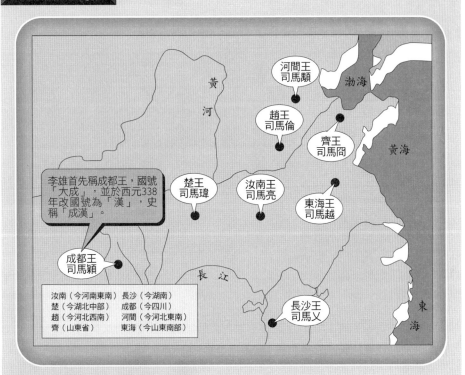

河間王
司馬顒

趙王
司馬倫

齊王
司馬冏

楚王
司馬瑋

汝南王
司馬亮

東海王
司馬越

李雄首先稱成都王，國號「大成」，並於西元338年改國號為「漢」，史稱「成漢」。

成都王
司馬穎

長沙王
司馬乂

黃河

長江

渤海

黃海

東海

汝南（今河南東南）	長沙（今湖南）
楚（今湖北中部）	成都（今四川）
趙（今河北西南）	河間（今河北東南）
齊（山東省）	東海（今山東南部）

五胡十六國分布圖

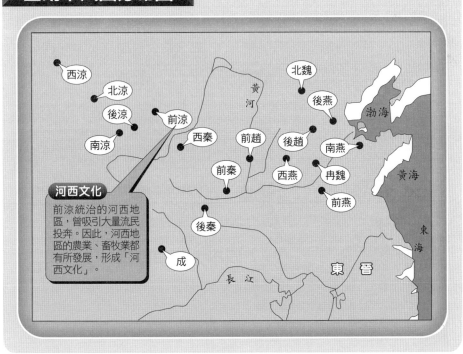

西涼

北涼

後涼

前涼

南涼

西秦

前秦

北魏

後燕

前趙

後趙

西燕

南燕

冉魏

前燕

後秦

成

河西文化

前涼統治的河西地區，曾吸引大量流民投奔。因此，河西地區的農業、畜牧業都有所發展，形成「河西文化」。

黃河

長江

渤海

黃海

東海

東晉

UNIT 4-2
王與馬，共天下

（一）晉室的破落戶——司馬睿

圖解中國史

當前趙的軍隊先後攻破洛陽和長安，俘虜了晉懷帝和晉湣帝，西晉宣告滅亡。第二年，皇族司馬睿依靠門第世族王導的支持，在建康（今南京市）登基為帝。歷史上將此重建的晉室稱為「東晉」，司馬睿即晉元帝。

司馬睿原來在晉室皇族中的地位和名望並不算高。西晉末年，他被派往江南鎮守，任命為都督揚州諸軍事；與此同時，還帶了一批北方的士族官員，其中最有名望的是琅邪人王導。司馬睿對王導幾乎言聽計從，視其為知心朋友。在王導與不久出任揚州刺史的王敦兩兄弟全力安排下，汝南人周顗、渤海人刁協等百餘名各流亡江南的僑姓世族也進入了司馬睿的幕府，共同維持和穩定當地的局面。

由於兩晉時期門第世族的風氣很盛，司馬睿想要控制江南地區，不能只依靠皇族身分而已，還需積極爭取江南大族（即吳姓世族）的支持。他剛到建康的時候，江南的一些大世族嫌其地位低，不怎麼看得起他，甚至不願前來求見。王導得知其中的奧妙所在，於是決定想辦法幫助司馬睿。

（二）王馬共治

就在東晉王朝建立前不久，王導藉著當地「禊節」，百姓和官員都要到江邊去「求福消災」時，刻意安排一場戲碼，企圖建立司馬睿的威望。王導先是讓司馬睿坐上華麗的轎子，前有儀隊鳴鑼開道，而王導、王敦等為大官名士，一個個騎著高頭大馬跟隨在後，威武的隊伍和排場造成轟動。江南的門第世族，像顧榮等人一見王氏對司馬睿如此尊敬，深怕自己怠慢，也跟著排在路旁拜見。如此一來，無疑提高了司馬睿在江南門第世族中的聲望。從此以後，吳姓世族更自然跟著僑姓世族亦步亦趨，擁護和支持司馬睿。

事後，司馬睿感激王導的協助，尊稱王氏為「仲父」。就在東晉王朝正式登基典禮上，司馬睿三番五次力邀王導與自己共坐御床，一同接受文武百官的拜賀。王導當然不敢這樣做，極力推辭。然而，整件事卻足以說明：門第世族在當時人們心中所占有的地位，並且在權力極度高漲之下，皇權又是如何地衰微了。

換言之，東晉非但是西晉政權的延續而已；同時，門第世族特權也因為時勢的造就，獲得更進一步的強化。難怪東晉初年社會上普遍流行一句話：「王與馬，共天下。」這句話的意思是說：所謂「天下」，其實是由王導和司馬睿共同掌握的，而非司馬氏一家。我們看當時的情況，王導位居宰相，掌控了政治大權；他的哥哥王敦都督江、揚、荊、湘、交、廣等六州的軍事，手中握有重兵；而其他重要的官職，大多數也被王家人所占有。司馬睿僅僅因為姓司馬，是西晉皇帝的本家，才得以被推為皇帝，實際上並無實權。

門第世族擁有重權，日後逐漸成為一項政治文化特色。直到東晉滅亡，南朝歷代仍在此特色下繼續維持。

王馬共治

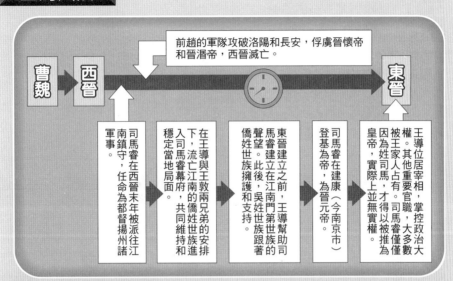

前趙的軍隊攻破洛陽和長安，俘虜晉懷帝和晉湣帝，西晉滅亡。

曹魏　西晉　東晉

司馬睿在西晉末年被派往江南鎮守，任命為都督揚州諸軍事。

在王導與王敦兩兄弟的安排下，流亡江南的僑姓世族進入司馬睿幕府，共同維持和穩定當地局面。

東晉建立之前，王導幫助司馬睿建立在江南門第世族的聲望。此後，吳姓世族跟著僑姓世族擁護和支持。

司馬睿在建康（今南京市）登基為帝，為晉元帝。

王導位居宰相，掌控政治大權。其他重要官職，也因為姓司馬，才得以被推為皇帝，實際上並無實權。被王家人占有。司馬睿僅僅

王與馬共天下

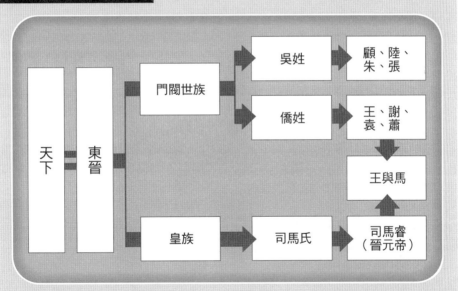

天下　東晉

門閥世族 → 吳姓 → 顧、陸、朱、張

門閥世族 → 僑姓 → 王、謝、袁、蕭

王、謝、袁、蕭 → 王與馬

皇族 → 司馬氏 → 司馬睿（晉元帝）

司馬睿（晉元帝）→ 王與馬

★門閥政治

知識補充站

兩晉時代，一般被認為是「門閥政治」時期。所謂門閥政治，係指世族與皇權共治天下，為一種特定時空環境和條件下皇權政治的變態。據史家田餘慶所說，門閥政治的存在是一暫時的現象，「它來自皇權政治，又逐步歸於皇權政治」，嚴格講來只存在於江左的東晉南北朝時期。

UNIT 4-3
清談

(一)清談的緣起

圖解中國史

清談是魏晉南北朝時期流行於士大夫之間，一種專談玄理的風氣；它起於東漢末年，以「清議」為其先河。清議本以人倫鑑識為要旨，可是有位儒士郭泰卻與眾不同。據史書上記載，郭泰「雖善人倫，而不為危言覈論」，而《抱朴子·外篇》也提到他「周旋清談閭閻，無救於世道之陵遲」。用簡單的話說，郭泰在清議時不以評論朝中人物為主，所以黨錮之禍時，他能倖免於難。

郭氏的例子開啟日後清談的先聲。直到曹魏正始年間（西元二四○年至二四八年），由於世亂目亟，政治糜爛。有識之士因此感到不滿，產生兩種反動思想，一為崇法務實的申韓思想，一為率性自然的老莊思想；加上儒家經學的衰微，士子講究的名節禮法也漸流於虛偽，不足以饜眾望。於是乎，一般學者士子遂灰心於現實政治，相率以談論玄理為務，造成清談風氣大盛。

而清談走入純務玄虛之理，也來自古代文獻經典的影響；王弼、何晏等人則喜談《老子》、《莊子》，參以《周易》，以三者為主要內容。

(二)一種文化現象的清談

許多人將清談視為一種無意義的行為。如果從當時歷史的情況來看，未必真的如此。本來西晉初期，清談的主要內容乃在當時政治上的實際問題，是士大夫藉以表示本人態度及辯護自身立場的方法；可是到了西晉後期直至東晉之際，清談卻已淪為口中或紙上的玄言，喪失政治上的實際性質，僅止於名士身分的裝飾品。

此外，清談名士在行為經常放誕不羈；他們縱酒、不拘禮法，毋寧為對禮法的一種諷刺，著名的「竹林七賢」可為代表。因為所謂「禮法」，正是當時的篡竊者及其佐命功臣們所加以提倡的。同時，清談本是對於現實政治的一種「逃避」方式，沒想到如此風氣還蔓延到政治舞臺上。當時不少的達官貴人，一面手握重權高談政事，一面則大談玄理，把兩種相反的事物糅合在一起，造成政治的種種怪象。這種風氣對政治的影響極為深遠，不但與一般世族的日常生活無法分開，而且形成消極頹廢的人生觀。王羲之所作的〈蘭亭序〉，充滿人生哀樂相隨的感慨，正可代表當時一般人的心理。

初期清談內容以老莊為主，到東晉後，佛學也滲入清談的範圍中。魏晉開國之君，受大臣上書影響，慕想道家清靜之德與無為之治，強調老莊之人生境界。如王朝，曾上書推崇漢初是清儉之德；蔣濟則謂當安息百姓，務在清靜，兩人皆以無為而輔治術。再者，許多佛門高僧的談話中也充滿清談的意味，加速佛教在中國的發展。

所以，清談是中國歷史上值得注意的一種文化現象，也是繼東漢末年以來一種新的思維方式；它衝擊了儒家經學，並進行一次思想的解放。

清談

清談

```
定義 ──▶ 魏晉南北朝時期流行於士大夫之間的一種專談玄理的風氣。起於東漢末年，以「清議」為其先河。

盛行 ──▶ 曹魏正始年間政治糜爛，產生的兩種反動思想。

文化現象上的清談
    ──▶ 西晉初期，清談主要內容在政治上的實際問題，到西晉後期至東晉之際，清談僅止於名士身分的裝飾品。
    ──▶ 清談風氣形成消極頹廢的人生觀，以「竹林七賢」為代表。
    ──▶ 初期內容以老莊為主，到東晉後，佛學也滲入在清談的範圍內。

重要性 ──▶ 東漢末年來一種新的思維方式，衝擊儒家經學，進行一次思想上的解放。
```

知識補充站 ★從《世說新語》看清談

兩晉之際，「清談」成為士族寄託。當時的重心是名教與自然之辯，郭象的《莊子注》風靡一時，主張兩者合一，萬物各依本性安於其分。僧人支道林則援引佛學，以為滿足自然本性的需求並非真正的逍遙，只有超越一切欲望者，才能達到「逍遙」境界。《世說新語》記載，有一次朋友跟王羲之介紹支道林，他原本有些輕視，沒說幾句就要離開，車子都在門口了，結果支道林說起《莊子》，「才藻新奇，花爛映發」，讓王羲之「披襟解帶，留連不能已。」由此可見時人的生命關懷，無怪乎清談成為風尚了。

UNIT **4-4**
北魏孝文帝

圖解中國史

（一）以遷都為始的漢化運動

　　魏晉南北朝是北方草原游牧民族和南方中原漢族相互進行文化融合的時代。特別值得一提的，是關於北魏孝文帝（拓跋宏）的漢化。

　　北魏前身即為鮮卑族。該民族自五胡亂華之後，由拓跋氏建立北魏政權；直到西元四三九年逐漸崛起，進而統一北方。據稱，領土東起遼東，西至隴西。為了能夠有效進行統治，傾慕漢族文明的孝文帝便大膽實行漢化運動，其主要內容有遷都、改革官制、禁止胡語、胡服、改鮮卑姓為漢姓、禁止同族通婚、制訂禮樂刑法等六方面。以下分述之。

　　原本北魏版圖已擴至淮水以北，而其首都平城（今山西大同縣東）距離南方邊境過遠，不宜南進的推動。因此，孝文帝有意遷都洛陽，又唯恐朝臣不從，於是藉著討伐南齊為由，率眾南下。終於在西元四九三年，孝文帝帶領步騎共三十萬，前往洛陽。次年，孝文帝以「移風易俗」為理由，遂定都之。同時將都城遷到這裡以後，以地利之便，展開大規模的漢化運動。

（二）漢化的內容及影響

　　孝文帝選擇洛陽為首都，當然有其考量。比較另外一個城鎮鄴城，洛陽這個古老的都城，早為東漢都城，更顯得深具文化意義，且不受族內反對者所左右。因此，他在決定以洛陽為都城後，積極進行一連串的漢化活動。

　　首先是「改姓氏」。孝文帝將鮮卑姓改為漢姓，如拓跋、拔拔、獨孤、尉遲等，以元、長孫、劉、尉等取代；其次是「改衣冠」，要求官員及家屬必須穿戴漢服，屏棄原來鮮卑服制；「定官制」則以統一標準，仿效南朝的官制，

目的是為了去掉胡族部落的生活習慣；「修刑法」主要採以中國固有的法律為標準，重新修訂；「定語言」係以三十歲為限，禁止鮮卑貴族講鮮卑語，一律改說漢語；「定氏族」則是讓所有鮮卑族與漢人訂立相同的譜牒，並且獎勵與漢人進行通婚。

　　北魏孝文帝一連串的漢化措施，當然有其風險。隨著北魏政權遷都洛陽後，國內便分化成為兩個不同的世界。那些南遷受到漢化的鮮卑貴族，由於深浸漢人舊有的習慣和風氣所致，使得他們的生活格外奢靡。鎮戍在北方的鮮卑族，於是對京城內的貴族日漸滋生不滿。結果雙方的裂縫漸深，事隔不到半年，演變為北方六鎮產生叛變。

　　另一方面，隨著政治重心的變化，北魏前期那種游牧、射獵及劫掠的統治性格，也失去依據。此後，沿用漢魏政權所通行的辦法，以穩固統治基礎，如均田制、三長制、州郡制等的改革措施相繼出現。如此現象說明，少數民族統治多數漢族必須面對一種兩難的困局，形成日後中國歷史的基調。

🙂 小博士解說

　　歷史學者逯耀東特別指出「定氏族」的重要意義。漢人世族是當時華北最重要的社會力量，他們每以文化和門第自豪，鮮卑貴族雖然掌握軍政大權，社會地位仍然無法相比。藉由訂定譜牒，提高鮮卑貴族的地位，獎勵雙方通婚，正是讓北魏王朝成為一體的嘗試。這些世族將中原文化傳統、生活方式、倫理觀念帶進拓拔氏等部族家庭，加速草原文化朝農業文化的轉變，雙方的融合交流，也成為日後孕育隋唐帝國文化的養分。

北魏的漢化運動

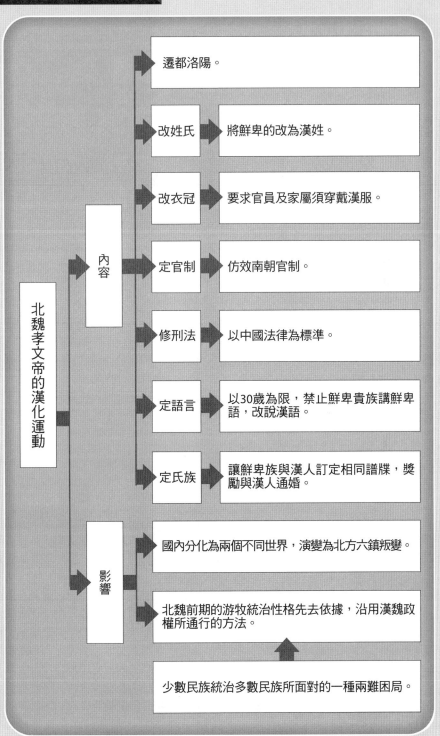

北魏孝文帝的漢化運動

內容

- 遷都洛陽。
- 改姓氏 ▶ 將鮮卑的改為漢姓。
- 改衣冠 ▶ 要求官員及家屬須穿戴漢服。
- 定官制 ▶ 仿效南朝官制。
- 修刑法 ▶ 以中國法律為標準。
- 定語言 ▶ 以30歲為限，禁止鮮卑貴族講鮮卑語，改說漢語。
- 定氏族 ▶ 讓鮮卑族與漢人訂定相同譜牒，獎勵與漢人通婚。

影響

- 國內分化為兩個不同世界，演變為北方六鎮叛變。
- 北魏前期的游牧統治性格先去依據，沿用漢魏政權所通行的方法。

少數民族統治多數民族所面對的一種兩難困局。

UNIT **4-5** 均田制

（一）戰亂後地權的重建與規劃

圖解中國史

　　北魏政權中最須注意的事，是關於均田制的建立。它原是由屯田制度演變而來。本來華北及中原地區因為長期戰亂，造成土地荒廢。一些未向南方逃亡的百姓，基於身家安全，同時不堪承受沉重的租稅傜役等負擔，於是多依附在門第世族之內。根據史籍記載，有以三十至五十家為「一戶」，甚至有一宗近萬室的現象。這樣的社會現象被稱為「部曲」，且普遍存在於當時社會之中，間接影響到統治者按戶徵收賦役的意義及收入。

　　另一方面，北魏在統一中原之後，政局逐漸穩定。許多南逃的百姓相繼返回家園，卻發現自己本來的土地已有別人在上面耕種了，產生許多地權糾紛問題。為了解決社會矛盾和衝突，北魏孝文帝在西元四八五年，採取李安世的建議，頒布均田令，目的是為了：❶將田地進行合理的分配；❷藉由土地政策的實行，得以扶助貧弱，以抑豪強；❸將有爭議的田地，加以釐清，畫分產權。該項制度沿用到唐代中葉，約西元七八〇年後始廢弛，實行了近三百年。

（二）均田要義

　　均田制的用意，原不在於如何實踐社會的公平正義，而是為了北魏孝文帝如何在財政上增加稅收。因此在各時代的實施方面，關於土地授予和買賣限制的問題上，往往因應情勢的不同而有所調整。大體說來，北魏時期是以十五歲為限，每位對男子授予田地四十畝，女子二十畝（稱為「口分田」），直到年老身死後還官。為了解決分配問題，還有「三長制」，用來負責調查戶口，作為規劃稅收的標準。至於在狹鄉地區，則加倍給予授田的範圍；地方官吏則有「公田」，惟不得買賣。而從北齊至隋代，年齡則提高到以十八歲為限，授予田畝數略有不同，每戶另有二十畝（稱為「永業田」）。

　　唐代對於均田的規定，主要隨著人口逐漸地穩定，而要求日趨嚴苛。首先，它排除了性別一體均霑的考量，規定女子往後不得授田；其次則是要求狹鄉地區不再加倍授田畝數，同時官吏也不另給予授田；最後，對於土地買賣的限制也予以解除，結果促使土地兼併的風氣日盛。

　　均田使得當時荒田獲得有效管理，促進統治者能夠充分了解人口現況，並加以利用編戶，保證賦役來源。可是隨著人口增長，甚至有些租稅無從得到合理的進行，結果百姓賦役負擔日重。唐代即是眾多問題浮現的主要時期。為了能夠因應，朝廷陸續設下相關規定，卻讓土地兼併的情況愈來愈嚴重。均田制的破壞，令統治者不能繼續有效地進行土地還授，也無法掌握確實傜役問題，於是改行兩稅法。

🔲 小博士解說

　　李安世出自趙郡李氏，屬當時華北重要世族。隨北魏政權統一中原，政局逐漸穩定，朝廷與世族之間的矛盾也日益彰顯，部分豪強甚至收容逃犯，屢敗官軍，自成格局。李安世十一歲時就被招為中書學生，兼具世家背景與經典修養，也熟悉北魏朝廷的運作。均田制，正是針對局勢的改變，權衡雙方的利益而提出的政治規劃：既確立了官方的權威，開拓荒地的生產，而奴婢與牛也能授田的規定，又讓世族保有舊日的利益，從而將雙方密切地結合起來。

均田制

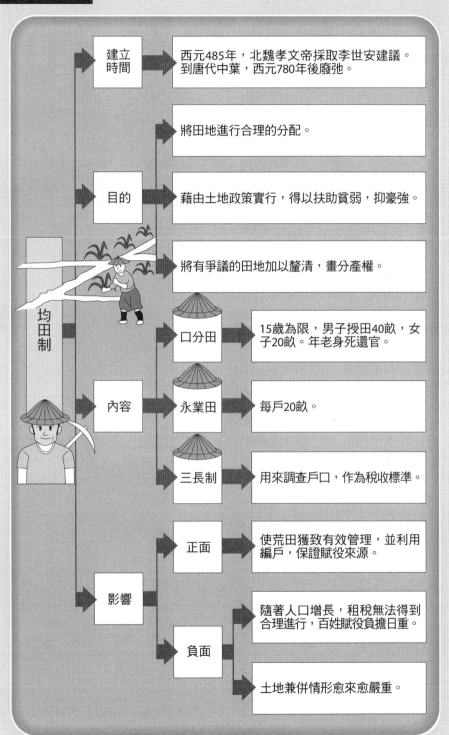

建立時間		西元485年，北魏孝文帝採取李世安建議。到唐代中葉，西元780年後廢弛。
		將田地進行合理的分配。
目的		藉由土地政策實行，得以扶助貧弱，抑豪強。
		將有爭議的田地加以釐清，畫分產權。
內容	口分田	15歲為限，男子授田40畝，女子20畝。年老身死還官。
	永業田	每戶20畝。
	三長制	用來調查戶口，作為稅收標準。
影響	正面	使荒田獲致有效管理，並利用編戶，保證賦役來源。
	負面	隨著人口增長，租稅無法得到合理進行，百姓賦役負擔日重。
		土地兼併情形愈來愈嚴重。

均田制

UNIT **4-6** 府兵制

（一）府兵的由來

「府兵制」係西魏時期開始出現的一種兵役制度。「府兵」原來泛指某將軍府、某都督府或某某軍府的兵而言，從魏、晉流傳至隋、唐時代，以「兵農合一」為特點而逐漸演變為定制。大致說來，其來源有二。

其一，以某將軍府的兵簡稱「府兵」，流行於兩晉時期。東晉的謝玄，官拜建武將軍、兗州刺史、領廣陵相、監江北等諸軍事官銜，負責駐屯北境廣陵，他所統軍隊號為「北府兵」。

府兵的另一淵源與部落兵有關。北魏拓跋氏原為游牧部落民族，拓跋珪在建國初年，改置州縣，但州縣理民，在戰亂發生時對軍事的調度產生諸多不便，於是促成府兵制建立。為了形成穩定的軍事組織，便設立軍府，分建鎮戍，管轄大批府戶。這些軍府既由氏族部落兵發展而來，當然還保留著較多舊制的痕跡；最突出的是，一個新的軍事組織單位往往就是原來的一個部落單位，或以原來的一個部落單位為主體。

創設府兵制的人，是西魏當時擁有大權的朝臣宇文泰。他先是將關中地區的六鎮編成六軍，自己擔任統帥。後來經過不斷整編、擴充後，陸續建立起八柱國、十二大將軍、二十四開府等組織。換言之，這項制度無疑是一種鮮卑化武裝組織，並把各級將領和兵士間的隸屬關係，再加上一層部落化的色彩。最高的將領八柱國分統八個軍團，也就是八個假想的部落，兵士成為部落中各族的成員。八柱國成為門第和政權最重要的象徵，《周書》記載：「今之稱門閥者，咸推八柱國家。當時榮盛，莫與為此。」

（二）府兵制的特點與演變

府兵制度最初以部落兵制為構想，後來正式納入朝廷軍事化組織和戶制單位。隋文帝更在西元五九〇年下詔：「凡是軍人可悉屬州縣，墾田籍帳，一與民同，軍府統領，宜依舊式。」於此，府兵成為「兵農合一」的制度，直到唐代中葉。它解決了漢末以來社會上私兵、部曲等問題，避免地方擁兵自重，而將軍隊收歸由中央統轄和控制。

府兵制的特點，是「平時為民，戰時為兵；兵不識將，將不知兵」；至於府兵的戶籍，則由軍府掌握。平日士兵主要的工作為耕地種田，並在折衝將軍領導下進行日常訓練；戰爭發生時，由朝廷另派將領，聚集各地的府兵出征。等到戰事結束後，各地府兵仍歸本籍，重新納入當地折衝將軍的管轄下。

直到唐太宗貞觀年間，府兵制發展至極盛，特別是指揮系統的完備。例如，番上制度的出現。平常士兵分散在各地折衝府，每年輪番到京城擔任宿衛任務，就叫「番上」。而番上的時間長短、人數多寡，以及執行的嚴格與否，直接反映出府兵制度的盛衰。

府兵制之所以在唐中葉走向衰亡，原因在於社會經濟的變化。尤其隨著均田制度的破壞，很難強迫軍士自備武器和食糧。因此，受到經濟日益發展影響，兼併之風不可復抑，均田制的崩潰也進一步導致府兵制的瓦解。

府兵制的由來

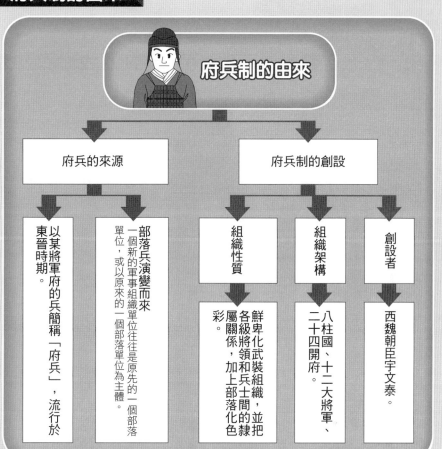

府兵制的由來

府兵的來源

以某將軍府的兵簡稱「府兵」，流行於東晉時期。

部落兵演變而來一個新的軍事組織單位往往是原先的一個部落單位，或以原來的一個部落單位為主體。

府兵制的創設

組織性質

鮮卑化武裝組織，把各級將領和兵士間的隸屬關係，加上部落化色彩。

組織架構

八柱國、十二大將軍、二十四開府。

創設者

西魏朝臣宇文泰。

府兵制的特點

府兵制的特點

兵農合一
解決漢末以來社會上私兵、部曲等問題。

平時為民，戰時為兵；兵不識將，將不知兵。

唐太宗貞觀年間，府兵制發展至極盛，出現「番上」制度。

UNIT **4-7** 佛道之爭

（一）佛、道兩教的興盛

圖解中國史

　　中國中古時期，儒學思想無法滿足時人需求，佛教和道教便趁勢而起，成為百姓重要的宗教信仰。然而，佛、道各自擁有龐大眾多的信徒時，卻也相互排擠，成為此時歷史的一項特色。

　　佛教自東漢初年正式傳入中國後，初因社會安定，並無發展餘地。到了東漢末年及魏晉時代，因應政治與社會亂象叢生，佛教乘虛而入思想界。大致於兩晉南北朝的三百年間，佛教發展極為興盛。雖然也曾遭遇若干頓挫，但其傳布則始終未停止，當中若干重要宗派，逐漸萌芽。加上翻譯佛經的風氣盛行，一、二流的思想家群趨佛學研究，佛教從此成為一種普遍性的宗教。

　　道教於晉時稱「天師道」，士大夫信奉者眾。例如，東晉的名士王氏，便世奉天師道。同時因為玄學盛行，道家者流，常竊取《易經》、《老子》的義理，以自文飾。晉初有葛洪者，著有《抱朴子》，拿煉丹服藥的理論，來附會《易》、《老》。東晉時期東南沿海地區，道教尤為盛行，信徒極多；而東晉末年的孫恩、盧循，亦都以道教惑眾而倡亂。

（二）中古時期的佛、道之爭

　　南北朝時代，有不少君主因熱中信仰，成為崇拜宗教者。譬如，南朝的宋明帝、齊明帝、梁武帝等人，皆篤信佛教，成為佛門弟子；北朝則自魏道武帝入中原後，便開始奉佛。道教方面，北魏太武帝則是應崔浩之請，改信道教，並奉道士寇謙之為天師，於是道教盛行於北方。而統治者對宗教的虔誠，難免造成社會上風行草偃，以佛教來說，士大夫和平民信佛者極普遍，因此寺廟的建立，遍於南北。

　　佛教與道教在這時盛行，經常為了彼此的利益問題，雙方屢次發生衝突，而鬥爭程度之激烈，又牽動到統治者。北魏太武帝、北周武帝的兩度滅佛，都與崇信道教有關。北魏時，由於崔浩之奉行天師道，勸太武帝改信道教，並懷疑沙門謀反，遂有滅佛之舉，其後演為劇烈的政治鬥爭。至於北周武帝的滅佛，則係採用道士張賓的主張；沙門道安撰〈二教論〉爭之，於是下詔廢佛、道二教，悉令沙門還俗，實即滅佛教以立道教。

　　隋唐以後，佛、道之爭更形劇烈。有的統治者依自己喜好而寵信：如隋文帝佞佛，即位後詔告天下，任聽出家，於是舉國風靡，據傳民間佛經多於六經有數十百倍；唐初傳老子為先祖，唐高祖曾特謁其廟，唐太宗更以「老子是朕祖宗」，要求名位、稱號宜在佛先；武后與佛教關係最深，西元六九一年頒布《大雲經》，藉佛經傳說做篡唐之掩護。另外，有的統治者則是想辦法來融合調解，像是組織公開的「三教（儒、佛、道）論議」，作為一己的工具。

　　中唐時期，唐武宗又發動「會昌滅佛」。這次背景在於唐代寺院經濟的膨脹，直接威脅到國家財政收支和經濟發展，得自道士挑動排佛情緒的結果。

佛道興盛

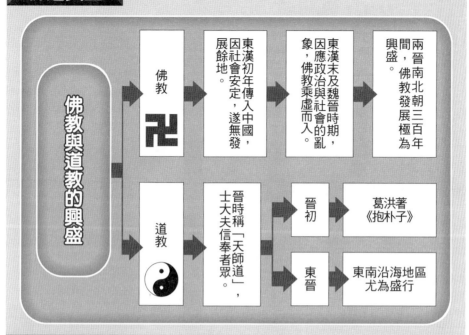

佛教與道教的興盛

佛教 卐

- 東漢初年傳入中國，因社會安定，遂無發展餘地。
- 東漢末及魏晉時期，因應政治與社會的亂象，佛教乘虛而入。
- 兩晉南北朝三百年間，佛教發展極為興盛。

道教 ☯

- 晉時稱「天師道」，士大夫信奉者眾。
  - 晉初 → 葛洪著《抱朴子》
  - 東晉 → 東南沿海地區尤為盛行

佛道之爭

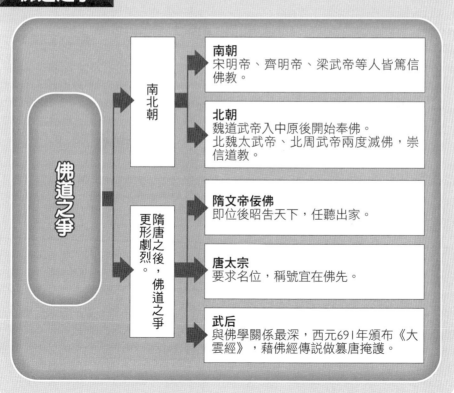

佛道之爭

南北朝

南朝
宋明帝、齊明帝、梁武帝等人皆篤信佛教。

北朝
魏道武帝入中原後開始奉佛。
北魏太武帝、北周武帝兩度滅佛，崇信道教。

隋唐之後，佛道之爭更形劇烈。

隋文帝佞佛
即位後昭告天下，任聽出家。

唐太宗
要求名位，稱號宜在佛先。

武后
與佛學關係最深，西元691年頒布《大雲經》，藉佛經傳說做篡唐掩護。

UNIT **4-8** 隋唐運河

圖解中國史

（一）運河疏通的緣由

　　南北朝長期對峙後，終於在西元五八一年由楊堅受禪，並於西元五八八年攻滅南朝陳，結束分裂之局，是為隋朝。隋代統一以後，為了鞏固帝國發展，而興建各項大型工程；當中最令人矚目的，就是大運河的疏通。

　　大運河在歷史上出現，來自幾個重要的象徵：第一，軍事作戰型態有所改變，為了因應南方地形，水路更能保有作戰優勢，所以在平定南朝陳期間，隋朝為順利運兵南下，開始修建運河，功能既是運輸線，也是交通線。第二，本來作為政治和軍事中心的關中地區，不再能夠維持帝國統治，至少兩漢時期與現在的情況早已大異，運河足以作為聯繫各區重要的工具。第三，它顯示了中華帝國正逐步邁向陸權帝國的實踐，特別是南北各自歷經長時間的分立與開發後，呈現不同的優劣，必須統合在修築運河的基礎上，才能互通有無。

（二）五條運河內容

　　隋唐大運河先後共開鑿五條，分別是廣通渠、永濟渠、通濟渠、山陽瀆和江南運河，長達二千七百餘公里。以下分述之。

❶廣通渠

　　從京城長安至潼關，東通黃河。全長約達三百餘里，據稱可以通航「方舟巨舫」。這項工程由宇文愷主持，以渭水為主要水源，目的在於滿足關中地區的糧食。

❷通濟渠

　　隋煬帝楊廣即位後，為了進行南糧北運和加強對東南地區的控制，因此從洛陽興建，溝通黃、淮兩大河流。通濟渠在黃河南岸，分為東西兩段：西段西起洛陽，以洛水及其支流為水源，穿過洛陽至偃師，再循洛水入黃河；東段西起滎陽，引黃河水進入淮河的支流汴水，經今開封及杞縣、睢縣、寧陵、商丘、夏邑、永城等縣，再穿過安徽宿縣、靈壁、泗縣，以及江蘇泗洪縣，至盱眙縣注入淮水。

❸山陽瀆

　　北起淮水南岸的山陽（今江蘇淮安市），到江都（今揚州市）西南接長江。

❹江南運河

　　春秋時代的吳國，曾在太湖平原開鑿多條運河，其中有條北向長江、南通錢塘江的人工水道，隋煬帝下令進一步疏浚，即為江南運河。

❺永濟渠

　　是唯一在黃河以北的運河。從洛陽對岸的沁河口向北，利用衛河和盧溝（永定河）等自然河道開挖加深，直通涿郡（今北京市境）。

（三）運河的意義

　　嚴格說來，上述五條大運河並非同時開鑿而成，但是由於這些渠道都以政治中心長安、洛陽為樞紐，向東南和東北輻射，故形成完整的體系。它同時貫穿了錢塘江、長江、淮河、黃河、海河五大水系，強化了國家內部統一，也促進南北經濟文化的交流，解決糧食北運的問題。

　　然而，因為開鑿大運河的工程艱鉅，對廣大的勞動人民而言卻是一場災難。正因為隋煬帝強徵數百萬民工來修築運河，導致帝國內民怨四起，既嚴重地破壞了生態，也加速了隋朝的滅亡。

隋唐運河歷史象徵

大運河出現在歷史上的意義

軍事作戰型態改變
隋在平定南朝陳期間，為因應南方水路能有作戰優勢的地形，開始修建運河。

運河成為聯繫各區重要的工具
本為政治和軍事中心的關中，已不能再維持帝國統治。

顯示中華帝國逐步邁向陸權帝國的實踐
南北必須統合在修築運河的基礎上，才能互通有無。

運河分布圖

UNIT **4-9** 玄武門事變

圖解中國史

（一）李氏宮廷爭鬥的肇始

人類歷史上，時常有人為了爭奪統治大位，進而不惜與兄弟或親友反目，結果造成骨肉相殘。這類的故事雖然比比皆是，但像唐太宗發動「玄武門事變」，那樣深具戲劇性的題裁卻未必多見。可以這麼說，發生於西元六二六年的玄武門宮廷政變，不僅改寫了唐代歷史，也造就了盛世君主——唐太宗李世民的出現。

隋朝末年，唐高祖李淵自太原起兵，約在西元六二四年左右，大致統一中國。但是隨著統一的腳步來臨之際，唐室中央卻又發生另一個嚴重的問題，就是高祖子嗣間的衝突，原因主要是為了爭奪皇位繼承權。原來高祖的皇后竇氏共生下四子，即建成、世民、玄霸、元吉；當中玄霸早死，二子世民因為才武出眾，屢建戰功，深得人心。可以說，唐室的江山大半都是世民所打下來的。然而，基於傳統繼承王位的原則，高祖卻以建成為太子，世民為秦王，元吉為齊王。這樣的結果，導致日後一連串宮廷悲劇之發生。

實際上，秦王李世民不獨是建國功高、聲勢足以威脅太子外，他本人確實也有奪嫡的野心。而高祖雖然承認世民有功，卻始終想保全建成，故以隔離的方式來消弭諸子間的爭端。於是乎，彼此的明爭暗鬥仍繼續進行中，而為了避免世民勢力坐大，太子建成亦與元吉私下聯合，與世民對立。雙方的摩擦始於西元六二二年，其後則日形尖銳化，終於發生了所謂的「玄武門事變」。這次政變的發動者和勝利者都是世民，他因而得以繼承高祖的皇位。

（二）玄武門真相

有關這次政變的經過，後世史料都有若干隱晦歪曲的地方，不能盡信。經過近年來學者的研究討論，真相才大致顯露出來。

玄武門位居長安太極宮城的北門，是宮廷衛軍司令部的所在地，具有堅強的工事與雄厚的兵力。誰能據有該地並運用其兵力，誰便可控制整個宮廷乃至首都，因為玄武門駐軍的實力遠較首都城防軍為強。此次政變，便是世民利用玄武門的地勢，首先消滅建成、元吉；然後利用該守軍，抵抗東宮齊府的軍隊，獲得最終勝利。至於世民所以能輕易據有玄武門，則是由於素與玄武門屯軍將領勾結之緣故。事變時，玄武門的將領常何，本為建成舊屬，卻早已被世民暗中收買。

曾有史家抨擊玄武門事變帶來的負面影響，認為唐代為了防止藩王奪權，即令太子同時兼任軍事要職，以防兵權旁落。然而，終唐一代仍是政變頻繁，有四次奪嫡事件都發生在玄武門，李世民可說首開惡例。王夫之更在《讀通鑑論》直言：「唐自高宗以後，非弒械起於宮闈，則叛臣訌於肘腋，自開元二十餘年粗安而外，皆亂日也。」形容唐代盛世既開啟於世民，也亂於世民發動政變之手。

玄武門之變

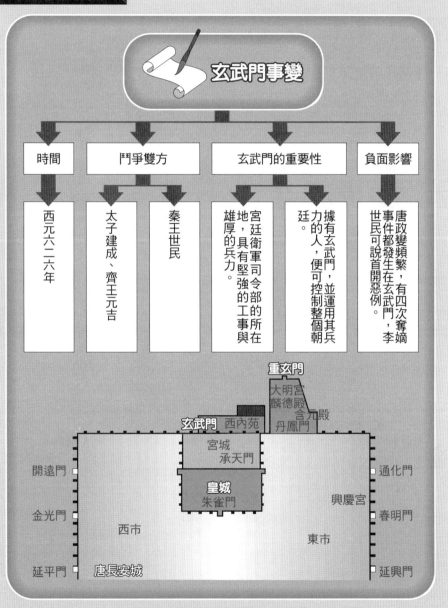

★門神的由來

玄武門事變之後，世民為求斬草除根，大舉屠殺建成與元吉的家族，甚至連嬰兒都不放過。後來據說世民因恐懼自己兄弟的鬼魂前來索命，於是派尉遲恭與秦瓊擔任門前守衛，可是後來因兩人年事已高，無法長期擔任，只好轉而繪製兩人的畫像掛在門口，成為後世門神的由來。這個傳說被後來的《西遊記》所引用，不過內容略加修改。

UNIT 4-10
貞觀之治

圖解中國史

（一）胡漢共治下的貞觀時代

李世民於西元六二六年即位後，是為太宗，時年二十九歲。隔年，改年號「貞觀」。儘管他弒兄殺弟的行為令人髮指，可是大唐帝國在這位年少皇帝的領導下，卻締造了中國歷史上少有的盛世。貞觀時代唐帝國的版圖，獲致空前的擴展；社會秩序的安定，人民生活的美滿，都不可多見。雖然從唐初的各項制度看來，太宗只是遵循前代舊章，但他在位知人善用、廣開言路、虛心納諫、重用諍臣，使得唐帝國仍有開國的新氣象。有人認為，太宗乃是胡族尚武精神和華夏文化混合下所產生的怪傑；而大唐帝國的基業，毋寧也是胡、漢兩族共同建立而成的。

或許因為唐室李氏帶有少數民族的血統之故，因此無論胡、漢，太宗都一視同仁。這作風對唐代具有決定性的影響，顯示為開放型的陸權帝國規模。譬如，太宗曾對侍臣說：「自古帝王雖平定中原，有能服戎狄。朕才不逮古人，而成功則過之。所以能及此者，自古皆貴中華，賤夷狄，朕獨愛之如一，故其種落皆依朕如父母。」因此，唐代的番將特多。

（二）貞觀的美德與缺失

史書上曾記載許多有關唐太宗個人的言行舉止。從後見之明看來，太宗相當懂得行銷之術，且願意扮演「聖君」的角色，這或許與他早年奪位的心理有關。像是他容納直諫，即被譽為「美德」之一。太宗即位後，每以隋煬帝的愎諫為戒，因此盡力求言。而朝臣中最能對他提出諫言就屬魏徵。據說魏徵曾前後上疏數十，直諫太宗過失，

大體不外乎勸誡太宗實行仁政、偃息兵革、尊崇禮教等，目的在抑止太宗情感的放縱。有時言語過分之際，甚至氣得太宗想要找機會「殺此田舍翁（指魏徵）」，結果每次都包容魏氏。

某次，太宗獲得一隻優良的鷂，相當喜愛調弄。一天，太宗正用臂駕著他那隻心愛的鷂，忽見到魏徵走來，便趕忙把鷂藏在懷中。而魏徵向太宗奏明政事，良久不止；等到魏徵離去，那隻鷂也已死在他的懷裡。這件事足見太宗對魏徵「諫臣」角色之畏懼。等到魏徵死後，太宗更是嘆道：「以銅為鏡，可以正衣冠；以古為鏡，可以知興替；以人為鏡，可以明得失。朕常保此三鏡，用防己過。今徵（指魏徵）殂逝，遂亡一鏡矣。」

太宗美德雖多，也有小疵，如他對臣下愛護備至，有時未免過分。據傳李世勣突得急病，醫生處方說須用鬚灰治療，太宗便把自己的鬍鬚剪下，為其和藥；又如征伐高麗時，將軍李思摩中箭，太宗親自為其吮血，以去其毒；又如貞觀初年發生蝗災，為了表示寧可讓蝗蟲吃掉太宗本人的肺腸，也不願農作物受害，竟把幾枚蝗蟲，當眾活生生的吞下肚去。類似舉動，令人覺得有些矯揉造作，甚至有權術的意味。可是大致說來，太宗畢生行事的功仍是遠多於過的。

貞觀之治

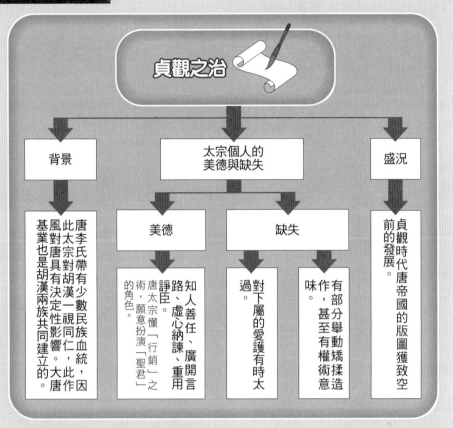

貞觀之治

- 背景
- 太宗個人的美德與缺失
  - 美德
  - 缺失
- 盛況

背景
唐李氏帶有少數民族血統，因此太宗對胡漢一視同仁，此風對唐具有決定性影響，大唐基業也是胡漢兩族共同建立的。

美德
知人善任、廣開言路、虛心納諫、重用諍臣。唐太宗懂「行銷」之術，願意扮演「聖君」的角色。

缺失
對下屬的愛護有時太過。

有部分舉動矯揉造作，甚至有權術意味。

盛況
貞觀時代唐帝國的版圖獲致空前的發展。

知識補充站 ★唐太宗縱囚

針對唐太宗的行為，後世也有批評造作的聲音，縱囚便是一例。貞觀六年，唐太宗釋放了死刑犯三百人，讓他們回去與家人相聚，約定秋決之前他們要回來。結果到了約定日期，三百人如約回來就死，最後唐太宗以這些死囚講信義，赦免了他們的死罪。死囚受到感化而守約，體現中國傳統德治的美談，然而宋代的歐陽修卻有不同看法。他認為唐太宗沽名釣譽，囚犯配合演出，是一齣「上下交相賊」的戲碼。君王一時興起，赦免死囚，不可作為國家的常法，理想的政治應當「本於人情，不立異以為高，不逆情以干譽」。

UNIT **4-11** 三省制

圖解中國史

（一）盛唐三省制度的職掌

盛唐時代最值得稱述的，不在於武功彪炳，而是建立良善的制度。此處要先介紹中央官制——三省制。

所謂「三省」，係指中書省、門下省、尚書省。原來唐中央的宰相，與漢代「上承制詔，下接郡縣」的丞相，已不全同。非但採取多數集體議決的方式，而且分層權責。簡單地說，盛唐具有宰相職的人數增加，凡三省的首長皆為宰相。其他官吏如由皇帝指派參與大政，只要在原有官銜之下，加上「參議朝政」、「參知政事」一類名號，亦是實際的宰相。

至於分層權責，乃是中書、門下、尚書各掌不同工作性質。凡是有關政令，像詔旨制敕、璽書冊命之類，皆由中書舍人來草擬，由中書令及中書侍郎負責審訂之，然後送至門下省。門下省主要職務為審核中書省送來的文書，若不同意，可以退回重擬；如同意，則進一步送尚書省施行。至於唐代政令，皆由尚書省負責施行。由此可知：中書出命，門下審核，尚書施行，三省的職權分明，形成了當時可能是全世界最進步的中央行政系統。

因為三省首長外的官員可以參議大政，故唐代宰相數目之多，為歷代少見。西漢二百年間，宰相僅有四十五人，而唐代二百九十年間，宰相竟多至三百六十九人。宰相數目既多，其權力也自然削弱，所以唐代相權可謂甚輕。

（二）三省制之破壞及演變

唐太宗以來，三省制發展為合議制，遂有「政事堂」的設立。三省長官能夠帶銜一起議政，既可減少磨擦，又能使政令更加完備。直到武則天專政時期，為了排斥前朝舊臣，常常未經中書、門下批准，私自用人，破壞制度。唐玄宗時，則把政事堂改名「中書門下」，從此，本來宰相議政的地方，遂變成辦公機關。換言之，中書、門下的相權業已剝奪，兩省長官漸與其屬官脫節。

等到安史亂起，中樞機構幾經變遷，三省組織更形破壞，遂有「差遣使」的產生。所謂差遣，即派任官員辦事，事完即罷。清人錢大昕說，唐制上起「同中書門下平章事」、下至地方的節度使，及由文人擔任的「翰林學士」等，皆為差遣而無品秩，足見差遣使職的重要性。

為了彌補三省的職掌缺失，中唐以後另設其他官制。如唐玄宗開元初年設「翰林供奉」（後改名翰林學士），負責備詢政要、掌理詔誥，分割了中書舍人起草制誥之權。安史之亂後，因軍務繁重，翰林學士地位更重；唐德宗時出任翰林學士者，權力不限於秉筆制誥，甚至有內廷決策之權，時人稱為「內相」。此外，受到軍費浩繁所影響，「度支」和「戶部」的職權擴大，獨立於尚書省外，於是原本屬於三省的財政權又被剝奪。唐代宗以後設立樞密使，重用宦官，經常命其出任監軍，使得三省制下原屬兵部的軍事權力被取代。

三省制的内涵

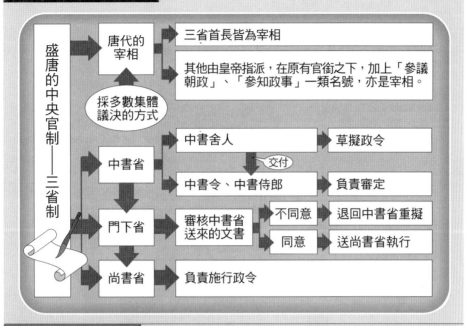

盛唐的中央官制——三省制

唐代的宰相
- 三省首長皆為宰相
- 其他由皇帝指派,在原有官銜之下,加上「參議朝政」、「參知政事」一類名號,亦是宰相。

採多數集體議決的方式

中書省
- 中書舍人 → 草擬政令
- 交付
- 中書令、中書侍郎 → 負責審定

門下省
- 審核中書省送來的文書
  - 不同意 → 退回中書省重擬
  - 同意 → 送尚書省執行

尚書省
- 負責施行政令

三省制演變

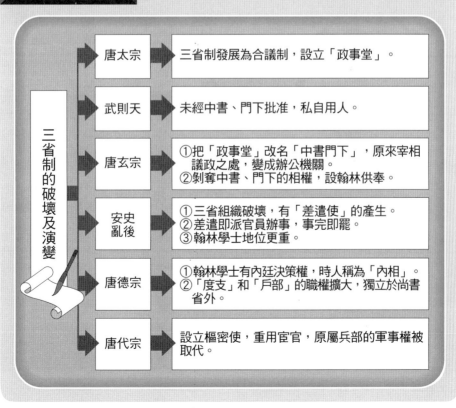

三省制的破壞及演變

唐太宗 → 三省制發展為合議制,設立「政事堂」。

武則天 → 未經中書、門下批准,私自用人。

唐玄宗 →
①把「政事堂」改名「中書門下」,原來宰相議政之處,變成辦公機關。
②剝奪中書、門下的相權,設翰林供奉。

安史亂後 →
①三省組織破壞,有「差遣使」的產生。
②差遣即派官員辦事,事完即罷。
③翰林學士地位更重。

唐德宗 →
①翰林學士有內廷決策權,時人稱為「內相」。
②「度支」和「戶部」的職權擴大,獨立於尚書省外。

唐代宗 → 設立樞密使,重用宦官,原屬兵部的軍事權被取代。

UNIT 4-12 科舉考試

（一）唐代科舉的內容

圖解中國史

唐代另一項影響久遠的制度是科舉考試。這項制度幾經變化，延續到清末才廢止，歷時一千多年。

科舉的形成有其基礎。從隋代開始，隋文帝取消九品中正制，改採薦舉，命京官及地方官保舉人才。至煬帝，設置進士科，開始改以考試任官為辦法。但當時風氣未開，科舉出身的士人在政治上不具勢力，直到唐初才成為定制。唐代考試取士的途徑有三：一是由禮部主持的各地士人的考試，名為「鄉貢」，又稱「貢舉」。二是中央官學畢業生的考試，名為「生徒」。三是皇帝下詔徵求，名為「制舉」。前兩種考試經常舉辦，制舉則依當時的需要舉行，並無定期。所謂科舉，主要是指鄉貢。

鄉貢的科目甚多，有秀才、明經、進士、明法、明字、明算、童子等各項。當時士人最感興趣的是明經、進士二科。唐代科舉錄取人數以明經最多，每次約錄取一百名，較之其他各科名額高出若干倍。但明經考試，多重記憶注疏，對經書的義理旨趣反不注意，因此漸不為人重視；加以政府提倡文學，進士科乃為士人爭趨的對象。進士取「士可進受爵祿」之意。唐代分成甲、乙兩科，考試項目最初是考時務策論，題目共有五題，然後測試任何一本古代經書及《老子》，共有十題，連經書裡的註解也納入考試內容；此外，又試雜文兩首。玄宗時，進士考試始尚詩賦，最初用賦，後增以詩。試畢放榜，凡舉為進士者，尚須經吏部考試，合格者謂之「及第」，由政府授以官職。

明經與進士雖同為科舉，但應試者的社會背景，則有顯著地不同。唐中葉以後，應試明經多為北方舊家子弟；應試進士則多為南方的平民。牛李黨爭，大致便是這兩派人士的衝突。唐代名臣出身進士科者甚多，也與考試內容有相當關係。因為詩賦策論可使應試者的思想比較不受拘束，容易發揮才性，因此人才較易被發現。

（二）科舉制的歷史影響

推行科舉制對唐帝國來說，最重要是削平東漢以來門閥世族的勢力。無論何人，只要通過讀書考試，具有相應的才華，就能進入仕途。除此之外，推行科舉客觀上還改變了社會文化面貌；唐詩的興盛，顯然與進士考試有絕大關係。而唐詩也傳播到東亞鄰近國家，成為當地社會喜愛的文化形式。日本和新羅的精英為此甚至來到中國留學，參加科舉考試；越南和新羅還模仿唐帝國實行了科舉制度。

科舉對中國文化的改造，還體現在鄉村社會的結構上。樂意讀書的人越來越多，進一步促使國家對鄉村的控制得到了文化網絡上的支持。而且，科舉制也對官場風尚的變化和形塑有所影響。透過「同年」形成相互攀援的關係，也造就「朋黨」在帝國官僚裡出現；學校體系更從此與選官制度牢牢捆綁在一起，限制知識的學習和傳承。直到今天，這些餘波仍有其分量。

科舉考試的演變

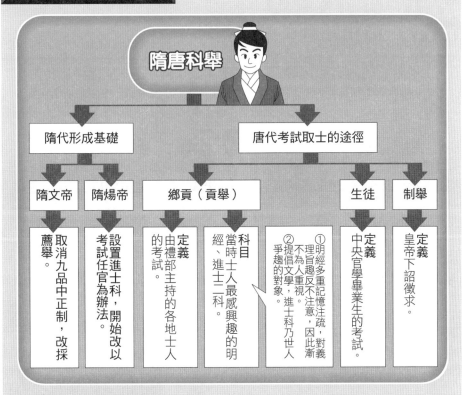

隋唐科舉

隋代形成基礎 → 唐代考試取士的途徑

隋文帝
取消九品中正制，改採薦舉。

隋煬帝
設置進士科，開始改以考試任官為辦法。

鄉貢（貢舉）
定義
由禮部主持的各地士人的考試。

科目
當時士人最感興趣的明經、進士二科。

① 明經多重記憶注疏，不理旨趣反不為人重視，因此漸義。
② 提倡文學，進士科乃世人爭趨的對象。

生徒
定義
中央官學畢業生的考試。

制舉
定義
皇帝下詔徵求。

唐代科舉特色

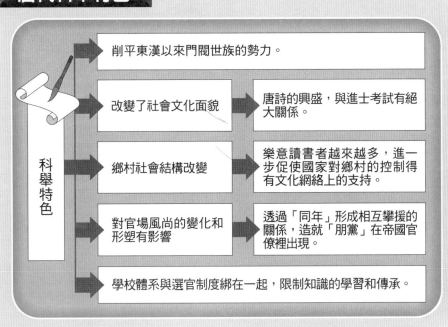

科舉特色

削平東漢以來門閥世族的勢力。

改變了社會文化面貌 → 唐詩的興盛，與進士考試有絕大關係。

鄉村社會結構改變 → 樂意讀書者越來越多，進一步促使國家對鄉村的控制得有文化網絡上的支持。

對官場風尚的變化和形塑有影響 → 透過「同年」形成相互攀援的關係，造就「朋黨」在帝國官僚裡出現。

學校體系與選官制度綁在一起，限制知識的學習和傳承。

UNIT 4-13
從租庸調制到兩稅法

圖解中國史

（一）租庸調的內容和精神

　　唐代中葉以前的田賦制度和義務，稱為租庸調制。所謂「租」，是指朝廷授予人民耕田，年老仍需繳還；在其授田期間，男丁負擔相當的租額，每年繳粟二斛或稻三斛。這其實也是承襲北魏的均田制度，但租額較漢代更為優減，僅取四十稅一。「庸」即是負擔的義務勞役。按照唐制，男丁每年須服役二十天，遇閏月時則加二日。因故不能服役的人，每日可折絹三尺。較之漢代每丁每年服役三十天減輕許多。「調」則為一種貢輸，由各地人民每丁按照當地的出產，年輸納絹二匹、綾絁二丈，繳布則加五分之一，並須繳棉三兩或麻三斤。至於不產絹麻之地區，可折銀十四兩交納。此類徵稅，僅占當時百姓總收入的四十分之一。

　　租庸調制精神係為民治產，以其產而課賦。陸贄稱許該法「有田則有租，有家則有調，有身則有庸」；這種辦法古代便存在，如《孟子》書裡即有粟米（租）、布帛（調）、力役（庸）之徵，既無重斂病民的弊病，又可以杜絕兼併。但實行這種制度，必須社會秩序安定、人口流動性不高，而且戶籍和田籍資料齊全，然後才能實行。換言之，上述這些條件，只有具備高度行政效能的政府方能達成。唐自武后時起，政治情勢漸不如前，加以突厥、契丹連年入寇，人民規避傜役，逃亡者日多。儘管玄宗曾大加整頓，可是政事日壞，田地兼併之風大盛。而且安史亂後，戶口逃匿者益多，舊籍多非其實，於是租庸調制難以繼續實施，乃有兩稅法的創立。

（二）兩稅法的內容和精神

　　兩稅法是德宗時由楊炎所制定的，於西元七八〇年頒布。其辦法是因應時勢需要，由朝廷將全國各地定居的人民，不論主戶、客戶，一律以他們現有男丁與田地的數目為標準，畫分等級，規定稅額，並於夏、秋兩季時輸納。夏輸不能過六月，秋輸則不能過十一月。至於其餘一切名目的租稅，均予罷除。而居無定所的行商，則選在其州縣內課稅，稅率為其貨物總值的三十分之一。本來兩稅法的稅額，先以錢來計算，再折合綾絹繳納。最初物重錢輕，人民的負擔不重，但不久隨著社會戰亂漸息，變成物輕錢重，百姓便大吃其虧。而豪族大賈更一味地積蓄金錢，甚至操縱物價以從中取利，造成農民的生活益困。因此到唐穆宗時，辦法改以繳納布帛，以匹數計而不以錢計，這是兩稅法的一個重要轉向。

　　中唐自從施行兩稅法後，舊有的租庸調制完全遭到破壞，往日授田徵租、為民治產的辦法，變成只徵租而不授田。這不但使得戶籍、田籍更陷於紊亂，而且社會兼併之風也無從遏止。古代的粟米、布帛、力役之徵，再也不能回復原貌，後來一直沿襲兩稅法原則，或做局部的修改。誠如當時陸贄所言，兩稅法從朝廷的政策角度觀之，的確大開方便之門，可是難以避免吏胥上下其手，故弊亂叢生。

租庸調法

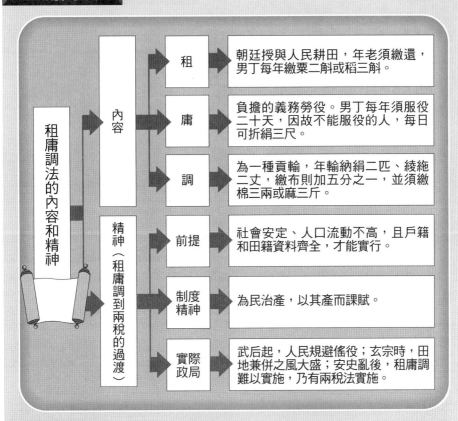

租庸調法的內容和精神

內容
- 租 → 朝廷授與人民耕田，年老須繳還，男丁每年繳粟二斛或稻三斛。
- 庸 → 負擔的義務勞役。男丁每年須服役二十天，因故不能服役的人，每日可折絹三尺。
- 調 → 為一種貢輸，年輸納絹二匹、綾絁二丈，繳布則加五分之一，並須繳棉三兩或麻三斤。

精神（租庸調到兩稅的過渡）
- 前提 → 社會安定、人口流動不高，且戶籍和田籍資料齊全，才能實行。
- 制度精神 → 為民治產，以其產而課賦。
- 實際政局 → 武后起，人民規避傜役；玄宗時，田地兼併之風大盛；安史亂後，租庸調難以實施，乃有兩稅法實施。

兩稅法

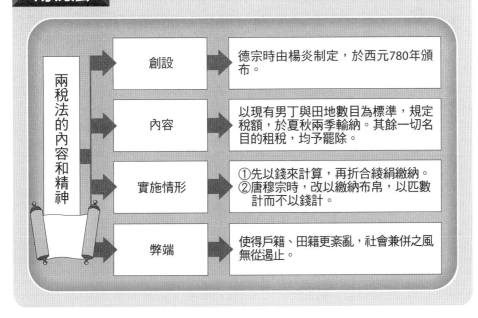

兩稅法的內容和精神
- 創設 → 德宗時由楊炎制定，於西元780年頒布。
- 內容 → 以現有男丁與田地數目為標準，規定稅額，於夏秋兩季輸納。其餘一切名目的租稅，均予罷除。
- 實施情形 → ①先以錢來計算，再折合綾絹繳納。②唐穆宗時，改以繳納布帛，以匹數計而不以錢計。
- 弊端 → 使得戶籍、田籍更紊亂，社會兼併之風無從遏止。

UNIT 4-14
安史之亂

圖解中國史

（一）從節度使設立到戰亂開始

唐代極盛百餘年，終至西元七五五年「安史之亂」發生後，也由盛世轉入衰亡。漁陽鼙鼓之聲，震驚了久不識兵的唐人，促使戰亂迅速蔓延，宇內鼎沸。自此以後，造成藩鎮割據、流寇竄擾、宦官專橫之局，往後天下擾攘，盛唐的繁榮太平已不復見。

「安史」指的是叛唐胡將安祿山與史思明。他們兩人祖先來自東突厥及契丹族後，唐太宗時平定之，將其內徙至河北一帶；為了便於統治，唐室曾倚重能通曉胡語及了解外族民風的人。唐玄宗時，李林甫出任宰相，為杜絕邊將入相之路，聲稱胡人忠勇、無異心，建議重用胡人作為鎮守邊界的節度使，因此安祿山等得以取得權力。譬如，玄宗任命安氏為平盧節度使，後又兼任范陽、河東兩地節度使，掌握此三大邊鎮的軍政全權。

根據史書所載，安祿山為人狡黠，每次入朝，在玄宗面前故狀愨直，甚至有種種可笑的舉動，讓一向嚴肅拘謹的宮廷中，平添了不少生趣。此外，他不特為玄宗所鍾愛，據說與楊貴妃也有微妙的關係。然而，安氏目睹唐室的腐敗，漸萌異志，因此竭力擴軍，以便趁勢而起。他招收許多胡人充任戰士，並逐漸代替原來漢人軍官的職位。而安祿山的陰謀，玄宗並未覺察，對他仍寵信有加。終於在西元七五〇年，玄宗封安氏為東平郡王，這是胡人空前未有的殊榮，也是唐代武將封王的第一人。西元七五五年十一月，安祿山以討伐楊國忠為名，發兵十五萬造反，自范陽南下，掀起了一場震撼全國的大叛亂。結果造成長安失守，玄宗退位；嗣後史思明

奪權安氏，內部離心大亂。西元七六三年，唐肅宗以借調回紇兵平亂，才得以結束。

（二）安史之亂的影響

安史之亂給予唐帝國沉重一擊，使其難以恢復元氣。此後帝國雖然還延續了一個半世紀，但早已名存實亡。至於帝國大權，逐步旁落於宦官和藩鎮之手，造成內重外輕之局面。事實上，為了早日結束戰事，唐帝國不惜招撫安史降將，大肆分封節度使，允許其保留所據地區與兵力，於是藩鎮數量激增。如此弱幹強枝的現象，一直持續到五代十國的終結。

其次，由於借調外族回紇軍隊，遂使唐帝國的聲威至此淪落，天可汗制度無法維持，而更重要的是中國政治重心的轉移。自秦漢、隋唐以來，長安及關中地區一直為政治的中心所在。自安史之亂後，北方經濟因戰亂而殘破，經濟重心再度南移。後來在五代之中，只有後唐定都洛陽，其他四朝乃至北宋以後的各王朝均不再定都於長安、洛陽。

值得一提是：戰亂也帶來繪畫和詩歌的題材。像驚弓之鳥的唐玄宗，從長安向西南逃亡，經過崎嶇山路之後進入四川境內，成為白居易〈長恨歌〉的內容。此詩甚至敘述了皇帝被亂兵所迫、同意處死楊貴妃的悲痛之情。

安史之亂

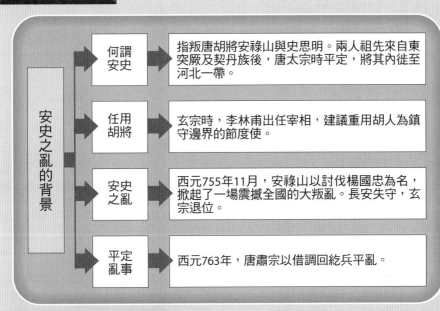

安史之亂的背景	何謂安史	指叛唐胡將安祿山與史思明。兩人祖先來自東突厥及契丹族後，唐太宗時平定，將其內徙至河北一帶。
	任用胡將	玄宗時，李林甫出任宰相，建議重用胡人為鎮守邊界的節度使。
	安史之亂	西元755年11月，安祿山以討伐楊國忠為名，掀起了一場震撼全國的大叛亂。長安失守，玄宗退位。
	平定亂事	西元763年，唐肅宗以借調回紇兵平亂。

安史之亂的影響

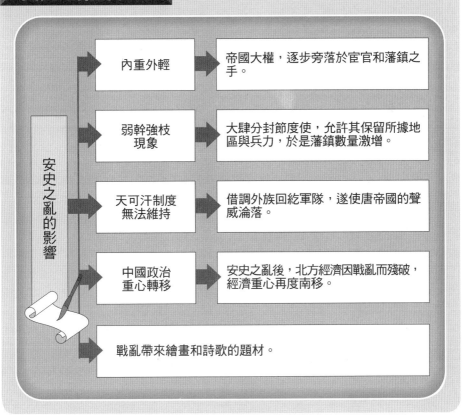

安史之亂的影響	內重外輕	帝國大權，逐步旁落於宦官和藩鎮之手。
	弱幹強枝現象	大肆分封節度使，允許其保留所據地區與兵力，於是藩鎮數量激增。
	天可汗制度無法維持	借調外族回紇軍隊，遂使唐帝國的聲威淪落。
	中國政治重心轉移	安史之亂後，北方經濟因戰亂而殘破，經濟重心再度南移。
		戰亂帶來繪畫和詩歌的題材。

UNIT **4-15**
藩鎮

圖解中國史

（一）造成藩鎮的因素

　　唐帝國建立之初，最先是在邊地設有城、鎮、軍等軍事單位，總體稱為「道」。西元七一一年，為了防範吐蕃入侵，唐室開始設立河西藩鎮。直到唐玄宗時期，大量設置藩鎮（十節度使），並以募兵取代府兵制，造成兵隨將走、將領擁兵自重的情形，故引發安史之亂。

　　實際上，唐帝國平定安史之亂後最大的失策，即是對安史降將以及戰爭期間過度擴充的軍隊，未做出一個適當的安排。為了表揚戰功或招撫降將，唐室更分封了大批節度使。政府軍方面，除了開元時代所設的九節度使外，戰爭期間又在內地增設不少兵鎮。亂平後，安史餘孽並未完全消滅，仍然盤據河北地區，唐室為了防備他們，不敢撤銷內地的兵鎮，因此兵鎮幾乎遍及全國。這不但使得帝國的財政陷於困境，更平添增加若干據地自雄的軍閥。這些節度使多係歸化的胡人，未曾受良好教育，一旦驟膺大權，自難望其安分馴服。其中較好者是態度跋扈傲慢，而深具野心者便稱兵作亂。

　　另一種造成藩鎮的因素，實與經濟政策有關。隨著經濟情勢的變動，人口移動和逃賦避稅促使帝國管理的技術必須因而繁複。在無從有效控制農村的情況下，兩稅法應時而生。西元七八〇年楊炎「兩稅法」的推行，等於放棄租庸調制和府兵制等相互維持的組織與制度。而財政狀況也反映了帝國對於力役缺乏控制的機制，因此造成一種尷尬的局面，引起募兵和軍隊的抬頭。換言之，「藩鎮之禍」只是新舊社會情況交替之中所發生的一種特殊現象。

（二）藩鎮的影響

　　安史之亂平定後，德宗、憲宗、穆宗時代曾多次主張「銷兵」（裁減兵員），有時引來藩鎮反抗，有時則歸順；而朝廷因軍費浩大，無法支撐長期作戰，也只好承認現狀。等到黃巢地方叛亂起，朝廷只有再度任用藩鎮節度使的力量平服，形成惡性循環。

　　藩鎮的跋扈，的確是安史之亂遺留給唐室的若干重大難題之一。至於藩鎮的兵源，可說完全是強迫徵調的；藩鎮區中的壯丁，大都被抽為士兵，老弱則從事農耕。同時對人民的生活管制甚嚴，若干藩鎮如盧龍、淄青等，甚至禁止人民偶語於途，夜間不准燃燭，並不准以酒食相過從。節度使從軍隊中抽調其精壯者，充當衛隊，叫作「牙兵」。又有所謂「養子」，乃是精銳中的精銳。節度使對這類的親軍，備極愛護，但他們日趨驕橫，動輒發動叛變，驅逐主帥。這種現象在藩鎮間愈演愈烈，甚至直到五代。

🙂 小博士解說

　　藩鎮影響唐代中期以後歷史的發展，是後代許多史家的共識。像是清代趙翼，即在《廿二史劄記》中說道：「秦漢六朝以來，有叛將無叛兵。至唐中葉以後，則方鎮兵變比比而是。蓋藩帥既不守臣節，毋怪乎其下從而效之，逐帥、殺帥視為常事。為之帥者，既慮其變而為肘腋之患，又欲結其心以為爪牙之助，遂不敢制以威令，而徒恃厚其恩施，此驕兵之所以益橫也。」

藩鎮形成

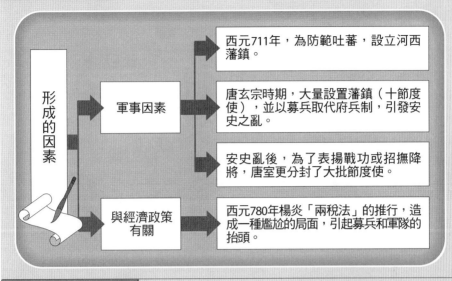

形成的因素

軍事因素
- 西元711年，為防範吐蕃，設立河西藩鎮。
- 唐玄宗時期，大量設置藩鎮（十節度使），並以募兵取代府兵制，引發安史之亂。
- 安史亂後，為了表揚戰功或招撫降將，唐室更分封了大批節度使。

與經濟政策有關
- 西元780年楊炎「兩稅法」的推行，造成一種尷尬的局面，引起募兵和軍隊的抬頭。

藩鎮的影響

藩鎮所產生的影響

朝廷因軍費浩大，無法支撐長期作戰。	安史亂後，曾多次主張「銷兵」（裁減兵員），有時引來藩鎮反抗，有時則歸順。
藩鎮的兵源強迫徵調。	壯丁大都被抽為士兵，老弱則從事農耕。
對人民的生活管制甚嚴。	
親軍日趨驕橫，動輒發動叛變，驅逐主帥。	節度使從軍隊中抽調其精壯者，充當衛隊，叫作「牙兵」。又有所謂「養子」，乃是精銳中的精銳。

★歷史上的「軍閥」

中國歷代中央政權衰弱時，地方往往形成軍事武力割據的情勢，不惟製造戰禍，以武力作為價值的標準，更形成畸形的社會發展。唐代藩鎮的教訓，使得宋代以降確立強幹弱枝的國策，推動地方的文教，文武官員也逐漸分途。直到十九世紀，曾國藩等儒臣率領地方團練平定太平天國之亂，才又出現了地方分權的情勢。清末新軍的設立，使將領擁有脫離中央管控的資本，到了民國初年，軍閥割據的局勢便再次躍上中國歷史的舞臺了。

UNIT **4-16** 黃巢之亂

圖解中國史

（一）黃巢民變的始末

唐代後期朝政敗亂，民不聊生，百姓於是被迫揭竿而起。唐僖宗時，濮州鹽販王仙芝率先在長垣起事，山東曹州冤句人的黃巢隨之起而響應。後來王仙芝敗亡，黃巢繼續領眾為亂，號「衝天大將軍」，由今日的山東、河南進入湖北，轉戰湖南、江西、安徽，又東向浙江、福建，攻占廣州；最後北上，攻陷長安，僖宗倉卒奔蜀。

黃巢之亂是唐末民變中，影響最為深遠的一場動亂。黃巢個性殘暴，史書記載初到長安之際，金吾大將軍張直方率領文武官共數十人前來迎降，百姓曾夾道圍觀。但黃巢軍隊依舊焚殺如故，甚至盡殺唐宗室。

唐室歷經黃巢擾攘，只能倚賴親唐的節度使為其解救政權。譬如，鳳翔節度使鄭畋出兵擊敗黃巢部隊於龍尾坡，進圍長安，並於西元八八一年克復。之後黃巢又再度攻陷長安，據說憤恨百姓幫助官軍，於是縱兵屠殺，血流成川，謂之「洗城」。次年，唐軍四度圍攻長安，黃巢大將朱溫乃向河中節度使王重榮投降。王重榮等人會商向沙陀人李克用借兵，並許以官爵；李克用便率兵至河中，屢破黃巢軍兵，終於在西元八八三年四月，雙方大戰於渭南。李克用號稱「鴉軍」，一日三勝，黃巢軍崩潰，直到西元八八四年始亂平。

（二）內外因素下岌岌可危的唐帝國

唐宗室由於黃巢的叛亂禍延十餘省，切斷了江南運河的經濟命脈，使得賴以生存的東南財富、糧食，均慘遭破壞，國力根基動搖，岌岌可危。為了弭平黃巢之亂，唐室必須讓節度使操縱大權。像是朱全忠，原名朱溫，本係黃巢手下大將，後降唐，賜名全忠。朱氏不久奉命為宣武節度使，亂事平定後，盤踞於宣武一帶，與河東李克用、鳳翔李茂貞同為當時最有勢力的三大藩鎮。至於平定黃巢的李克用，實際上年僅二十八歲，在諸將之中的年齡最小、戰功最高；又因一目微眇，時人稱他為「獨眼龍」。他們在唐末因為朝廷內部的問題而繼續稱霸。

唐昭宗即位後，宰相崔胤為了能夠謀除宦官勢力，便私下結納朱全忠作為外援。朱全忠於是帶兵入長安，盡殺宮中宦官凡八百餘人，唐代宦官為禍至此始宣告結束。而朱氏因誅殺宦官有功，被封梁王，獨專朝政。不久，朱全忠殺崔胤及昭宗，另立十三歲的哀帝為傀儡。西元九〇七年，朱氏逼迫哀帝禪位，自登帝位，建國號「梁」，史稱「後梁」，定都於汴州（今開封）。於是唐代至此滅亡，進入到五代十國時期。

😊 小博士解說

現存描寫黃巢之亂的長篇敘事詩〈秦婦吟〉，作者是韋莊。整首詩分成兩大部分，前半寫黃巢義軍攻占長安，內有「華軒繡轂皆銷散，甲第朱門無一半」、「內庫燒為錦繡灰，天街踏盡公卿骨」；後半寫秦婦逃出長安、東奔洛陽，所目睹的一切見聞。該詩在宋代曾一度失傳，直到一九〇〇年，因英國人斯坦因、法國人伯希和在甘肅敦煌的鳴沙山石室內發現大量的古代寫本，其中有〈秦婦吟〉，才重新引起學者的注意和考證。

黃巢之亂過程

黃巢之亂的始末

| 背景 | 唐代後期朝政敗亂,民不聊生,百姓於是被迫揭竿而起。 |

| 起事 | 唐僖宗時,王仙芝率先在長垣起事,黃巢隨之起而響應。 |

| 平亂 | 河中節度使王重榮向沙陀人李克用借兵。終於在西元883年,雙方大戰於渭南,直到884年始亂平。 |

| 特殊性 | 為唐末民變中,歷時最久、遍及最大、影響最為深遠的一場動亂。 |

黃巢

黃巢亂後的唐帝國

岌岌可危的唐帝國

黃巢的叛亂禍延十餘省,直接切斷了唐室江南運河的經濟命脈,使得賴以生存的東南財富、糧食,均慘遭破壞,國力衰竭。

為了弭平黃巢之亂,唐室必須讓節度使操縱大權。

昭宗後,宰相崔胤為了能夠謀除宦官勢力,便私下結納朱全忠做為外援,宦官為禍至此始宣告結束。

朱全忠於西元907年,自登帝位,建國號「梁」,史稱「後梁」。於是唐代滅亡,進入五代十國時期。

UNIT **4-17**
五代十國

圖解中國史

（一）五代十國的分立

　　五代十國係唐末宋初的一段分裂割據時期，乃五代與十國的合稱。所謂「五代」，為後梁、後唐、後晉、後漢、後周（每代前面加上一個「後」字，是為了避免與先前同名的朝代相混）；所謂「十國」則是吳、南唐、前蜀、後蜀、吳越、楚、閩、南漢、荊南（後改稱南平）、北漢。五代領域主要限於黃河和渭水下游之地；十國除北漢外，其餘皆處南方。大致說來，五代十國的割據其實是唐代藩鎮的延續。

　　這段時期各政權之所以自成獨立，其實與自然環境密切有關。簡單地說，五代十國大都割據一個地理單位，自成一個局面；而各國強弱治亂，也受自然環境所影響。五代相繼據有河渭下游，此區形勢坦蕩，號為四戰之地，因此戰亂最多，易代也最快速。而太原的形勢險固，在五代政局中占有極重要的位置；後唐、後晉、後漢均興起於此，而北漢據之，也能撐持數十年。吳與南唐先後據有淮南、江東和江西一帶，前、後蜀據有四川盆地和秦嶺以南一部分，楚據有沅湘流域，閩據有閩江及九龍江流域，吳越據有錢塘江流域，南漢據有嶺南地區，各有其自存的形勢。

　　就整個五代十國看來，可分為南、北兩大勢力，北為五代，南方為吳和南唐政權。這兩大勢力實力相仿，土地相接，因此彼此敵視。直到南唐為後周所敗，南北均勢的狀態為之一變，統一局面逐漸形成。

（二）代表「新時代胎動中陣痛」的五代十國

　　五代十國是唐宋間分裂的時代，持續近七十餘年。後世史家對此時期抱持負面的態度，曾經形容為「禮義日廢」、「父子之間，自相賊害」，甚至「人心不若禽獸」的時代。可是若從比較正面的角度看待，五代非惟政治回復統一的意義而已，而係全面性社會的、文化的迎接新時代。像是門閥世族，歷經官方抑制，雖已不振，但基盤仍然強勁，受到社會尊重，必有待安史之亂、黃巢之亂後才得以崩解。而社會獲得「淨化」，自然引來群盜、無賴之徒叢生，亂象迭起。從內在理路而論，這些脫序都是必然產生的陣痛。

　　至於當時禮義廉恥之風痛喪，絕不可謂五代十國僅存黑暗的一面。就文化的立場來說，這段時期也逐漸萌生近世中國重要的遺產。譬如，南方較北方為富庶安定，因此文學、繪畫、金屬工藝、浮雕、紡織、陶藝等盛行，均開啟日後宋代文化璀璨光芒之先聲。無論前、後蜀的文房用具精品製作，還是字畫、佛經、曆本、詩文集等印刷本書籍刊行，甚至繪畫（人物畫、山水畫、花鳥畫）與純文學方面的詞，都有卓越的貢獻。南唐君主李後主是文學史上的天才之一，早為不爭的事實。即使五代，亦為北方陶藝的重要蛻變期，位於河北的定窯即十分興盛。因此，五代不妨視為新時代胎動中催生近世中國的陣痛。

五代十國時期

「新時代胎動中陣痛」的五代十國

定義

- 係唐末宋初的一段分裂割據時期，可說是唐代藩鎮的延續。

五代

後梁、後唐、後晉、後漢、後周。

十國

吳、南唐、前蜀、後蜀、吳越、楚、閩、南漢、荊南（南平）、北漢。

歷史定位

正面

文化方面萌生許多近世中國重要遺產。南方文學、繪畫、金屬工藝、浮雕、紡織、陶藝等盛行，開啟日後宋代文化璀璨光芒之先聲。

五代非惟政治恢復統一的意義而已，而係全面性社會的、文化的迎接新時代。

負面

史家抱持負面的態度，形容是「禮義日廢」的時代。

前期形勢

後期形勢

第 **5** 章

近世中華帝國的初曙

●●●●●●●●●●●●●●●●●●●●●●●●●● 章節體系架構

UNIT **5-1**
杯酒釋兵權

圖解中國史

（一）陳橋兵變

　　唐末五代時期軍人專擅所造成的亂局，終於在後周出現一道曙光。結束這場亂局的主角是涿州（今河北）人趙匡胤，他拜為檢校太傅殿前都檢點，稱為禁軍總將領。

　　西元九六〇年，後周北方傳來遼與北漢入侵的消息，朝廷命趙匡胤出動禁軍。趙氏領兵出征，隊伍自開封出發，當天抵達開封東北四十里的陳橋驛。翌日黎明，發生戲劇性的變化，將領士兵紛紛來到趙匡胤的寢所，將他強請出來，以黃袍（天子服裝）加身，齊呼「萬歲」，擁著堅拒的趙氏回京。入城後，經歷不激烈的抵抗，馬上在朝廷舉行禪讓儀式，宋朝於是成立，是為宋太祖。歷史上稱這次的事件為「陳橋兵變」。

　　實際上，陳橋兵變只是五代以來一直不斷重演，兵士擁立皇帝的戲碼之一。甚至有史家認為趙匡胤早有預謀，包括趙的母親曾言：「吾兒素有大志，今果然。」然則，無論是時代趨勢也好，或者突發、預謀也好，趙匡胤稱帝之後而建立的宋代政治文化，卻與此有密切相關。

（二）「強幹弱枝」的統治政策

　　宋太祖趙匡胤反覆思考怎樣才能確保其統治。他認為天下的根本弊病，在於禁軍跋扈與藩鎮之權過度膨脹，以致中央無法控制。於是乎，宋代開國政策在趙氏的主導下，首重「強幹弱枝」，即中央集權和文人政治的提倡。

　　為了遂行「強幹弱枝」，趙匡胤採納趙普的建議，罷釋石守信等舊將的兵權，改以資望較淺者，這就是所謂的「杯酒釋兵權」，係最和平的解除軍人武裝方法。當時，太祖擺宴與舊將飲酒；等到酒酣之際，趙匡胤便感嘆身為天子終日不得安眠，深慮黃袍加身之事重演，進而勸誡舊將不如多積累金錢、買田宅，以享天年。石守信等將領聽完後了解用意，隔日紛紛稱病，乞求解除兵權，結果太祖從之，皆賞賜豐厚，達成一次不流血的轉變。

　　趙匡胤為了使帝位更加穩固，又改變兵制，將精兵集中於中央，稱「禁軍」；地方係老弱之兵，稱「廂軍」。此外，訂立軍隊輪流更戍法，使得兵將互不相習，以免邊將跋扈。同時重用文人，嚴禁武人干政，糾正了唐末五代以來的政治弊端。

　　不過，天下的事往往利弊相生。唐末五代時期軍人跋扈的現象，儘管在宋太祖趙匡胤的力矯之下，以提倡重視文人和集權中央政策獲得有效的改善，宋代開國之初不再政局擾攘，一變而為太平之世。可是「強幹弱枝」的弊端也隨之發生；因為精兵盡集於中央，造成內重外輕之局。迨外患逐漸壯大，邊境地方無法應付，中央倉促難以赴援。所以，宋代雖有文人長於治國，卻拙於將兵，造成國勢微弱，同時與外患相終始，並非偶然。

小博士解說

　　趙匡胤從七歲的恭帝手中奪位，難免有欺負孤兒寡母之譏。然而後周的開國也與此相近。後漢隱帝即位後不滿制約，起而鏟除顧命大臣，領軍在外的郭威於是以清君側之名回師，先迎接宗室劉贇，又安排部下在亂軍中將他殺死，製造自己被迫登基的情勢。這一唐末以來的輪迴，直到宋朝建立才告停止。

杯酒釋兵權

陳橋兵變

主角 → 趙匡胤拜為檢校太傅殿前都檢點，稱為禁軍總將領。

過程 → 西元960年，趙匡胤領兵出征，自開封出發，抵達陳橋驛，將領士兵強請趙匡胤出來，以黃袍加身。

另一解釋 → 陳橋兵變只是五代以來一直不斷重演兵士擁立皇帝的戲碼之一。有史家認為趙匡胤早有預謀。

統治方式

強幹弱枝的統治政策

起因 → 宋太祖認為天下的根本弊病，在於禁軍跋扈與藩鎮之權過度膨脹，中央無法控制。

杯酒釋兵權 → 趙匡胤採用趙普的建議，罷釋石守信等舊將的兵權，改以資望較淺者，是最柔和解除軍人武裝的方法。

 將精兵集中於中央，稱為「禁軍」；地方是老弱之兵，稱為「廂軍」。

施行方式 → 訂立軍隊輪流更戍法，使兵將互不相習，以免邊將跋扈。

→ 重用文人，嚴禁武人干政，糾正唐末五代以來的政治弊端。

弊端 → 精兵集中中央，造成內重外輕之局。外患壯大後，邊境地方無法應付，中央倉促難以赴援。

UNIT **5-2** 王安石變法

（一）變法的背景

圖解中國史

在北宋中葉發動的「熙寧變法」，又稱「王安石變法」，是宋代建立以來的一次改革積弊運動，也是中國歷史上有名的事件。由於太祖屬行「強幹弱枝」政策，雖剔除了武人干政的惡習，卻造成官員數目持續激增，冗官、冗兵日多，結果國庫空虛，入不敷出。加上異族屢犯，宋室統治危機浮上檯面。

為了解決時局，許多士大夫紛紛獻策，最著名的便是王安石的變法。王氏是江西臨川人；他在仁宗時考中進士，以詩文名世，德行政事亦為時人所推崇。史載王安石除讀書論政外，對一切嗜欲皆淡薄。因此，神宗早在任太子時，便對安石深感心儀，故即位之後獨排眾議，以安石為相，屬行變法。

（二）具體內容

王安石認為首要的問題為重整財政。神宗和朝臣當然也通曉，朝廷財政負擔來自於冗官、冗兵、冗費等因素。可是與其他人主張節約開支不同，王安石解決財政困難的辦法，卻是積極地進行開源之道。例如司馬光自傳統的儒家重農思想出發，態度比較保守；而王安石則強調商品經濟的重要，要求政策目的能讓貨幣流通。

在這些辦法中，最值得一提的是「均輸法」和「市易法」。所謂均輸法，係指朝廷將物資盡可能就近便宜買入，而將不需要的物資運往需要的地方販賣，使得貪婪的商人再無利可圖。市易法則是把當時豪商所建立的獨占市場組織打破，將中、小商人從束縛裡解救出來，以求資金融通，同時將二分的低利融資給商人，設法穩定市場價格，使商品能夠順利流通。

至於改善農民生活，王氏的變法中有所謂的「青苗法」。由於春夏之交，稻穀米糧處於青黃不接之際，舊穀業已吃完，但秋天的收成卻還得等；一般農民往往只有向地主借錢、借糧來度日，當中利息之高，往往半年就達六、七成，甚至十成。農民最後只有捨棄土地淪為佃戶，或是失業流向都市。青苗法即是為了救濟這些貧民而設，政府以不到二分的低利資金貸放給農民。

其他方面，如軍事改革以寓兵於農為主，有保甲法、保馬法、軍器監等的創設。財政則創三司會計司，使會計制度系統化，又設地方常平倉調節物資的供應和救濟災荒，充實地方經費。

王安石的改革不限於追求富國強兵，更希望革新官僚風氣，培養政治上有用的人才。所以他對教育相當注意，甚至希望以學校代替科舉制度。

（三）結果和影響

新法實行後，朝廷漸趨富裕，但也遭保守派強烈反對。而王安石的激烈言論如「天命不足畏，祖宗不足法，人言不足恤」，甚且獨斷獨行的作風，都使他失去許多人事上的助力。至於王氏起用新進的年輕官僚，也由於執法過於苛刻不當而產生流弊。

宋神宗於西元一〇八五年去世後，繼任的宰相司馬光停罷所有新法，其後演變成新、舊黨的爭執。

王安石變法內容與影響

重要性	即北宋中葉的「熙寧變法」，是宋代建立以來一次改革積弊運動。
背景	太祖厲行「強幹弱枝」政策，造成官員數目激增，國庫入不敷出。且異族屢犯，宋朝出現統治危機。

主要內容

均輸法
朝廷將物資盡可能就近便宜買入，不需要的物資運往需要處販賣，使貪婪的商人無利可圖。

市易法
將獨占市場組織打破，以求資金融通，同時以二分的低利融資給商人，穩定市場價格，流通商品。

青苗法
政府於春夏之交，稻穀米糧處於青黃不接之際，以不到二分的低利資金貸放給農民。

其他內容

軍事
以寓兵於農為主，有保甲法、保馬法、軍器監等的創設。

財政
創三司會計司、各路會計式，使會計制度系統化。又設地方常平倉調節物資的供應和救濟災荒，充實地方經費。

教育
革新官僚風氣，培養政治上有用的人才。以學校代替科舉制度。

影響

激烈言論及獨斷獨行的作風，失去人事助力。

新進官僚因執法苛刻不當產生流弊。

宋神宗去世後，司馬光停罷所有新法，其後演變成新、舊黨的爭執。

王安石變法內容與影響

UNIT **5-3**
司馬光的《資治通鑑》

圖解中國史

（一）司馬光其人

與王安石在變法主張上站在不同立場的司馬光，是北宋著名的政治家、文學家和史學家。他是陝州夏縣（現屬山西省夏縣）涑水鄉人，出生於河南省光山縣，世稱「涑水先生」。

據說司馬光從小個性早熟，愛讀《左氏春秋》，曾有「司馬光砸缸救伴」的兒童故事，廣為流傳，甚至有人將其畫成《小兒擊甕圖》。這件軼事同時也說明了年幼的司馬光遇事沉著冷靜，而且機智勇敢。

由於北宋時期，朝廷多次對外戰爭失敗，國勢呈現刻不容緩之局。而司馬光等人依然堅持以宗法及倫理綱常治國，但嚴格說來，卻提不出任何有效的政策方針。這使得新、舊黨爭中，司馬氏的歷史地位備受非議。唯一能夠代表司馬光個人終生事業的，是由他主持編纂的《資治通鑑》。該部書是宋代史學最突出的成就。

（二）《資治通鑑》的成書

《資治通鑑》的編纂開始於司馬光反對變法，上疏請求外任之時。西元一〇七一年，他深居洛陽十五年，不問政事。在這段悠遊的放逐歲月中，司馬光主持編撰近三百萬字的編年體史書，自周威烈王二十三年至後周世宗顯德六年間，共一千三百六十二年的史事，也是司馬氏對古代社會統治經驗和教訓所做的總結。書名為宋神宗所定，取意「有鑑於往事，以資於治道」。

由五人（司馬光、劉攽、劉恕、范祖禹、司馬康）合力完成的《資治通鑑》，其經歷過程相當複雜。首先，編修工作先由助手廣泛蒐集資料和編寫初稿，然後才由司馬光綜合全書，加以增刪。根據司馬光在《通鑑考異》的統計，除《史記》至《新五代史》十九種正史外，該部書所參據證引的史料，還包括雜史、奏議、實錄、筆記、文集、碑志等至少三百種以上。

其次，《資治通鑑》在撰寫前先把史料摘錄下來，按年代順序，編成「叢目」，各人先修「長編」。編寫長編務求其詳盡，「寧失於繁，毋失於略」，接下來由司馬光就長編所載，考其同異，刪其繁冗。他把國家的盛衰、政治的得失、統治人物的政策和行為的善惡、生民的休戚等政治大事，作為主要內容。

最後，《資治通鑑》於敘事之後，皆有附論，共一百八十六篇。其中「臣光曰」有一〇二篇，其餘八十四篇是各家評論。從今日來看，司馬光的治史宗旨是致用現實，他將名分、等級、關係用來強調道德在治理中的職能作用。通過書中論及朝代之興盛和衰亡，歸因於名分綱常的維持與否。

司馬光為《資治通鑑》付出畢生精力，成書不到兩年後，便積勞而逝。

😊小博士解說

《資治通鑑》完成以後，得到後世學者們普遍讚譽。例如清代學者王鳴盛說：「此天地間必不可無之書，亦學者必不可不讀之書。」而南宋以後，更湧現了一大批與這部書相關的史書、史體，乃至研治古史的學風。第一，像是類似《資治通鑑》內容為史料的新史體出現——紀事本末和綱目體，以袁樞所編《綱鑑紀事本末》和朱熹所編《資治通鑑綱目》為代表。第二，以《資治通鑑》形式為體裁的編年體史形成高潮。以李燾的《續資治通鑑長編》和李心傳的《建炎以來繫年要錄》最為著名。

司馬光之評論

司馬光

特殊地位 ➤ 北宋著名的政治家、文學家和史學家。

爭議處 ➤ 僅罷新法，卻未提出任何有效的政策方針。使得新、舊黨爭中，司馬氏的歷史地位備受非議。

史學成就 ➤ 主持編纂《資治通鑑》。該部書不僅是繼《春秋》後，一部編年體的史學巨著，也是宋代史學最突出的成就。

資治通鑑的內涵

資治通鑑的內涵

特色 ➤ 近三百萬字的編年體史書。

作者 ➤ 司馬光、劉頒、劉恕、范祖禹、司馬康合力完成。

內容 ➤

時間斷限
自周威烈王23年至後周世宗顯德6年間，共1362年的史事。

主要內容
敘述國家的盛衰、政治的得失、統治人物的政策和行為的善惡、生民的休戚等政治大事。

附論
敘事皆有附論，共186篇。其中「臣光曰」有102篇，其餘84篇是各家評論。

撰寫方法 ➤

先由助手廣泛蒐集資料和編寫初稿。

在撰寫前先把史料摘錄下來，按年代順序，編成「叢目」，各人先修「長編」。

由司馬光就長編所載，考其同異，刪其繁冗。

治史宗旨 ➤

①致用現實。
②以名分、等級、關係強調道德在治理中的職能作用。
③透過書中論及朝代之興盛和衰亡，歸因於名分綱常的維持與否。

UNIT 5-4
宋徽宗

圖解中國史

（一）青樓天子

西元一一〇〇年，年僅二十五歲的宋哲宗駕崩，沒有留下任何子嗣，皇帝只能從哲宗的兄弟中選擇。趙佶既非嫡出，又非長子，按宗法制度並無資格繼承皇位；然而皇太后恰恰看中他，因為在太后眼中，趙佶是既聰明又孝順的孩子。當時的宰相章惇反對，說：「端王輕佻，不可以君臨天下」，雙方因此僵持不下。結果樞密院附和太后，尚書左丞等人也相繼表示贊同，章惇只好不再爭辯。就這樣，趙佶被推上皇帝寶座，即宋徽宗。

宋徽宗之所以受到章惇批評，乃是因為他自幼養尊處優，養成輕佻浪蕩的習性。根據史載，徽宗愛好筆墨丹青、騎馬射箭、蹴鞠，對奇花異石、飛禽走獸具有濃厚的興趣。他在年輕時更以親王之尊，經常微服遊興青樓歌館。

徽宗親政後，決定第三度再行新法，任命蔡京為相。蔡京為投機人物，卻深得徽宗信任，前後任宰相十六年。徽宗把司馬光等人列為姦黨，親書「元祐黨籍碑」，打擊舊黨人士。而賴實行新法之助，朝廷財政一時頗為豐裕，宋徽宗也盡興地花費，耽於遊樂。他先修築壯麗的宮殿、道觀、庭園以利遊賞，將花錢視如流水。其中，最招民怨的是「花石綱」。蔡京知悉徽宗平日喜愛奇花異木，特命江南獻上珍奇木石，結果大運河中到處壅塞花石綱的船隊，致使其他物資無法運到京城要地，經濟自然大受打擊。此外，更因為強制徵調民家木石，百姓苦不堪言。

這樣的統治，終使北宋發生無可挽救的亡國結局。西元一一二〇年，宋金兩國結成海上之盟，協議金攻遼中京，而宋攻遼燕京。金兵順利攻破遼中京，而宋朝二十萬大軍卻遭遇大敗。金滅遼之役不僅暴露宋軍的戰力低弱，更顯示出朝中缺乏外交洞察能力，只憑一時好大喜功行事。不久金軍兵臨城下，西元一一二七年，汴京陷落，徽宗與甫即位的欽宗被擄，是為「靖康之禍」。趙構在臨安（今浙江杭州）繼位，南宋於是開始。

（二）瘦金體

以作為一位天子而言，宋徽宗自然毫無建樹可言，不過若以藝術的角度看待，則又另當別論。由於徽宗雅善詩文，他的書畫皆為當代一流之選，是位風流天子；又因為他喜歡蒐集名人的書畫骨董，屢召名畫師進入宮廷畫院，獎勵藝術，在美術史上創造了「宣和時代」這段黃金時期。

宋徽宗最為人稱道的，是他自創一種書法字體——「瘦金體」。這種字體為楷書的一種，吸收了褚遂良、薛曜、薛稷、黃庭堅等人的風格，並創出新意，運筆挺勁犀利。簡單地說，該字體的運筆方式飄忽快捷，而筆跡瘦勁，即使至瘦也不失其肉，並且在轉折處可以明顯見到藏鋒、露鋒等運轉提頓的痕跡，是一風格相當獨特、灑脫明快、氣韻脫俗的字體。今日流行的「仿宋體」，大抵從此脫出。如果此書體以形象名稱而論，本應為「瘦筋體」，以「金」易「筋」，是對皇帝御書的尊重。再者，宋徽宗的瘦金體相當易見，因為他喜愛在自己喜歡的書畫上題詩作跋，後人也把這類的畫稱為「御題畫」。

宋徽宗

宋徽宗政治藝術表現

政治上 → ① 第三度再行新法，任命蔡京為相。
② 將司馬光列為姦黨，打擊舊黨人士。

雅善詩文，他的書畫皆為當代一流之選。

藝術上 → 喜歡蒐集名人的書畫骨董，獎勵藝術，在美術史上創造「宣和時代」之黃金時期。

自創一種書法字體——「瘦金體」。

為楷書的一種，吸收褚遂良、薛曜、薛稷、黃庭堅等人的風格，並創出新意，運筆挺勁犀利。

是一風格相當獨特、灑脫明快、氣韻脫俗的字體，今日流行的「仿宋體」，大抵從此脫出。

若以形象名稱而論，本應為「瘦筋體」，以「金」易「筋」，是對皇帝御書之尊重。

宋徽宗書牡丹詩

牡丹一本同幹二花其紅淺深不同名品殊兩種也一曰疊羅紅曰勝雲紅豔麗尊榮皆冠一時之妙造化莫如此褒貴之餘因成口占

異品殊花英翠柯嫩紅撲撲
醉金荷春羅戰數千層雲
纈重縈浴絳河玉鑑和鳴鸞
對舞縈寶枝連理錦成栗束
君造化勝前歲吟繞清香枝
琢磨

UNIT 5-5
三蘇

圖解中國史

（一）文豪三父子

　　「三蘇」係指北宋著名文學家蘇洵、蘇軾和蘇轍父子三人。他們是四川眉山人，蘇洵為「老蘇」，蘇軾為「大蘇」，蘇轍為「小蘇」。蘇氏父子也是歐陽修領導的「古文運動」之主將，被後世文人歸為「唐宋八大家」之列。三蘇兼擅作詩，尤其蘇軾在文、詩、詞各方面，都有突出的開創性貢獻。

　　中國歷史上罕有「父子文豪」的組合出現，「眉山三蘇」可能是繼曹操一家之後最為耀眼的閃亮之星；與曹氏所不同的是：曹為帝王之家；但蘇氏則否。故時人有言：「一家三父子，都是大文豪。詩賦傳千古，峨嵋共比高。」甚至有首歌謠是這麼形容：「眉山生三蘇，草木皆盡枯。」

（二）東坡居士軼事

　　三蘇之中，尤以蘇軾最著名，人稱「東坡居士」。據說蘇軾在十歲時，父親外出四方遊學，他的教育由母親程氏負責，所讀之書除儒家經典外，史書以及先秦兩漢名家，如老子、莊子、韓非、賈誼、陸賈、揚雄、董仲舒等人的著作，無不廣博覽讀。在母親悉心教導之下，後來與弟弟蘇轍兩人同時考取進士，他們的文章受到宋仁宗、神宗所嘉獎。根據《宋史・蘇軾傳》記載：宋神宗在宮中閱讀他們的文章，有時飯菜擺在桌上都忘記就食，還拍著桌子接連叫絕不已，稱讚蘇氏二兄弟是「天下奇才」。

　　然而，因為生性剛直的緣故，蘇軾屢忤權貴，終身只能位居地方官。像王安石變法時，蘇軾與其改革上的意見有所分歧，結果被排擠到遠離政治中心的杭州。在任上，蘇軾還寫有不少諷刺新法的詩歌，成為「烏台詩案」的主要罪證，幸而神宗憐其才，僅貶為黃州團練副使。而弟弟蘇轍也因態度相挺，曾遭貶謫，儘管最後官至宰相。

　　「三蘇」在生前已譽滿天下，文章人爭傳誦，當時即有「蘇文熟，吃羊肉，蘇文生，吃菜根」之諺。迄至清末，「景蘇」、「範蘇」、「注蘇」、「評蘇」之風仍然熾盛，甚至出現「千家注蘇，萬人評說」的獨特景象。而「三蘇」作品也廣傳邊裔，遠播重洋，在當時的遼邦、金國，乃至朝鮮半島、日本群島都產生過「典範」式的影響。近代以來，隨著中外文化交流的加深，「三蘇」（特別是蘇軾）的作品還在大洋彼岸的美國、歐洲，獲得了不少「知音」。

🔵 小博士解說

　　「唐宋八大家」，又稱唐宋古文八大家，是中國唐代韓愈、柳宗元和宋代歐陽修、蘇洵、蘇軾、蘇轍、王安石、曾鞏，八位散文家的合稱。這八位乃是基於提倡「古文運動」而得名。「古文運動」是自唐代中葉發展出來的，以提倡古文、反對駢文為特點的文體改革運動。他們不僅反對魏晉駢文的限制，也希望思想內容上避免駢文的空疏浮豔。因此，古文除了指古代散文之外，也泛指聖賢的「道統」。這項運動係由韓愈發起，直到宋代時歐陽修率先提倡，三蘇父子也在自己的作品裡呈現。簡單地說，古文運動的內容，首重「文以載道」，即寫作的目的在宣傳與教化；其次在舊體古文的基礎上，創造一種表現力強的新文體形式；最後要務去陳言，重視文學語言的創新。

三蘇的之評論

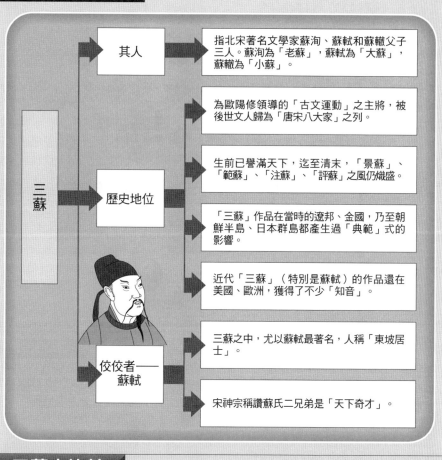

三蘇	其人	指北宋著名文學家蘇洵、蘇軾和蘇轍父子三人。蘇洵為「老蘇」，蘇軾為「大蘇」，蘇轍為「小蘇」。
	歷史地位	為歐陽修領導的「古文運動」之主將，被後世文人歸為「唐宋八大家」之列。
		生前已譽滿天下，迄至清末，「景蘇」、「範蘇」、「注蘇」、「評蘇」之風仍熾盛。
		「三蘇」作品在當時的遼邦、金國，乃至朝鮮半島、日本群島都產生過「典範」式的影響。
		近代「三蘇」（特別是蘇軾）的作品還在美國、歐洲，獲得了不少「知音」。
	佼佼者——蘇軾	三蘇之中，尤以蘇軾最著名，人稱「東坡居士」。
		宋神宗稱讚蘇氏二兄弟是「天下奇才」。

三蘇之比較

姓名	「老蘇」蘇洵	「大蘇」蘇軾	「小蘇」蘇轍
字號	字明允，號老泉	字子瞻，號東坡居士	字子由，號潁濱遺老
文風	文源史記、國策。風格古勁簡直，平直中見鋒芒。	文學全能之士。為文汪洋宏肆，明白暢達。詩風清新豪健	為文汪洋澹泊，氣勢高妙。
主要著作	嘉祐集	東坡全集	欒城集

UNIT 5-6 岳飛

西元一一二七年，徽宗與欽宗遭北方游牧民族金人擄去。趙構於河南應天府即位，年號「建炎」，再建宋室，是為高宗。以高宗為分期，史家稱之前為「北宋」，以後為「南宋」。

（一）南宋初建情形

高宗成為皇帝後，面對前所未有的國難，開始重用主戰派的官僚，並重建朝廷陣容，召集地方兵強化防衛體制。這些舉措給予金人極大的刺激，於是大舉南下。高宗遂從應天府避走揚州，再走杭州；金人軍隊南侵一度攻略杭州，高宗為此避難海上，最後甚至逃到溫州。終於在西元一一三二年，以杭州為臨時首都，名為臨安。

金軍雖一度進據江南，其實並無支配中土的意願，所以在緩衝地帶建立起漢人的傀儡政權，一一三〇年由劉豫統治的齊國，範圍大致在黃河以南、淮水以北的山東、河南、陝西等地。就在同一年，本來被金人所俘的秦檜，被安排釋放，帶有打開兩國和平前景的使命。由於秦檜通曉金國內情，歸國後深獲高宗信任，數年後即被擢為宰相。

接著金熙宗即位，與秦檜進行祕密交涉，決定廢黜齊國，將領地交還宋朝，但要求宋朝皇帝對金帝執臣下之禮。因為條件對金國不利，使得金廷中強硬派抬頭，雙方再次面臨交戰狀態。結果，金軍不但立刻占領已歸還之地區，還侵入南宋轄區範圍。歷經南宋將士奮戰迎擊，才阻止金的南下，其中尤以岳飛最為活躍。

（二）盡忠報國的岳家軍

岳飛生於河南湯陰的農家，由母親養育成人。傳說母親在他的背上刺「盡忠報國」四字，讓他銘記國仇家恨。從兵卒起，岳飛屢立奇功，被破格拔擢為將軍。由於他治軍賞罰分明，與士兵同甘共苦，以身作則，因此「岳家軍」以紀律嚴明著稱。面對北方金人侵擾，岳飛反而勢如破竹，發動四次北伐，甚至組織和領導當地義軍，策應北上的宋軍。他自己帶兵抗擊金軍主力，與金軍在郾城決戰，結果獲得大捷，還趁勝進駐離汴京僅有四十五里路的朱仙鎮。

戰功彪炳、又有學問素養的將軍岳飛，可能因為功高震主，反而引來宋高宗的警戒。在諸將奮戰、情況對宋有利之際，高宗突然把他們召回京師，名為賜予高位，實是學習「杯酒釋兵權」的故事，剝奪其權力。對接近政治核心的秦檜等人來說，戰爭如果繼續拖延下去，非但不能完成「和平」使命，而且對宋室財政將是極大的負擔，甚至重蹈唐末五代的覆轍。岳飛便是在接到一連串的命令而不得不回都後，結果遭以謀反的罪名下獄，更被加以毒殺。

宋、金經歷征戰後，雙方的確朝向和平的工作展開。金朝方面，也因北方蒙古人經常侵擾，無法將兵力集中南方，而決定和議。西元一一四二年，宋、金以淮水和大散關一線為界，宋每年給予金歲幣，且宋帝對金帝執臣下之禮，金送還徽宗靈柩與高宗之母韋氏，互稱南朝、北朝，這種對立的狀態於是維持了一百年。

南宋初建與岳家軍

南宋初建與岳飛

南宋建立	西元1127年，高宗於河南即位。史家稱高宗之前為「北宋」，以後為「南宋」。
初建情形	重用主戰派的官僚，並重建朝廷陣容，召集地方兵強化防衛體制。金人因此大舉南下。
傀儡政權	金軍無意支配中土，在緩衝地帶建立由劉豫統治的齊國。
秦檜出場	秦檜被釋放，深受高宗信任，被擢為宰相，帶有打開兩國和平前景的使命。
岳家軍的戰功	①面對金人侵擾，岳飛勢如破竹，發動四次北伐。 ②與金軍在郾城決戰，獲得大捷，進駐朱仙鎮。
岳飛被殺	因功高震主，引來高宗警戒。岳飛接到一連串的命令回京後，以謀反的罪名下獄，更加以毒殺。
宋金和議	①宋、金以淮水和大散關一線為界，宋每年給予金歲幣，宋帝對金帝執臣下之禮。 ②金送還徽宗靈柩與高宗母韋氏。 ③互稱南朝北朝，這種對立狀態維持一百年。

★民族英雄岳飛

在所有的歷史敘事中，享年三十九歲的岳飛被後人奉為「民族英雄」，甚至強調他的軍事天才。而在南宋「理學」提高道德標準的時代，政治上的「忠」、「奸」理念受到強化，岳飛被建廟奉祀，受到民眾的尊敬。相反地，秦檜則被唾罵為割地給金人的「賣國奴」。因此在杭州的岳王廟裡，還用鏈鎖將秦檜夫妻的鐵像綁住，並且讓參詣岳王廟的人向他們吐口水、笞打，以做後人。

UNIT **5-7** 雕版印刷術

（一）宋代印刷事業的發達

圖解中國史

印刷術、造紙術、指南針號稱中國三大重要發明。其中關於印刷術的發展，經歷了由印章、墨拓石碑到雕版，再到活字版等幾個階段。中國早在西元八世紀時使用木板印刷；直到九世紀末，先以佛教經典為範疇，印刷術進一步推廣到其他書籍，大約十世紀時的五代，已經開始雕印九經。到了十一世紀中葉，遂有活字版的發明。

活字印刷所以應運而生，有其社會條件。簡單地說，當時刻書主要為官刻、私刻和民間刻三種。官刻指的是由中央官府和地方官府所經營管理的出版機構，負責印刷刑法律典、儒家經籍、史書和醫書。私人刻本係指由私人資助所刻印的書籍，提供私宅、私塾、書坊、書棚、書肆等地所需。至於民間刻，泛指經由民間集資來進行的刻書活動，譬如寺院、道觀、祠堂等用集體出資或募捐得款所雕刻之書。

而官方為使用雕版印刷最主要之用戶。北宋積極出版各類書籍，除了將佛、藏和舊有的經史加以校勘印行外，宋太宗時期所編纂完成的《文苑英華》一千卷，也在仁宗時被刻印出版。另外，像是刑法、醫藥和農業書籍的大量印行，為北宋的出版史寫下相當重要的一頁。至於專責印行上述書籍的機構，中央為國子監，地方則為各級官僚機構。受到官方影響的緣故，民間私刻也逐漸盛行，尤以華南紙的生產量甚大，即為顯例。

（二）活字雕版印刷的出現

大體而言，雕版印刷術到宋代已是接近完美的階段，並且發展鼎盛。然而，這項技術因為需要耗費極大的人力與物力，雕刻一大部頭的著作往往得經歷幾年、十幾年，甚至幾十年的功夫。在宋代社會的經濟、文化高度發展後，人們對書籍的需求量大增，迫使一種比雕版印刷更省工省事、效率更高的辦法必須出現。就在這樣的情形推動下，畢昇發明了膠泥活字。

畢昇用膠泥做成一個個四方長柱體，一面刻上單字，再用火燒硬，成為「活字」。在印書前夕，先預備一塊鐵板，上面放上松香和蠟之類的東西，而鐵板四周圍起一個鐵框，在框內密密地排滿活字；滿一鐵框為一版，再用火在鐵板底下烤熱，使松香和蠟等熔化。另外用一塊平板在排好的活字上面壓一壓，使字體平整，然後在字上塗墨，即可印刷。北宋時期的沈括曾將泥字製作、排版、印刷、拆版等各項技術細節，在他的《夢溪筆談》裡做完整的介紹，還論述了活字的長處及缺點。據書上所論，活字雕版「若止印三二本，未為簡易；若印數十、百、千本，則極為神速。」換言之，此項技術大大強化了印刷「量產」技術的可能。

可惜的是，中國的活字印刷術發明雖早，卻始終沒有被廣泛地應用過。其中可能因素，為中文並非拼音文字，反而降低了活字印刷的優越性。至於成本方面，雕版的低額成本和長期保存問題，均使得書商寧可選擇雕版印刷，以避免存書過多，而不利資金周轉之風險。

宋代印刷事業

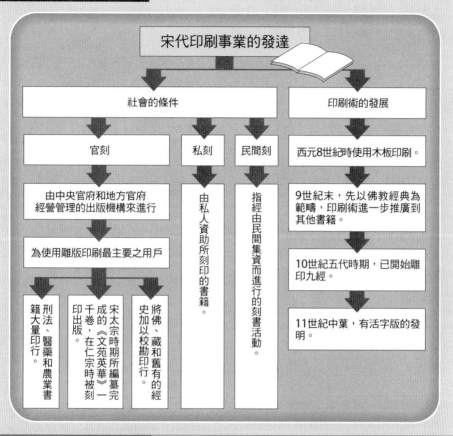

宋代印刷事業的發達

社會的條件

印刷術的發展

官刻 | 私刻 | 民間刻

西元8世紀時使用木板印刷。

由中央官府和地方官府經營管理的出版機構來進行

由私人資助所刻印的書籍。

指經由民間集資而進行的刻書活動。

9世紀末，先以佛教經典為範疇，印刷術進一步推廣到其他書籍。

為使用雕版印刷最主要之用戶

10世紀五代時期，已開始雕印九經。

刑法、醫藥和農業書籍大量印行。

宋太宗時期所編纂完成的《文苑英華》一千卷，在仁宗時被刻印出版。

將佛、藏和舊有的經史加以校勘印行。

11世紀中葉，有活字版的發明。

活字雕版印刷

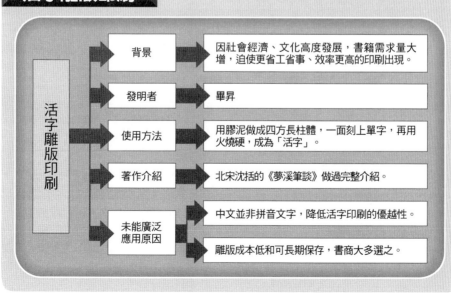

活字雕版印刷

背景 → 因社會經濟、文化高度發展，書籍需求量大增，迫使更省工省事、效率更高的印刷出現。

發明者 → 畢昇

使用方法 → 用膠泥做成四方長柱體，一面刻上單字，再用火燒硬，成為「活字」。

著作介紹 → 北宋沈括的《夢溪筆談》做過完整介紹。

未能廣泛應用原因 → 中文並非拼音文字，降低活字印刷的優越性。

雕版成本低和可長期保存，書商大多選之。

UNIT **5-8** 清明上河圖

（一）宋代繪畫的發展

圖解中國史

　　宋代是中國繪畫與藝術發展的最高峰，上自帝王將相，下至林野百姓，沒有人不對繪畫樂而不倦。像是宋徽宗本人，即對刻畫山水、人物、花鳥等，無不精絕，特別是有關花鳥一項，尤為後世所稱賞。湖北襄陽人米芾、米友仁父子，均長於山水書法，其畫水墨淋漓，妙於渲染，世稱「煙雲山水」。南宋時期，李唐、劉松年、馬遠、夏珪更有四大家之稱，四人均長於山水及人物畫。

　　實際上，宋代繪畫之所以能夠有光榮輝煌的歷史，得力於官方積極地提倡，甚至成立宮廷畫院。早自五代的時候，西蜀和南唐便有所謂宮廷畫院之存在；而北宋則仿效這種作法，設立了「翰林圖畫院」，廣集許多畫家及蒐羅其畫作。由於朝廷的大力提倡，宋代的宮廷繪畫可謂有極大地發展，例如在中國繪畫史上普遍被推崇的「院體畫」，又稱「院畫」，便是顯例。

　　由於宋代繪畫的題材相當廣泛，除人物畫、山水畫、花鳥畫以外，還出現了許多前所未有的社會風俗畫。其中有的主要描寫城鄉間的日常生活，以張擇端的《清明上河圖》最為知名。該圖係以寫實手法，描繪清明時節宋都汴京（今開封）河道兩岸的景觀，圖高近一尺、長二丈；不僅為全景式構圖，堪稱繪畫史上的不朽鉅作，亦可由此窺見宋代建築藝術的精美與社會生活的繁榮。

（二）從追懷故國到多元文化的 《清明上河圖》

　　張擇端，字正道，山東東武（今諸城）人。他在中國繪畫史上並無任何詳細地記載，只因繪《清明上河圖》得以留芳後世；原畫上有宋徽宗題簽，因此很有可能是朝廷畫院中的畫家。另有一說，《清明上河圖》的作者不只一人，可能有多幅存在。根據董其昌所言，《清明上河圖》在南宋時忽然暴得大名，本來此一歷經十年畫成的宮廷畫作，卻因「靖康之禍」而流落民間。當時故國遺臣平日閒談，必敘及京師風物，接著感慨有流涕者，於是追懷昔日北宋風光，特別是清明繁盛之景，《清明上河圖》於是成為重要媒介。

　　這幅畫作後來受到歷代畫家的喜愛，因而有許多仿本出現。其中以「明四家」之一，仇英的《清明上河圖》仿作最有影響，明末時歷經大量仿製，且紛紛流入清宮。於是清宮不得不組織畫工，另起爐灶，乃於西元一七三六年又畫了一幅《清明上河圖》，今人稱為「清院本」。清院本基本上參照各代仿本，集各家所長，加上明清時期的特殊風俗，如踏青、表演、擂臺等娛樂活動，因此增加了許多豐富的情節，畫中人物也增至四千人。同時，受到西洋畫風的影響，街道房舍均以透視原理作畫，並有西式建築行置其中。因此，清院本被視為院畫中的精品之作。

😃 小博士解說

　　現存的《清明上河圖》共有兩幅，一為張擇端原本，一為清院本。北京故宮博物院的《清明上河圖》為張氏原本，本來係末代皇帝愛新覺羅‧溥儀攜至東北，一九四五年被收入東北博物館（今遼寧省博物館），以贗品處理，直至一九五○年冬天才由楊仁愷等學者從庫房的贗品堆裡鑑定出真跡。清院本今藏於臺北的故宮博物院。

宋代繪畫的發展

宋代繪畫的輝煌發展
- 發展條件 → 官方積極提倡，並成立宮廷畫院。
  - 五代時，西蜀和南唐便有宮廷畫院的存在。
  - 北宋仿效五代作法，設立「翰林圖書院」，廣集畫家和蒐羅畫作。
- 名家
  - 宋徽宗
    對刻畫山水、人物、花鳥等，無不精絕，特別是花鳥，尤為後世所稱賞。
  - 米芾、米友仁父子
    擅長山水書法，其畫水墨淋漓，妙於渲染，世稱「煙雲山水」。
  - 南宋四大家
    指李唐、劉松年、馬遠、夏珪，四人均長於山水及人物畫。
- 繪畫題材
  - 人物畫、山水畫、花鳥畫。
  - 前所未有的社會風俗畫，以張擇端的《清明上河圖》最為知名。

著名的社會風俗畫

清明上河圖
- 作者 → 張擇端
- 風格 → 以寫實手法，描繪清明時節宋都汴京（今開封）河道兩岸的景觀，圖高近一尺、長二丈，為全景式構圖。
- 重要性 → 堪稱繪畫史上的不朽鉅作，可窺見宋代建築藝術的精美與社會生活的繁榮。
- 仿本
  - 以「明四家」之一，仇英的《清明上河圖》仿作最有影響。
  - 清宮於西元1736年畫一張《清明上河圖》，今人稱「清院本」。

UNIT 5-9
書院

圖解中國史

（一）宋代書院的發展

　　書院的名稱早自唐代已有，但主要為官方圖書館的性質，直到五代後才有類似學校式的書院。由於當時社會動亂不安，文教衰落，儒士們無從顯身，所以紛紛寓居草野，潛心講學之事，書院於是應運而起。等到北宋初期，社會逐漸安定，受到朝廷多方褒獎文事，卻又無力廣設學校的需求下，於是乎士子「相擇勝地、立精舍，以為群居講習之所」。書院制度由此開始進入興盛階段，而後有中央或地方所助，又具官學性質，遂有官立、私立之別。

　　兩宋書院的出現是中國歷史上重要的大事。不論官立、私立與否，書院的主持人均可自訂教材，加以講述，而且不受官府條文的拘束。由於官、私分立，其經費來源也隨之不同，有的取於田租，有的取於官費，或經官方允准，撥給寺觀地產充為經費，也有端賴私人的捐助來維持的。至於書院學生，均可免食宿費用，甚至有的成績優良者，可得到獎金，因此貧寒學生受惠實多。

　　書院日常的業務主要可分為三項：一是藏書，以備學者閱讀；二是供祀先儒之有功德者；三是講學，或由官吏延師，或由主持者自教，或延請大儒進行臨時講學。教學的主旨，主要在指導學生個人修養的方法，致力於躬行實踐而不尚空談。北宋時，書院尚習治理國事，譬如有關治民安生、講武禦寇、偃水利田等。到南宋後則學風大變，書院成為純粹講讀之所，使治學與現實開始發生脫節的現象。

（二）書院與理學

　　書院雖有以講授科舉之學為主，但大多強調自學，不拘於門派家學，也不著意於追求功名利祿。如此開放自由討論的教學方式，促成學風和眼界開放；講師不限於本院，凡當世名儒、諸家學派的代表人物，都可應邀開座講學。譬如南宋朱熹、陸九淵各立門戶，相互辯難，但朱氏主持的白鹿洞書院，仍會邀請陸九淵前去講學。使得書院往往成為名師薈萃的學術中心。

　　兩宋書院的繁盛，更進一步促成理學的出現。鑑於唐末五代道德淪喪，宋儒有意闡發儒學道統，思想中參雜有玄學和佛學的成分。「宋初三先生」──胡瑗、孫復及石介率先開啟儒家講學的風氣之先，此後奠定了理學的思想基礎。之後，北宋諸儒以周敦頤、張載、程顥、程頤為大宗，上承儒家經典，講仁與心性，又探求格物窮理。

　　到了南宋，理學更加成熟，並形成政治上改革的集團。儘管一度受到壓抑打擊，宋寧宗時韓侂冑當權，頒布「偽學之禁」，將朱熹等人的學說視為偽學，但也可以想見當時士人思想的潮流了。另一方面，政治失意，又讓許多儒者將精神放在私人講學之上，反過來促進書院教育的繁榮，也從而擴大理學的流布。到了理宗一朝，由於理宗個人崇尚程朱理學，使得理學最終被奉為正宗的官方哲學，透過書院向外迅速傳播，乃至凌駕了整個南宋的教育領域。而書院也在此時達到鼎盛，根據《續文獻通考》的統計，南宋初創的書院約有一百六十七家，主要集中在江蘇、安徽、浙江、江西、湖廣、福建等地。

宋代書院的發展

書院發展

名稱出現	早自唐代已有書院的名稱，但主要為官方圖書館的性質。
演變	五代後才有類似學校的書院。
	北宋初期，書院制度開始進入興盛階段，而後由中央或地方資助，具官學性質，遂有官私立之別。
經費來源	取於田租、官費，或經官方允准，撥給寺觀地產充為經費，也有賴私人捐助。
學生福利	均可免食宿費用，成績優良者尚可得獎金。
日常業務	藏書，供學者閱讀。
	供祀先儒有功德者。
	講學，或由官吏延師，或由主持者自教，或延請大儒進行臨時講學。
教學主旨	指導學生個人修養的方法，致力躬行實踐而非空談。
影響	開放自由討論的教學方式，促成學風和眼界開放。
	講師不限於本院，凡當世名儒、諸家學派的代表人物都可，使得書院成為名師薈萃的學術中心。
理學出現	思想中參雜有玄學和佛學的成分，胡瑗、孫復及石介率先開啟儒家講學的風氣之先，此後奠定理學思想基礎。
	北宋以周敦頤、張載、程顥、程頤為大宗，上承儒家經典，講仁與心性，又探求格物窮理。
	南宋時期，被奉為正宗的官方哲學，甚至凌駕教育領域。

UNIT 5-10
朱熹與陸九淵

圖解中國史

（一）鵝湖之會

南宋時期，中國由於面臨來自北方游牧民族的侵略，國勢相當衰頹；儘管如此，文化和思想上卻有偌大地進展。特別是學術哲思方面，可說開創前所未有的局面；當中朱熹與陸九淵兩位，更是理學和心學的集大成者。

西元一一七五年初夏，四十六歲的朱熹和三十七歲的陸九淵，在呂祖謙的邀請和主持下，至江西省鉛山縣的鵝湖山相見，雙方就「為學方法」展開了激烈的討論。這場「鵝湖之會」，不僅首開書院會講之先河，也是一次有關哲學的大辯論。據親臨現場的朱道亨記述：當時列席旁聽者有來自江西、浙江、福建等地的官員及學者百人，並且朱、陸各自的朋友和門生弟子都參加了。從參加的陣容來看，可謂盛況。結果論辯進行長達三天之久，最終以各自無法說服對方，未曾明定結果，也談不到消除歧見。

（二）朱、陸爭論內容

這場大辯論中，雙方焦點在於治學之道為何？朱熹側重「道問學」，認為學問在於居敬和窮理，即「格物致知」，二者相互運用；陸九淵側重「尊德性」，力主發人之本心，強調從「心即理」出發。

朱熹繼承了程顥、程頤的思想，以「理」作為最高準則。他認為：天地萬物都有其「理」存在；無論形而上的觀點，還是日月星辰、山川草木、人物禽獸等形而下之器，都依循「理」的法則進行。換言之，因為有「理」才產生秩序，而人們只需遵從這些規律，便可達到聖賢境界。朱氏又說，人性只是為了傳達和展現天理，所以以「性即天理」。至於為何有「善」、「惡」之別呢？朱熹認為，人生下來便有「理」與「氣」兩面性格，「理」是性和至善的表現，而「氣」則為人心欲求之所在。「理」和「氣」彼此相互制約，從而有善、惡的二重性。人之所以要學習，目的乃在「變化氣稟」，因此發展出「格物致知」的理論。簡單地說，透過窮理的方式，發現人們內心固有的良知，就是「致知」。由此，朱熹認為每個人要歷經學習才能獲得「從善棄惡」，而達聖賢之境。

但陸九淵覺得「理」無法經由學習而得到。他主張「心學」，強調主觀體驗，認為每個人都有其「心」，只要發揮本心，就能成為聖賢。因此陸氏鼓吹「心即理也」，本心只是存在於一個地方，就是自身；從日常事情做起，從生活中去體驗，即可發現本心就在眼前，道理就在眼前。

實際上，理學和心學並無根本分歧，都以明理做人為目標。差別在於：理學精神是「道問學」，通過向外「格物」，而到達啟發天賦；心學則以「尊德性」為出發點，認為萬物之理莫不會通於心，主張向內洞悟，求得人的根本。一重讀書累積，一重明心頓悟，雙方目標相同，只是方法迥異。朱、陸兩種不同的哲學思辨，後來甚至影響至明清時期，成為近世中國相當重要的思想基礎。

朱陸思想

時間	→	西元1175年初夏。
辯論雙方	→	朱陸雙方就「為學方法」展開了激烈討論。

鵝湖之會

朱熹
陸九淵

朱陸思想內容

朱熹
→ 以「理」作為最高準則。天地萬物都有「理」存在，依循「理」的法則進行。

→ 格物致知
人學習目的在「變化氣稟」，透過窮理的方式，發現人們內心固有的良知，就是「致知」。

陸九淵
→ 心即理也
主張「心學」，強調主觀體驗，認為每個人都有其「心」，只要發揮本心，就能成為聖賢。

重要性	→	首開書院會講之先河，也是一次有關哲學的大辯論。
結果	→	最終無法說服對方，未曾明定結果，也談不到消除歧見。

朱陸比一比

思想家	治學之道	宇宙本體論	對氣的看法	思想準則
朱熹	理在人外，道問學	萬物本原是「理」和「氣」	理氣二元論	理→性即天理、格物致知
陸九淵	修養德性，尊德性	「心」是宇宙本體	否定氣存在，唯心一元論	心學→心即理

UNIT 5-11
成吉思汗與蒙古帝國

（一）蒙古帝國的崛起

　　蒙古帝國是由北亞游牧民族的領袖鐵木真所建立。蒙古族原本居住在北方高原地區——屬於金朝的附屬部落；後來隨著金人逐漸衰落，他們的勢力也開始壯大起來，不再臣服於金朝。西元一二〇六年，鐵木真統一並率領蒙古高原各部，建國於漠北，號「成吉思汗」。之後歷經擴張，成為一個橫跨歐、亞二洲的帝國。

　　蒙古族最先基於對現實經濟的需求，從鬆散的部落聯盟，進一步發展成為具備組織嚴密的軍隊式國家。當時正為中國南宋時期，蒙古軍隊積極對外展開聯繫與擴張。在東方，起初是迫使西夏臣服，又進一步進攻金朝。在西方，蒙古則試圖和中亞地區的花剌子模進行通商，但使者遭到殺害，一連串的外交挫敗引來成吉思汗的憤怒，決定展開西征。在東亞、中東與歐洲，成吉思汗與其後人歷經不斷的征戰，爾後分裂為四大汗國。

　　帝國的出現當然並非偶然。除了蒙古人驍勇善戰外，源自薩滿的「長生天的意志」信仰，更使得蒙古懷抱著建立世界帝國的構想，不斷地向外征討。很難想像不到一百萬人的蒙古民族，竟能在短短數十年之間，以雷霆萬鈞之勢，建立了一個人類歷史上空前的大帝國。大約在十三世紀的上半葉，歐亞兩洲幾乎全為蒙古人所征服，範圍包括北到西伯利亞、俄羅斯，南至中南半島，東包含朝鮮半島，西達多瑙河及地中海地區，皆在蒙古帝國的威勢之下。更重要的是：西元一二七一年，忽必烈消滅南宋，建立元朝。而蒙古也成為中國歷史上第一個征服全中國的邊疆民族。

（二）蒙古和平與其影響

　　蒙古帝國帶來歐亞各地民族之影響，就像海嘯般有著難以估量的意義。俄國人曾把蒙古的征服認為是「上帝的鞭笞」；而西歐人則視蒙古人係「來自地獄的魔鬼」。過去無論從西方還是中國的觀點來看，蒙古帝國往往被看作是「破壞文明的野蠻入侵者」，但隨著近年來人們以全球或世界史的角度重新審視，發現以往那些「破壞」的背後，也許有其「建設」的內在意涵，甚至開始對蒙古民族的歷史功過，有了一番新的認識。

　　譬如從文化的角度而言，蒙古鐵騎所到之處雖然摧殘蹂躪，生靈為之塗炭，可是最後締造出來的橫跨歐亞之大帝國，則無形中促進了東西方的交流。像是中國的火藥、印刷術、紙幣、羅盤針等發明，很可能因為蒙古西征而間接傳入西方；至於波斯的天文學、回回砲以及西域的醫藥，也於此時大量輸入中國。透過蒙古人的戰爭，也使歐洲見識到來自東方未知的一面，促成日後許多西方不知名的商賈、教士、學者、軍人乃至藝術家，紛紛東來，不可勝數。有人認為：蒙古人締造了所謂的「蒙古和平」（Pax Mongolica），文化交流像風箏一樣，伴隨蒙古帝國相互傳播，與羅馬人先後輝映。英國史家甚至認為十三世紀世界性的人物，是成吉思汗而不是英王約翰；真正震撼人類歷史的，是蒙古帝國而非大憲章。

蒙古帝國的影響

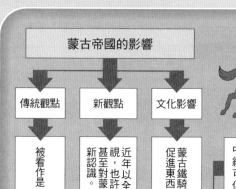

```
                    蒙古帝國的影響
            │           │           │
       傳統觀點      新觀點      文化影響
```

傳統觀點
被看作是「破壞文明的野蠻入侵者」。

新觀點
近年以全球或世界史的角度重新審視，也許有其「建設」的內在意涵，甚至對蒙古民族的歷史功過，有一番新認識。

文化影響
蒙古鐵騎締造橫跨歐亞大帝國，無形促進東西方交流。

中國的火藥、印刷術、紙幣、羅盤針等發明，可能因蒙古西征而間接傳入西方。

波斯的天文學、回回礮以及西域的醫藥，大量輸入中國。

使歐洲見識到東方未知的一面，促成日後許多西方人士紛紛東來。

締造了所謂的「蒙古和平」。

蒙古帝國疆域範圍

匈牙利　欽察汗國　窩闊臺汗國　大都　東海
地中海　黑海　察合臺汗國　元
伊兒汗國
阿拉伯
印度

★蒙古統治影響

知識補充站

　　歷史上除了武功文治之外，有關自然環境與疾病的關係，也是值得我們省思蒙古帝國的問題。曾有學者認為：氣候可能也是導致蒙古人積極向外擴張的因素。由於一一七五到一二六〇年，蒙古高原氣溫驟降，以後的平均氣溫又逐步下降，導致可供蒙古畜群食用的草越來越少，迫使蒙古人不得不尋找新草原，藉由向外征服獲得新的疆土。

　　蒙古帝國統治的另一影響則是，病菌在歐亞大陸間的傳播與增加。當黑死病──亦即鼠疫，於一三四八年蹂躪歐洲前，早已在中國肆虐了數十年，甚至也是導致元末白蓮教叛亂的原因。

UNIT 5-12
洪武廢相

圖解中國史

（一）明太祖廢相事件

中國從秦漢以來，宰相的創立是一項重要的行政制度「革命」。因為宰相綜理大政，既是全國的政治中心，又對皇帝負責。但君權與相權之間，卻又有著難以言喻的矛盾：宰相是皇帝最重要的輔佐人才，但也因此分享著皇帝的權力，使得皇帝的意志難以貫徹。為了避免君權與相權產生衝突，歷年來多半將相權加以分化，但終究逃脫不了將相權消滅的厄運。

發生在西元一三八〇年的「洪武廢相」，就是千年來的引爆點。明代建國之初，宰相胡惟庸被人告發懷有謀反的意圖，結果遭到處死，前後牽連三萬多人。經此事件後，明太祖朱元璋認為問題的癥結點出在相權過重，於是決定罷去中書省，廢除丞相，並將中書省處理政事的職權卸除，分別歸屬於六部，由六部長官尚書直隸於皇帝；換言之，六部之上，天子總其成。至於六部之外，另設都察院、通政司、大理寺等九卿；又設內閣大學士，為皇帝襄理文墨。

（二）廢相的負面影響

廢相看似為明太祖一項君權集中的舉措，卻帶來往後歷史重大的影響，尤其對明代而言。首先，造成君主獨裁之風漸盛。由於各部門直接對皇帝負責，受皇帝監督且獨立行使職權，六部皆不相統屬，一概成為皇帝之下的平行單位，全然聽命於君主。經過這樣制度的變革後，一切大權集中於皇帝。漢唐宋各代，倘有大事，各部不能單獨決定，也常由九卿公決廷議。可是明代一切事務皆由皇帝決策。此「君相合一」的辦法，卻不是每個皇帝都能勝任。以太祖

堅毅辛勤的個性，自可日理萬機，但後來生於深宮中的子孫，大多沒有總攬國政的能力和興趣。日後國政衰頹，自能想見。

其次，為了解決繁重國務的困擾，又礙於不敢恢復宰相制度，明代皇帝只好把國務交給他們所親信的人。這樣一來，在缺乏制衡的條件下，一旦君主荒怠，權臣自然應運而生。明世宗時，朝臣嚴嵩一意媚上，竊權罔利，與其子相互狼狽為奸，權傾天下長達二十年，便是一例。

再者，有關國事奏折，如果皇帝事事都要親自批閱，實屬不易；但為維護最高決策的權威不被分割，於是有的宦官在皇帝授權下，掌握了批閱公文的權力。負責宮中事務司禮監的「秉筆太監」，便是在如此情況中代替天子發言，結果權勢日隆，取得干政的機會。

總之，宰相本來地位在「一人之下，萬人之上」，關係政治的隆汙、國家的安危。就算君主昏庸，只要有位賢能的宰相，國事仍有可為。可是明太祖廢相後，大權獨攬於君主一人之手，權臣、宦官之流乘勢弄權。所以明末清初的黃宗羲在《明夷待訪錄》一書中，回顧明代衰亡的原因，指出：「有明之無善治，自高皇帝（按：即明太祖）罷丞相始」，一語道破其中關鍵。

明朝廢相

明太祖廢相

時間人物 ▶ 西元1380年，明太祖朱元璋進行廢相。

導火線 ▶ 宰相胡惟庸被人告發懷有謀反的意圖，結果遭到處死，前後牽連三萬多人。

實施方法
▶ 罷去中書省，廢除丞相，卸除中書省處理政事的職權，分別歸屬於六部，由六部長官尚書直隸於皇帝。

▶ 六部之外，另設都察院、通政司、大理寺等九卿。

▶ 設內閣大學士，為皇帝襄理文墨。

廢相的影響

廢相的負面影響

君主獨裁之風漸盛 ▶ 各部門直接對皇帝負責，獨立行使職權，六部皆不相統屬，一概成為皇帝之下的平行單位，全然聽命於君主。

權臣應運而生 ▶ 明代皇帝把國務交給親信的人，在缺乏制衡的條件下，一旦君主荒怠，權臣自然應運而生。明世宗時，朝臣嚴嵩權傾天下長達二十年，便是一例。

宦官干政取得機會 ▶ 宦官在皇帝授權下，掌握批閱公文的權力。負責宮中事務司禮監的「秉筆太監」，便是如此取得干政的機會。

UNIT **5-13** 東林黨爭

圖解中國史

（一）東林黨爭與晚明黨禍

明代到了神宗中葉以後，即因廢相的問題深深影響朝政，由於皇帝個人荒於政事，多年不上朝，開始弊端橫生。儘管朝廷的官僚系統仍能自行運轉，可是一旦遇到爭議之際，內廷、外廷的言論龐雜，無所依循，遂形成黨爭。朝臣顧憲成為此罷官歸里，開始與高攀龍、錢一本等人講學於東林書院。據稱「講習之餘，往往諷議朝政，裁量人物」，而其他對朝政深感不滿的人，遙相應和，自負氣節，與朝廷相抗。於是這些依附者日眾，逐漸形成了一股勢力，被稱為「東林黨」。

其實東林黨的出現，跟明代中期以來的講學風氣有關。他們每年一大會，每月一小會，東林書院成為輿論中心，頗有左右朝局的力量；儘管得到廣泛支持，卻也遭到其他朝臣、宦官的激烈反對。於是政治上分為兩派，在沈一貫的集結下互相聯合，排斥東林黨。

大約西元一六二〇年前後，由於皇位繼承問題，陸續發生了「國本之爭」與「三大案」（梃擊案、紅丸案、移宮案）。這些宮廷的陰謀內幕重重，正好成為兩黨互相攻擊的憑據，演變為雙方爭論和彼此傾軋的工具。黨爭於是愈演愈烈，鬥爭長達數十年。

之後宦官魏忠賢得勢，形成「閹黨」，對東林黨展開殘酷的迫害，直到明毅宗（崇禎皇帝）即位，黨禍方才止息。但黨爭痼疾已深，直到李自成攻破北京，甚至是南明的「小朝廷」出現時，紛擾還未平定，連抵抗清軍的最後機會也隨著內耗而破滅。

（二）東林黨的局限

明代自宣宗以後，內閣雖由皇帝的文學侍從，漸變為宰輔，但並無法發揮真正的相權。而宦官把持的司禮監，因有批決奏章之權，加以皇帝的支持信任，於是搖身一變，成為政治中心，內閣反過來受制於宦官。這種制度上不合理的安排，使得一般的士大夫經常對宦官、權臣進行激烈的攻擊。可是，批評往往從道德價值而論，無益於政事的推動，結果士人們彼此互爭意氣，造成朋黨的傾軋。

嚴格說來，東林黨諸人多數為不知變通的君子。他們看重個人聲名遠甚於國家利益，爭意氣而不爭是非，不免剛愎自用，將異己通通逼到閹黨那一邊。黃宗羲在《明儒學案》便說：「天下君子以清議歸於東林，廟堂亦有畏忌」，又言：「東林中亦多敗類，及攻東林者，亦間有清操之人」，可見當時情況。因此，東林運動不妨可看作傳統儒家價值與現實政治進行鬥爭的典型。雖然，明末士人的昂揚氣節為歷史留下了動人的事蹟，但終歸於失敗。他們毋寧是一支重整道德的十字軍，卻非真正環顧現實、改革政治的士大夫團體。等到明帝國滅亡後，黃宗羲、顧炎武等昔日「復社」舊人，沉潛民間，痛定思痛。他們總結了亡國的教訓，開始轉向實學與政治制度的探究，未嘗不是對此一失敗歷史的反思。

東林黨爭

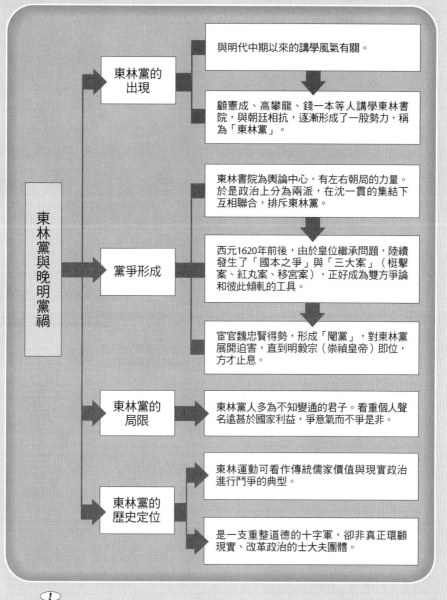

東林黨與晚明黨禍

東林黨的出現
- 與明代中期以來的講學風氣有關。
- 顧憲成、高攀龍、錢一本等人講學東林書院，與朝廷相抗，逐漸形成了一股勢力，稱為「東林黨」。

黨爭形成
- 東林書院為輿論中心，有左右朝局的力量。於是政治上分為兩派，在沈一貫的集結下互相聯合，排斥東林黨。
- 西元1620年前後，由於皇位繼承問題，陸續發生了「國本之爭」與「三大案」（挺擊案、紅丸案、移宮案），正好成為雙方爭論和彼此傾軋的工具。
- 宦官魏忠賢得勢，形成「閹黨」，對東林黨展開迫害，直到明毅宗（崇禎皇帝）即位，方才止息。

東林黨的局限
- 東林黨人多為不知變通的君子。看重個人聲名遠甚於國家利益，爭意氣而不爭是非。

東林黨的歷史定位
- 東林運動可看作傳統儒家價值與現實政治進行鬥爭的典型。
- 是一支重整道德的十字軍，卻非真正環顧現實、改革政治的士大夫團體。

知識補充站 ★東林黨之顧憲成

無錫東林書院至今仍掛有著名的對聯：「風聲、雨聲、讀書聲，聲聲入耳；家事、國事、天下事，事事關心。」相傳顧憲成少時家貧，往往通宵苦讀，布政使陳雲浦知道後特別傳見，出了上聯要他應答，顧憲成出口成章，而有了傳誦至今的下聯。據史家考證，這則對聯並未收入《顧瑞文公遺書》，也不見於清代的《楹聯叢話》，可能是後人所為。儘管如此，這個故事依然為人們津津樂道，其中正體現了中國民間對讀書人的期望。

UNIT 5-14 八股文

圖解中國史

（一）八股文的形式與內容

「八股文」是明清科舉考試所採用的一種特殊文體，又名制義、制藝、時文、八比文、四書文等。「股」即對偶之意，它要求一篇文章中必須有四段對偶排比的文字，結構上包括破題、承題、起講、入手、起股、中股、後股、束股、大結等部分，故名八股文。簡單地說，這類文體格式固定，但清規戒律極多。

八股文的考題一律從四書、五經中取材，分作大題與小題。自元代以後，考生答題必須以程朱理學作為指導思想，特別要以朱熹的集注為準。凡是考生應試，必須按題命意，依注作解，不許有自己的觀點。這樣寫出的文章，自然濫調陳詞，廢話連篇。此外，八股文還要求模仿聖賢的口氣行文，稱之「代聖賢立言」。換句話說，即是考生只能依照題意，揣摩古人語氣，宣揚經書思想，絕不允許自己的發揮。

明清時期，八股文幾乎成為官、私學校的必修課。若是寫不好八股文，就無法通過科舉做官。這使得天下讀書人的思想，趨於保守和僵化。但從統治者的角度來看，八股文恰有助於君主專制統治。因此，中國雖有世上最早的文官考試制度及官僚系統，為歐洲哲士所欽羨，然而應考的取材狹隘，以致晚清面對西風東漸的變局，終究難以應付。直到一九〇二年，清朝正式宣布廢止八股考試，並於一九〇五年結束了一千多年來的科舉制度。

（二）八股文的流弊與改革之難

追究八股文的源流，可以溯源到宋元時期的「經義」。宋代王安石變法改革，重視策論、經義，即要求應試者闡發經書義理，不過那時形式上尚稱自由；隨著後來科舉制漸趨完備，才逐漸成為凝固、僵化的東西，並且與實際的政事脫節。至於歷代學者並非對八股文流弊視若無睹。像是明代滅亡時，即有士人直言八股文斷送江山，甚至還有人將「禮單」貼於朝堂上，曰：「謹具大明江山一座，崇禎夫婦二口，奉贊申敬。晚生文八股頓首拜。」明清之際的大儒顧炎武更是痛批：「八股之害，譬如焚書；而敗壞人才，有甚於咸陽之郊，所坑者但四百六十餘人也。」

然而，數百年來為何八股文始終未能廢除呢？這是因為：從考試公平性而言，八股文有嚴格的形式和內容原則，有利於評分的標準化和客觀化。可是隨著地方文教的推展和應考舉子的增加，遂使考試程序趨於形式化。同時，科舉制不僅是官方選拔人才的方式，也是結合朝廷與地方社會之間文化秩序的樞紐，從許多出版舉業考子的考試用書，可以窺見當中牽涉的層面之廣。最後，科舉也涉及到知識體系的轉型，往往牽一髮而動全身，使得變革越加不易。從民國建立後、近代化過程中的顛簸，也可以想見其中的困難了。

小博士解說

對於八股考試所帶來的「客觀標準」，民國時期魯迅曾有一段話，道出他個人觀察：「一來是考官嫌麻煩，什麼代聖賢立言，什麼起承轉合、文章氣韻，都沒有一定的標準，難以捉摸。因此，一股一股地定出來，算是合於功令的格式，用這格式來『衡文』，一眼就看得出多少輕重。二來，連應試的人也覺得又省力，又不費事了。」

八股文的發展

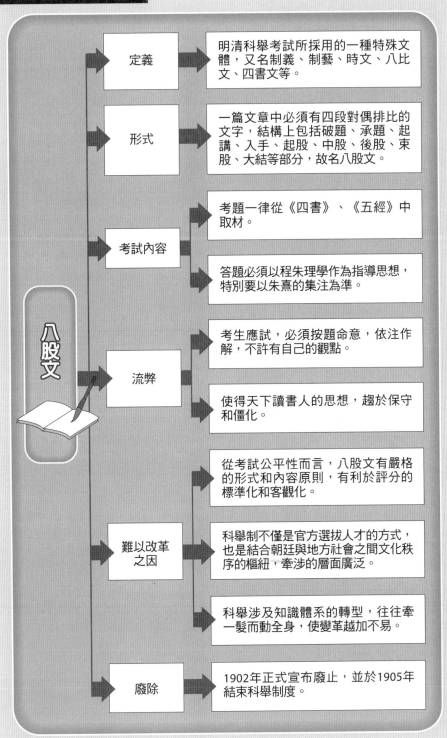

八股文

定義 → 明清科舉考試所採用的一種特殊文體，又名制義、制藝、時文、八比文、四書文等。

形式 → 一篇文章中必須有四段對偶排比的文字，結構上包括破題、承題、起講、入手、起股、中股、後股、束股、大結等部分，故名八股文。

考試內容 → 考題一律從《四書》、《五經》中取材。

→ 答題必須以程朱理學作為指導思想，特別要以朱熹的集注為準。

流弊 → 考生應試，必須按題命意，依注作解，不許有自己的觀點。

→ 使得天下讀書人的思想，趨於保守和僵化。

難以改革之因 → 從考試公平性而言，八股文有嚴格的形式和內容原則，有利於評分的標準化和客觀化。

→ 科舉制不僅是官方選拔人才的方式，也是結合朝廷與地方社會之間文化秩序的樞紐，牽涉的層面廣泛。

→ 科舉涉及知識體系的轉型，往往牽一髮而動全身，使變革越加不易。

廢除 → 1902年正式宣布廢止，並於1905年結束科舉制度。

UNIT 5-15
王陽明講學

（一）明初的學術與陽明學

相較於宋代，明代士人生活得不如宋代的優渥，政治氣氛遠為嚴酷。不但得面對君主專制，而且殘忍恐怖；加上權臣、宦官弄權，朝政可謂糜爛。而在社會上，隨著商業經濟與城市消費文化的發展，倫理秩序亦受挑戰。現實世界與士人的知識傳統，似乎隔閡越來越大。面對外在環境的逼迫與宋代以來理學內在的問題，讓明朝中葉學術思想上展開新的突破，即「陽明學」的出現。

王守仁，號陽明，浙江餘姚人。年輕時王氏甚喜朱熹「格物」之學，據說他遍讀朱氏著作，思考「萬物有理」的意義。為了實踐朱熹的「格物致知」，某次他下決心窮竹之理，「格」了七天七夜的竹子，什麼也沒發現，人卻因此病倒。從此，王守仁對「格物」學說便產生懷疑，這就是中國哲學史上著名的「守仁格竹」之由來。

後來在壯年時，王守仁因故得罪了宦官劉瑾，遭廷杖四十下，並貶至貴州龍場驛。由於當地身處窮荒，無書可讀，又因環境險惡而身患重病，結果在艱困之中終日尋思，悟得要格物致知，當自求諸心，不求外物。於是，王氏成為繼南宋陸九淵提出「心即理」學說後，公開提出「心學」主張的第一人。他認為：天下無心外之物、心外之理。天地萬物之理皆存在心中，由此建立「致良知」與「知行合一」之說。所謂「良知」，是一個人先天知善、知惡的是非之心，「致知」是回復人的心性本體，至於知道和實踐與否，實為同一件事，因此要「知行合一」。

（二）陽明學的流傳與其批評

陽明學傳播極廣，弟子遍及全國，終明之世，幾成王學世界，於是盛極一時的程朱理學至此而衰。不僅如此，其學說在日本、朝鮮半島以及東南亞地區，都有重要而深遠的影響。以日本為例，明末清初的思想家朱舜水東渡，更進一步帶動陽明學在當地的發展；而從江戶至幕末時期，都有《傳習錄》的標注本；且陽明學對武士道精神的形成有很大的作用，甚至於明治維新時成為顯學。許多著名的政治家，像是「武聖」東鄉平八郎、「倒幕魁首」西鄉隆盛等，均為陽明學的追隨者。另外，二次戰後的作家三島由紀夫，也深受陽明學的影響。

陽明學所以深得人心，主要是因為能夠擺脫世俗權威，以本心面對複雜的環境和世界。但是，它雖能充分發揮個性，卻易使人流於放浪自恣。因此，王派學人不守禮法者甚多，每為世所駭怪；反倒講求的工夫，漸不為學者所重。到了末流，學者只講良知，空談心性，卻束書不觀。

明末顧憲成、高攀龍講學於東林書院，開始綜合程、朱、陸、王之學，以風義節操相互砥礪，意在矯正陽明學弊端。直到清初，南北大儒有李顒、孫奇逢、顏元、王夫之、黃宗羲及顧炎武等人，對陽明學進行反思。他們強調實踐經世，終於開啟清代的考證學。

陽明學派

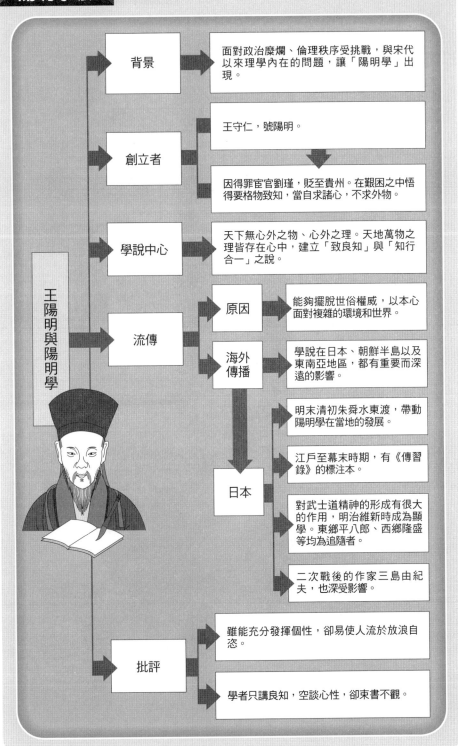

王陽明與陽明學

背景 → 面對政治糜爛、倫理秩序受挑戰，與宋代以來理學內在的問題，讓「陽明學」出現。

創立者 → 王守仁，號陽明。

→ 因得罪宦官劉瑾，貶至貴州。在艱困之中悟得要格物致知，當自求諸心，不求外物。

學說中心 → 天下無心外之物、心外之理。天地萬物之理皆存在心中，建立「致良知」與「知行合一」之說。

流傳

原因 → 能夠擺脫世俗權威，以本心面對複雜的環境和世界。

海外傳播 → 學說在日本、朝鮮半島以及東南亞地區，都有重要而深遠的影響。

日本

→ 明末清初朱舜水東渡，帶動陽明學在當地的發展。

→ 江戶至幕末時期，有《傳習錄》的標注本。

→ 對武士道精神的形成有很大的作用，明治維新時成為顯學。東鄉平八郎、西鄉隆盛等均為追隨者。

→ 二次戰後的作家三島由紀夫，也深受影響。

批評 → 雖能充分發揮個性，卻易使人流於放浪自恣。

→ 學者只講良知，空談心性，卻束書不觀。

第**6**章

海權時代來臨前的中華帝國

●●●●●●●●●●●●●●●●●●●●●●●● 章節體系架構 ▼

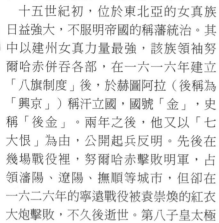

UNIT **6-1**
滿清的入主與綏服

圖解中國史

（一）女真族「後金」立國

十五世紀初，位於東北亞的女真族日益強大，不服明帝國的稱藩統治。其中以建州女真力量最強，該族領袖努爾哈赤併吞各部，在一六一六年建立「八旗制度」後，於赫圖阿拉（後稱為「興京」）稱汗立國，國號「金」，史稱「後金」。兩年之後，他又以「七大恨」為由，公開起兵反明。先後在幾場戰役裡，努爾哈赤擊敗明軍，占領瀋陽、遼陽、撫順等城市，但卻在一六二六年的寧遠戰役被袁崇煥的紅衣大炮擊敗，不久後逝世。第八子皇太極隨即繼位。

皇太極治理「後金」時期，將都城瀋陽易名為「盛京」，更改「女真」族名為「滿洲」，於一六三六年改國號為「大清」，並稱帝。在運籌帷幄下，皇太極成功降服蒙古的察哈爾部和東邊朝鮮，接著以反間計讓明崇禎皇帝殺害固守錦州的袁崇煥。嗣後，又擊潰明軍，並收降洪承疇等將領，奪取明帝國在關外的勢力，防線移至山海關。一六四三年，皇太極忽然病死，第九子福臨繼位，是為順治皇帝，由其叔多爾袞攝政輔佐。

（二）恩威並濟的綏服政策

造成明帝國真正衰亡的並非來自滿洲的「後金」，而是流寇的內亂。崇禎末年，地方農民不滿朝廷，紛紛起而叛變，勢力最大的有來自陝西西安的李自成，和來自四川成都的張獻忠。一六四四年，「闖王」李自成經河南、山西，順利攻入北京，崇禎帝在煤山上吊自殺，明亡。同一年，山海關的守將吳三桂因為不願投降李自成，故引清兵入關。李自成敗給後金軍隊，遂放棄北京，率兵退回陝西。多爾袞迎順治帝入關，並把首都從盛京遷到北京。就在同時間，馬士英於南京擁護福王稱帝，即弘光帝，「南明」成立。

面對關內政權分立，攝政王多爾袞謀而後動。他先派滿洲八旗兵與明降將，分陝北、河南二路攻打李自成，最後將之滅於湖北；又派軍隊攻滅張獻忠；然後才全力對付南明諸勢力。一六四五年，多鐸率清軍攻破揚州，弘光帝至蕪湖被逮，送往北京殺害。魯王與唐王分別在浙江與福建建立勢力，但雙方不和，不久被個個擊破。之後桂王於肇慶即位，期間，南明將領先後收復華南各省，最後因距離太遠、互相難以照應、內部又發生叛變等因素而節節敗退。一六六一年，清軍攻入雲南，逃亡緬甸的桂王最後被吳三桂殺死，南明亡。此時僅剩臺灣的明鄭政權。

入關後的滿清異族，為了有效統治漢人，採取的是「恩威並濟」的政策。例如「薙髮易服」，要求留頭不留髮，留髮不留頭；又軍隊對不服的地區採取多次屠殺鎮壓的方式，史稱「甲申國難」，著名的有「揚州十日」、「嘉定三屠」與「廣州大屠殺」等。直到後來，清廷為了籠絡士大夫，只得下令停止這些政策，實行獎勵墾荒、減免捐稅，並且正式開科取士，追尊崇禎帝與明朝忠臣。

女真立國

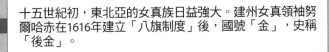

女真族後金立國

十五世紀初，東北亞的女真族日益強大。建州女真領袖努爾哈赤在1616年建立「八旗制度」後，國號「金」，史稱「後金」。

1626年的寧遠戰役，努爾哈赤被袁崇煥擊敗，皇太極繼位。

皇太極治理「後金」時期，將瀋陽易名為「盛京」，更改「女真」族名為「滿洲」，於1636年改國號為「大清」，並稱帝。

1643年，順治皇帝即位，由多爾袞攝政。

山海關守將吳三桂引清兵入關。清把首都從盛京遷到北京。

恩威並濟的綏服政策

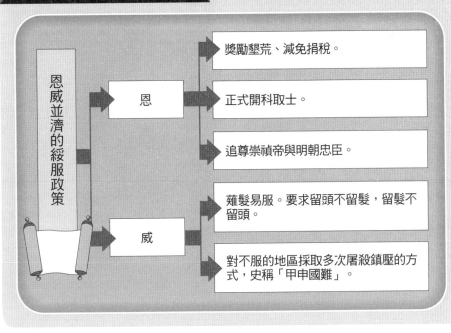

恩威並濟的綏服政策

恩

獎勵墾荒、減免捐稅。

正式開科取士。

追尊崇禎帝與明朝忠臣。

威

薙髮易服。要求留頭不留髮，留髮不留頭。

對不服的地區採取多次屠殺鎮壓的方式，史稱「甲申國難」。

UNIT **6-2**
明鄭與臺灣

圖解中國史

（一）大航海時代的東亞海域與鄭家的崛起

十五世紀後期，鄂圖曼土耳其帝國興起，壟斷了地中海世界的貿易，促使伊比利半島上新興產生的葡萄牙與西班牙兩國，積極探索通往亞洲的新航路。達迦馬（Vasco da Gama）最先繞過好望角，抵達非洲東岸，展開與印度之間的貿易。接下來的兩個世紀，遠航貿易的龐大利益，使葡、西與後起的荷蘭、英、法等國，進一步競逐於印度洋到東亞的廣大海域之間，形成了跨越陸地的海上貿易市場與交流網絡。

在這一繁榮的海上網絡中，華人的身影並未缺席；但是，不像西歐各國以政府為後盾，推動商業冒險。中華帝國傳統以農立國，海洋貿易帶來的利益與對秩序的衝擊，是統治者深深擔憂的。因此，明朝對海禁的限制極嚴。於乎，在這非法地帶上，便誕生了遊走在商人與強盜之間的海上武裝集團，被稱為「海寇」或「流人」，鄭成功的父親鄭芝龍就是其中之一。

臺灣島由於地理位置的優越，遂成為必爭之地，開始浮現於世界史的舞臺上。明代晚期，臺灣北部成為倭寇的巢穴，漢人也因國內政治紊亂，大量移民來臺拓墾，南洋各國的商船也紛紛前來貿易。鄭芝龍於此嶄露頭角，以臺灣南部為據點，透過中、日之間的轉口貿易，獲取龐大利潤，培植私家軍力。崇禎年間，明帝國為解決東南沿海的海盜問題，招撫鄭芝龍為官，於是他離開臺灣，以福建為基地。鄭氏的離開，遂使荷蘭人乘虛而入，並與原住民聯絡，廣招漢人來臺，又驅逐北部的西班牙人。

（二）明鄭之領有臺灣與其降清

南明之際，鄭芝龍於福州擁立唐王，之後考量現實利益而投降清廷。其子鄭成功不從，據廈門、金門以抗清，一度溯長江而上，進逼南京，但功敗垂成，最後退守廈門。在鄭氏尋找抗清根據地時，接受何斌的軍政情報，決意驅逐荷蘭人。一六六一年，鄭成功率兵攻臺，荷蘭不敵，臺灣復為鄭氏所有。隔年，鄭成功過世，其子鄭經嗣位，仍奉明朝永曆年號。

鄭氏將士不過數萬，憑藉海峽之險，與清廷抗衡數十年。主要原因為，鄭氏起自海上，水戰非清軍能力所及。於是清廷實行遷界令和禁海政策，封鎖其貿易命脈；其次則遣使招撫；第三是招降納叛，瓦解鄭氏營壘。鄭軍大將施琅因犯軍法，家人為鄭成功所殺，憤而降清。終於在一六八三年，清派施琅攻臺，鄭家後代鄭克塽投降，明鄭告終。

之後，清廷群臣間展開激烈的「棄」與「守」爭論。多數人主張放棄，理由是臺灣遠隔大海，難於防守，徒勞士卒而傷民財。但施琅則力爭保留；最後康熙皇帝採納施琅的建議，正式將臺灣隸屬於清帝國的行政管轄之下。直到西風東漸的變局中，臺灣才再一次捲入海權各國勢力的爭奪，然而這已是兩百年後的事了。

鄭家與臺灣

鄭家的崛起與臺灣的關係

背景

十六和十七世紀，葡、西與後起的荷蘭、英、法等國，競逐印度洋到東亞的廣大海域，形成跨越陸地的海上貿易市場與交流網絡。

明朝對海禁的限制極嚴。於是誕生遊走在商人與強盜之間的海上武裝集團，被稱為「海寇」或「流人」，鄭芝龍就是其中之一。

鄭芝龍崛起

以臺灣南部為據點，透過中、日之間的轉口貿易，獲取龐大利潤，培植私家軍力。

崇禎年間，鄭芝龍被招撫為官，於是離開臺灣，以福建為基地。

南明之際，鄭芝龍於福州擁立唐王，之後考量現實利益而投降清廷。

鄭氏在臺灣

鄭成功於鄭芝龍投降後，據廈門、金門以抗清，但功敗垂成，最後退守廈門。

1661年，率兵攻臺，荷蘭不敵，臺灣復為鄭氏所有。

1662年，鄭成功過世，其子鄭經嗣位，仍奉明朝永曆年號。

1683年，清派施琅攻臺，鄭家後代鄭克塽投降，明鄭告終。

清廷攻臺方法

招降納叛，瓦解鄭氏營壘。

遣使招撫。

實行遷界令和禁海政策，封鎖貿易命脈。

UNIT 6-3
康熙

（一）康熙皇帝的政績

清代第四位皇帝愛新覺羅‧玄燁，年號「康熙」，在位共六十一年（一六六一至一七二二），是中國歷史上在位時間最長的皇帝。據說，他的父親順治帝接受湯若望的建議，以康熙得過天花、具有免疫力為由，將他選為繼承人。康熙即位時年僅八歲，順治遺詔由索尼、遏必隆、蘇克薩哈、鰲拜四大臣輔政。其中鰲拜結黨營私，日益驕橫，終使康熙震怒，於是設計逮捕擒獲，最後革職拘禁。這件事情開啟了康熙主政時代。

清帝國在康熙運籌帷幄之下，逐步從原來深具游牧部落色彩的民族，一躍而成為中華王朝的統治者。以政治手腕來說，他先後平定了帝國內昔日南明的舊勢力：像是對臺灣方面的鄭家，一六八三年派遣施琅攻臺成功，使其正式納入大清版圖，同時避免沿海的閩粵地區受到海上武裝威脅，嗣後還開放海禁，並設立了四個通商口岸。另一項重要的政績是平定三藩之亂，穩固了清帝國政局，使清廷直屬部隊深入江南，不再需要透過漢人，可直接掌控中國全境，盛世也由此展開。

（二）歷史與文化意義的康熙帝

儘管康熙成功治理清帝國，但有學者認為，清代中、後期國力開始遠遠落後於西方，實與其施政有不可推卸的責任。以下試舉兩例討論：

首先，康熙標榜仁政，在一七一二年訂立「滋生人丁，永不加賦」的政策。清廷沿襲明代制度，採取地稅、丁稅分徵方式進行，而豁免田賦不等於減輕丁稅。為了避免交納丁稅，大量地新增人口不入戶籍，使得朝廷難以確切統計和管理。為了解決現況問題，康熙便宣布「滋生人丁，永不加賦」，把全國丁稅加以固定化，使得農民的負擔相對穩定，減少流亡，同時朝廷得以掌握人丁數目。此外，由於丁稅的固定，朝廷可以實行「攤丁入畝」制，將丁稅攤入地稅，無土地者得以免納稅；既解除無地農民的丁稅負擔，也減少了戶口隱匿的情況，有利於社會秩序的穩定。

表面上看來，清帝國的確掌握了戶口數，可是「人口雖增，亦不加賦」，實際上卻為康熙的繼承者造成財政困難。等到晚清時期，人口壓力浮現因戶口不確實成為社會問題時，朝廷早已失去應變的能力了。

其次，康熙雖喜愛西學，任用耶穌會教士，並允傳教，但對西方並不信任，以致有禮儀之爭和日後的禁教之舉。先是他向來華的傳教士學習代數、幾何、天文、醫學等知識，並頗有著述。但由於天主教傳教士禁止教徒祭祖、祀孔等傳統習俗，引起社會的反感；加上羅馬教皇在康熙晚年遣使來華，禁止教徒的異教行為，使得衝突日趨惡化。

教皇於康熙一七〇四年遣使來華，與康熙討論傳教事宜，雙方意見不合，之後使者公布教皇禁令，對康熙的神學見解頗多指斥。康熙大怒，囚禁使者於澳門，下令傳教士若無中國政府的許可證明，一律不准在中國傳教。後來逐漸發現羅馬教廷試圖干預帝國的政治，並以皇子皈依基督成為爭權奪利的工具，遂開始抵制天主教。由於康熙個人的好惡因素，使得西學硬生生地遭到禁絕，此後中國科技無從刺激和前進，造成落後的現象。

康熙皇帝的歷史意義

康熙皇帝

繼位 → 在位61年，是中國歷史上在位時間最長的皇帝。

親政 → 即位年僅8歲，由索尼、遏必隆、蘇克薩哈、鰲拜四大臣輔政。

→ 鰲拜結黨營私，最後革職拘禁。開啟了康熙主政時代。

政績 → 從原來深具游牧部落色彩的民族，一躍而成為中華王朝的統治者。

→ 平定昔日南明的舊勢力，使臺灣正式納入中國版圖，同時避免閩粵地區受到海上武裝威脅。

→ 開放海禁，設立四個通商口岸。

→ 平定三藩之亂，穩固清帝國政局，盛世也由此展開。

施政影響

訂立「滋生人丁，永不加賦」的政策

→ 優 使農民負擔穩定，減少流亡，朝廷得以掌握人丁數目。

→ 劣 人口增加，亦不加賦，造成財政困難。

→ 劣 新增人口不入戶籍，對戶口掌握不確實。晚清人口壓力浮現。

喜愛西學

→ 優 學習代數、幾何、天文、醫學等知識，並頗有著述。

→ 劣 後抵制天主教，西學禁絕，造成中國科技落後的現象。

UNIT 6-4
三藩之亂

圖解中國史

（一）清初三藩之割據

清兵入關，剿滅流寇，征服南明，除了本身擁有精強的軍事武力外，多賴明降將之力。他們帶兵來歸順，在政治、軍事上起了很大作用，因此備受優待，寵以高爵。而封爵位僅比宗室中的親王略低一級，如封吳三桂為「平西王」，尚可喜為「平南王」，耿仲明為「靖南王」，是為「三藩」。終清之世，能夠以異姓且不同族封王的，僅此數位。

清代封王，原本只賜爵號而不分封領土，僅有榮寵地位而無軍事實權。但是，「三藩」駐鎮於南方邊遠新征服之地，基於統治的需要，他們擁兵自重，駐防地於是變為封藩之地，造成日後與中央相抗衡。三藩之中，以吳三桂鎮守雲南兼轄貴州，勢力最大，擁兵約十萬人。尚可喜鎮守廣東，耿繼茂（仲明子）鎮守福建，各有兵二萬餘人。在經濟上，三藩的巨額軍費一直是清廷的沉重負擔，歲需銀二千餘萬，幾乎是全國歲收的半數。在各自的轄境內，他們又可隨意徵稅，不受約束。在政治上，三藩專擅一方，所據之地形同獨立王國。在軍事上，三藩久握兵柄，形成尾大不掉之勢。

清初給予三藩以管理兵、政、財的極大權力，實因全國未定，滿洲人少，而不得不借用三藩的軍事實力及其對漢人的影響力，以利安定局勢。到了康熙時，天下大定，清廷的統治已經穩固，深感藩鎮強大的危險，便決心採取措施，加強中央集權。

（二）康熙削藩與三藩之亂

康熙十二年（一六七三年），尚可喜疏請歸老遼東，由其子繼續鎮守廣東，清廷准許他回鄉，但不同意襲國，遂下令撤藩。這是對三藩試圖建立世襲政權的警告。吳三桂和耿精忠深感不安，先後疏請撤藩，試探朝廷動靜。顧慮到三藩的力量，朝中分為兩派，討論不定。最後康熙決議：「三桂等蓄謀久，不早除之，將養癰成患。今日撤亦反，不撤亦反，不若先發。」命令三藩都撤還到山海關外。

吳三桂於是舉起叛清大旗，以復明為號召，自稱「總統天下水陸大元帥、興明討虜大將軍」，數月之間，耿精忠與尚之信相繼起兵，臺灣的鄭經率軍登陸福建，貴州、四川、湖南、廣西各省也紛紛響應，一時聲勢浩大，中國的半數領土皆非清有。

但由於吳三桂年事已高，戰略上缺乏進取之氣，占領湖南後未能趁機北上，錯失良機，使康熙能夠喘過氣來部署軍隊，逐漸掌握大局。加上多數的漢人官員也肯定清朝的正統性，並未倒向吳三桂。吳三桂追剿殺死永曆帝一事，更使得他難以取得明朝遺民的支持。到了康熙十五年，戰場形勢開始有利於清軍，各地勢力一一投降，對吳軍形成包圍之勢。

康熙十七年，窮途末路的吳三桂，試圖以稱帝重振士氣，國號「大周」，大封百官諸將。但不久就病死，由其孫吳世璠繼承帝位。清軍趁吳軍軍心不穩，次第收復湖南、貴州、廣西、四川。康熙二十年，清軍包圍昆明城，吳世璠絕望自殺。前後歷時八年，蔓延十省的三藩之亂終告平定。

三藩之亂的平定，穩固了清帝國政局，將中國全境納入清廷的掌控，盛世也由此展開。

三藩之亂的始末

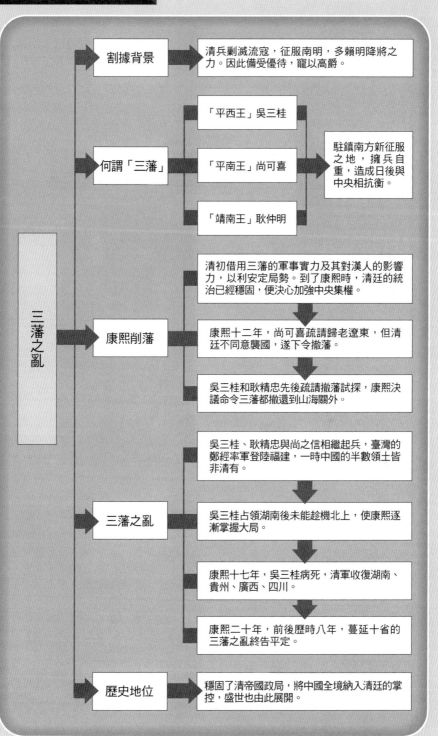

割據背景 → 清兵剿滅流寇，征服南明，多賴明降將之力。因此備受優待，寵以高爵。

何謂「三藩」
- 「平西王」吳三桂
- 「平南王」尚可喜 → 駐鎮南方新征服之地，擁兵自重，造成日後與中央相抗衡。
- 「靖南王」耿仲明

三藩之亂

康熙削藩
- 清初借用三藩的軍事實力及其對漢人的影響力，以利安定局勢。到了康熙時，清廷的統治已經穩固，便決心加強中央集權。
- 康熙十二年，尚可喜疏請歸老遼東，但清廷不同意襲國，遂下令撤藩。
- 吳三桂和耿精忠先後疏請撤藩試探，康熙決議命令三藩都撤還到山海關外。

三藩之亂
- 吳三桂、耿精忠與尚之信相繼起兵，臺灣的鄭經率軍登陸福建，一時中國的半數領土皆非清有。
- 吳三桂占領湖南後未能趁機北上，使康熙逐漸掌握大局。
- 康熙十七年，吳三桂病死，清軍收復湖南、貴州、廣西、四川。
- 康熙二十年，前後歷時八年，蔓延十省的三藩之亂終告平定。

歷史地位 → 穩固了清帝國政局，將中國全境納入清廷的掌控，盛世也由此展開。

UNIT 6-5 雍正

圖解中國史

（一）雍正奪嫡

雍正皇帝是康熙的第四子。由於太子胤礽不得康熙的信任和歡心，兩次遭到立廢，遂使皇位繼任進退失據，引起其他皇子的爭奪儲位。第四子胤禛表面上不問時事，沉迷佛道，自稱「天下第一閒人」，卻暗中結交豪強，擴大一己勢力；同時向父親表現孝順，在治理黃河水患上獲致成就，贏得康熙信任。終於在一七二二年，宣詔傳位，年號「雍正」。

雍正繼位的經過迄今仍是個謎，有人稱之為「雍正奪嫡」，與「太后下嫁」和「順治出家」，並稱「清宮三大疑案」。原因是康熙晚年甚為賞識十四子胤禵，甚至任命其為「大將軍王」，出征西北，時人認為是康熙理想中的繼承皇位人選。結果不料在官方的《康熙遺詔》中，滿、漢原文皆表示：「皇四子胤禛，人品貴重，深肖朕躬，必能克承大統，著繼朕登基，即皇帝位。」於是民間開始謠傳，說遺詔被人竄改，內容中的文字「傳位十四子」改為「傳位于四子」，雍正因而奪得皇位。

此說法有其破綻。因為清宮內務一般用滿文書寫，儘管先修改漢文「皇四子」，滿文遺詔仍難以篡改；而且，清代文檔對皇子素以「皇四子」或「皇十四子」稱之，並非稱呼「四皇子」或「四子」，且修改後還要讀得通順的情況，故此事實際上很難發生。

（二）大刀闊斧的雍正改革

民間傳說之所以出現，或許反映出人們對於雍正的好惡印象。在他短短的十三年在位期間，以堅毅的決心、果斷的措施，積極排除皇子朋黨問題，並革

新吏政；設置「軍機處」，取代內閣地位，強化和鞏固皇權；之後又實施「火耗歸公」等一系列政策，對澄清官僚政治起了重大作用。

所謂「火耗歸公」，係指地方官員薪水微薄，不足以應付公、私方面的支出，藉此訂出百分之十的統一稅額，作為合理的行政費用。地方上級官員只得向下級官員索取官場規費，而他們也得花錢奉承上司，於是就巧立名目向人民徵收稅賦。由於此前「耗羨」未成定制，地方官經常巧立名目，向百姓收取金額，遂使官吏貪汙成風，嚴重阻礙正常賦收。為求彌補地方財政不足，避免官僚用自定稅額的權力貪汙腐化，而實施「火耗歸公」，讓「耗羨」透明、合法化，官員不再中飽私囊，任意自定附加稅額，有助於吏治。

此外，雍正皇帝又實行「改土歸流」，消除土司制度，加強朝廷對西南地區的統治；刊刻《大義覺迷錄》，頒發各州縣學，企圖消泯滿、漢界線。在位期間，雍正勤於政事，自詡「以勤先天下」、「朝乾夕惕」，每年唯有自己生日當天才會休息，其餘日日都挑燭工作至凌晨一兩點，總計一生中批閱奏摺超過千萬字。許多稗官野史將雍正描繪為一位殘忍無情的皇帝，事實上，這可能是當時被雍正處置的官僚所刻意捏造的負面形象。

雍正王朝

雍正皇帝

繼位 → 1722年，皇四子胤禛宣詔傳位，年號「雍正」。

繼位之謎

「雍正奪嫡」與「太后下嫁」、「順治出家」，並稱「清宮三大疑案」。

民間謠傳遺詔被竄改，內容「傳位十四子」改為「傳位于四子」，雍正因而奪得皇位。

清宮內務一般用滿文書寫，儘管先修改漢文「皇四子」，滿文遺詔仍難竄改；而且，清代文檔對皇子素以「皇四子」或「皇十四子」稱之，並非稱呼「四皇子」或「四子」。

排除皇子朋黨問題，並革新吏政。

設置「軍機處」，取代內閣地位，強化和鞏固皇權。

改革

實施「火耗歸公」等一系列政策，對澄清官僚政治起了重大作用。

「火耗歸公」係指地方官員薪水微薄，不足以應付公、私方面支出，藉此訂出百分之十的統一稅額，作為合理的行政費用。

實行「改土歸流」，消除土司制度，加強對西南地區的統治。

刊刻《大義覺迷錄》，頒發各州縣學，企圖消泯滿、漢界線。

知識補充站 ★血滴子

雍正予人冷血殘酷的印象，最具代表的就是「血滴子」。傳說它是始於雍正組織特務暗殺隊所使用的一種兵器，確切形貌眾說紛紜。最廣為人知的是類似笠形或鐘形的罩子，頂端繫有索鏈，罩子的開口外緣環布一圈鯊鰭形鋼刀。使用時，一手抓住索鏈，一手將血滴子拋向敵人；當罩住敵人的頭部時，可藉由索鏈控制開口的鋼刀收合，立刻取下敵人首級。血滴子雖尚未證明其真實性，但散見於稗官野史和民間傳奇中，一九七〇年代也成為電影與戲劇中的神祕武器。

UNIT 6-6
軍機處

圖解中國史

（一）軍機處的設立與職掌

清初的政治繼承了兩個傳統，一是明代的內閣制度，二是滿族的議政王大臣會議。前者事權雖輕，但作為「表率百僚」的法定國家機構，官僚組織仍限制了皇帝意志的伸張；後者儘管只是諮詢機構，但是其部族貴族政治的合議色彩，也使得皇權難以獨斷。隨著帝國秩序的穩定，皇權與其不可避免地產生了矛盾，而出現了中央集權的要求，於是設立了新的機構：軍機處。

康熙時，首先於宮內設置南書房，選翰林等入宮，除陪伴皇帝賦詩填詞、寫字作畫外，還秉承皇帝旨意，起草詔令，發布諭旨和處理機密奏章。雍正時，準噶爾部發生動亂，為了用兵西北，準備軍需物資，於是從內閣中挑選親信可靠的中書組成「軍需房」，即為軍機處的開端。之後，它逐漸從臨時機構變為常設機構，但始終保持非正式性質的官職。

軍機處的職掌很廣泛，無論內、外政務都攬在身上，史書形容該職是「有事無不綜匯」。實際上，透過軍機處的職掌，皇帝的意志得以貫徹到帝國的各個角落裡。

（二）政治權力的集中與其影響

軍機處成立後，皇帝對政治權力的集中，幾乎達到歷史的高峰。內閣被排斥在機密政務之外，處理的只是例行事務。而向來享有議政大權的議政王大臣會議，這時也形同虛設，起不了作用。

由於軍機處地處內廷，辦事機密，一切活動均在皇帝的授意和掌控之下。辦公並無衙署，僅有值房；無專官，極具臨時性，人員皆由皇帝挑選交辦。這樣的非正式性質，使它不至於和皇權抗衡，僅作為工具性質而已。

從優點來說，軍機處提高了機密程度及行政效率。例如有所謂的「廷寄」：內閣擬旨後，經皇帝御覽，便可直接下達受令者，無須輾轉傳達，使軍國要務得以保密。此外，因為軍機處的規模較小，可以隨時便宜行事，兼具靈活性和彈性。同時透過各地傳回軍機處的消息，皇帝能夠有效控制全國，形成嚴密的統治網。凡是奏章上呈及命令的下達，均不需經過本部長官及地方督撫；換言之，中央及地方官員均可通過軍機大臣直接聯絡皇帝，皇帝能輕易地掌握各地，甚至了解各官員的情況。

但是，為了保持機密而發展出的「密摺制度」，在集中權力的同時，也侵奪了正常的行政程序，進而破壞官僚組織的運作機制，使得行政系統內部缺乏有效的溝通與協調。這一變革的成功，讓權力獲致高度集中，卻未得到徹底的合理化改革；君主的權威提高了，官僚政治的積極作用卻下降了。到了十九世紀初期，行政管理網絡的末端已開始和官僚系統的指揮中心脫節，整個系統也失去了清朝初年曾經有過的彈性。當西風東漸的變局來到之時，帝國的政治秩序早已失去活力，難以提出有效的應變。

軍機處

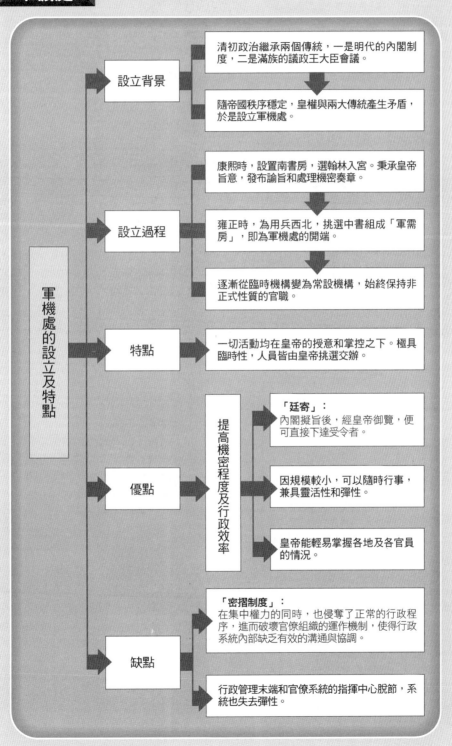

軍機處的設立及特點

設立背景
- 清初政治繼承兩個傳統,一是明代的內閣制度,二是滿族的議政王大臣會議。
- 隨帝國秩序穩定,皇權與兩大傳統產生矛盾,於是設立軍機處。

設立過程
- 康熙時,設置南書房,選翰林入宮。秉承皇帝旨意,發布諭旨和處理機密奏章。
- 雍正時,為用兵西北,挑選中書組成「軍需房」,即為軍機處的開端。
- 逐漸從臨時機構變為常設機構,始終保持非正式性質的官職。

特點
- 一切活動均在皇帝的授意和掌控之下。極具臨時性,人員皆由皇帝挑選交辦。

優點 — 提高機密程度及行政效率
- 「廷寄」:內閣擬旨後,經皇帝御覽,便可直接下達受令者。
- 因規模較小,可以隨時行事,兼具靈活性和彈性。
- 皇帝能輕易掌握各地及各官員的情況。

缺點
- 「密摺制度」:在集中權力的同時,也侵奪了正常的行政程序,進而破壞官僚組織的運作機制,使得行政系統內部缺乏有效的溝通與協調。
- 行政管理末端和官僚系統的指揮中心脫節,系統也失去彈性。

UNIT 6-7
乾隆

（一）祕建皇儲

　　由於雍正帝位備受質疑，加上他本人對其兄弟的手段頗為毒辣，進行各種迫害。為了避免日後皇位繼承再出現紛爭，導致兒子們陷入自己曾經歷的奪儲之爭，所以雍正便將傳位詔書置於乾清宮的「正大光明」牌匾之後，規定直到自己駕崩後，方可打開。這套「祕建皇儲」的辦法，成為後來清代皇位繼承的原則。

　　西元一七三五年，雍正死後由第四子弘曆繼位，是為清高宗，年號「乾隆」。因為乾隆繼位時有在位時間不超過祖父康熙之誓言，故一七九五年將皇帝禪位給其子，自己為「太上皇」，但依然「訓政」，宮內仍沿用乾隆年號，為實際上的最高統治者，一直要到一七九九年駕崩為止。乾隆成為中國歷史上執政統治時間最長的皇帝（共計有六十四年），同時也是中國歷史上最長壽的皇帝。

（二）好大喜功的乾隆

　　乾隆一生個性喜愛詩文書畫，曾作詩多達四萬首，紫禁城內絕大部分的匾額、楹聯，均出自其御筆。而他活著的時候，正是清帝國在東亞最強盛且輝煌的時期；因此乾隆自認在政治及軍事上有所成就，自稱「文治武功十全老人」。

　　綜括乾隆的施政理念，係以「寬猛相濟」為主。對內他善於駕馭群臣，無論滿漢；對外則先後平定新疆、蒙古、西藏、西南苗疆，擴大了帝國的版圖。大致今日中國的疆域和幅員，基本上即是在乾隆時所奠定下來。此外，隨著人口不斷地增加，乾隆晚年已突破了三億大關，約占當時世界人口的三分之一。後世史家把他統治的中國，與康熙、雍正時期合稱「康雍乾盛世」，認為是清帝國鼎盛的高峰。

　　然而中年以後，乾隆好大喜功，不但大興土木，又六下江南。曾有說法指出，乾隆下江南乃是為了模仿祖父康熙，藉由探訪民情，加強朝廷與江南地主、士紳的聯繫。在傳統社會資訊不發達的時代，乾隆想要掌控和鞏固江南的財政賦稅，自然有其道理。可惜下江南也無形中增加許多遊樂開支，耗用朝廷不必要的人力和物力，帶頭腐化，遂使整個清帝國由盛轉衰。

　　盛衰關鍵當然絕非乾隆一人造成，卻與他密切相關。發生在一七九三年的「馬戛爾尼事件」，顯露中國走向危機的開始。當時英國以慶祝乾隆八十大壽為名，派以馬戛爾尼（George McCartney）為首的八百多人使團訪問中國。但清、英雙方因為會見的禮儀發生嚴重分歧，致使外交破裂。在馬戛爾尼停留中國期間，曾做了詳細的調查。回國後，馬戛爾尼向議會報告說：「中國是一艘破舊的大船，一百五十年來，它之所以沒有傾覆，是因為幸運地遇見了極為謹慎的船長。一旦趕上昏庸的船長，這艘大船隨時就可能沉沒。中國根本就沒有現代的軍事工業，中國的軍事實力比英國差三到四個世紀。」這句話果然一語成讖，造成了十九世紀西方列強以武力叩關的開端。

細說「乾隆」王朝

設立過程

雍正建立「祕建皇儲」的辦法，成為後來清代皇位繼承的原則。

1735年，雍正死後由第四子弘曆繼位，是為清高宗，年號「乾隆」。

為中國歷史上執政統治時間最長的皇帝（共計64年），同時也是中國歷史上最長壽的皇帝。

乾隆

帝國盛世

乾隆時代，正是清帝國在東亞最強盛且輝煌的時期；他自認在政治及軍事上有所成就，自稱「文治武功十全老人」。

施政理念，以「寬猛相濟」為主。
① 對內善於駕馭群臣。
② 對外先後平定新疆、蒙古、西藏、西南苗疆，擴大帝國的版圖。

與康熙、雍正時期合稱「康雍乾盛世」，認為是清帝國鼎盛的高峰。

由盛轉衰

中年後，好大喜功、大興土木、六下江南。藉由探訪民情，加強朝廷與江南地主士紳的聯繫。耗用朝廷不必要的人力和物力，使整個清帝國由盛轉衰。

1793年的「馬戛爾尼事件」，顯露中國走向危機的開始。
清、英雙方因為會見的禮儀發生嚴重分歧，致使外交破裂。

UNIT **6-8** 四庫編纂

圖解中國史

（一）《四庫全書》的纂修與其成果

乾隆帝在文化政策上亦造成深遠的影響。他效法康熙，獎勵學術，編纂圖籍，使得大批士人皆被網羅，尤以編修《四庫全書》之盛舉為最。

西元一七七三年，因安徽學政朱筠的奏請，特開「四庫全書館」，以紀昀為總纂官，分任編纂的有戴震、邵晉涵、姚鼐、王念孫等，皆為當時馳名的學者，一共三百六十餘人參與其事。目的是將古今以來已刊、未刊的典籍，一一加以校訂。全書於一七八二年告成，共圖書三千四百六十部，有七萬九千三百三十九卷，然後繕寫七部，分藏紫禁城的文淵閣、圓明園文源閣、盛京文溯閣、熱河文津閣、揚州文匯閣、鎮江文宗閣、杭州文瀾閣等七處。每書並有提要，述其內容，兼評其得失。

從正面而言，《四庫全書》這項學術大業，可謂古今中外，無人能及。基本上乾隆以前的中國古代重要著作，都被包羅進來，特別是關於元以前的著作，收輯更為完備。該書的纂修，乃結合從《永樂大典》中輯佚書籍和大規模地徵求民間遺書兩項活動同時進行，因此收書範圍和質量遠遠超過以往；而各地藏書家累世珍藏的宋刻、元抄善本書，和失傳幾百年的珍本祕籍，都因此得以傳世。並且，《四庫全書》在纂修過程中，還分門別類地進行系統的整理和反覆的校勘、考證。換言之，編纂《四庫》對保存和傳播文化之功，不可泯沒，也係對學術進行的一次大總結，對後人具有極高的參考價值。

（二）《四庫全書》的負面影響

遺憾的是，乾隆最初纂修《四庫全書》的原因，實際上為了豐富皇宮內的藏書，以便閱讀、揣摩，學習歷代的統治經驗。結果透過編纂事業，他也藉機進行一次全國性的大清查，把書中舉凡不利於清朝統治的部分，特別是有關明清之際的事實，統統刪除。此外，在編纂叢書時，刻意將書籍畫分成三類，即：應刊、應鈔、應存目等三種，並強迫各地搜查違礙書籍，展開大規模的運動，查禁了大量典籍。更可怕的是，百姓、民眾往往為了避禍，甚至還自我審查，連可能不受招罪的珍貴古籍也被銷毀。舉例來說，宋應星的科技著作《天工開物》，也因為有礙於愚民而遭封禁。這樣的文化浩劫，有人形容比清初實行「文字獄」都還要徹底；使得一篇吳三桂的〈反滿檄文〉、一本《揚州十日記》、一本《嘉定屠城記略》，竟要到二百多年後才從日本被找出來。所以，史家吳晗便不客氣地說：「清人纂修《四庫全書》，而古書亡矣！」

總之，編纂《四庫全書》直接產生兩個重大的歷史後果。從積極面說，推動盛世的學術走向全面繁榮，既拓寬了學術研究領域，建立獨樹一幟的乾、嘉學派，成為中國學術發展史上一個重大的里程碑。但從消極方面來說，纂修《四庫全書》也間接促成對典籍和文化的毀滅。

四庫全書的纂修

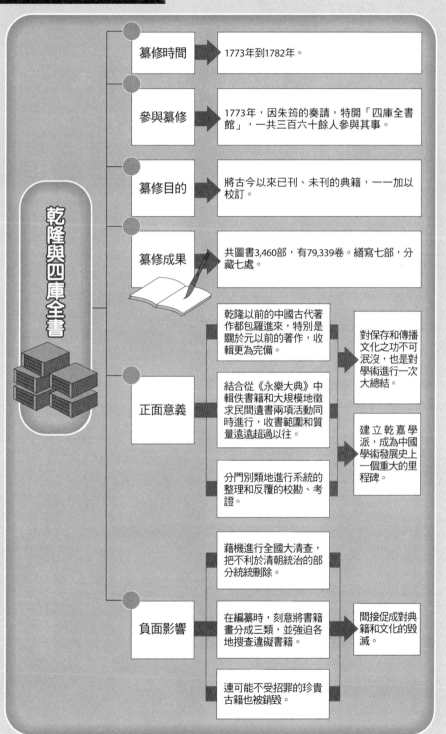

乾隆與四庫全書

纂修時間 → 1773年到1782年。

參與纂修 → 1773年，因朱筠的奏請，特開「四庫全書館」，一共三百六十餘人參與其事。

纂修目的 → 將古今以來已刊、未刊的典籍，一一加以校訂。

纂修成果 → 共圖書3,460部，有79,339卷。繕寫七部，分藏七處。

正面意義
- 乾隆以前的中國古代著作都包羅進來，特別是關於元以前的著作，收輯更為完備。
- 結合從《永樂大典》中輯佚書籍和大規模地徵求民間遺書兩項活動同時進行，收書範圍和質量遠遠超過以往。
- 分門別類地進行系統的整理和反覆的校勘、考證。
  → 對保存和傳播文化之功不可泯沒，也是對學術進行一次大總結。
  → 建立乾嘉學派，成為中國學術發展史上一個重大的里程碑。

負面影響
- 藉機進行全國大清查，把不利於清朝統治的部分統統刪除。
- 在編纂時，刻意將書籍畫分成三類，並強迫各地搜查違礙書籍。
  → 間接促成對典籍和文化的毀滅。
- 連可能不受招罪的珍貴古籍也被銷毀。

UNIT 6-9 乾嘉考證學

圖解中國史

（一）考證風氣的出現

在清代學術研究中，最值得留意的是考證學之出現。自明末清初的大儒顧炎武開啟風氣以來，大致到了乾隆、嘉慶兩朝，考證學歷經百餘年的發展到達極盛。對此，有的史家歸因於晚明王學產生流弊之故，不然便以受到清廷屢興文字獄來作為解釋。但細究其實，王學儘管有「空疏不實」的弊端，卻很難說是因「反動」而造成考證風氣使然；至於文字獄，同樣也見諸於明代，未必與考證學風大行有必然的關係。因此，這些外緣因素，無從解釋乾嘉考證學風之由，應還有更直接的因素。

檢視清帝國盛世下社會的繁榮，或許可帶給我們另外的理解。因為大批的士子有工作可做，生活問題獲得解決，致使有一安定、恬靜的環境，可以專心致力於研究。於是乎，康、雍、乾三代許多編書、校書、刻書、編書目等學術工作，經常由官方或私人延聘士子主持之。例如，官方編修《古今圖書集成》、《四庫全書》，促使大批學人身在其中；私人又如秦蕙田的纂修《五禮通考》，孫星衍、盧雅雨的養士刻書活動，阮元、畢沅幕府中的招致學人編書，都是類似的相關活動。就連揚州鹽商也附庸風雅，留心學術；全祖望、惠棟、戴震等人便曾在揚州鹽商的家中作客，幫忙整飭藏書。當時無論公、私，均醉心於這些事業，無形中變成一種純學術研究的風氣。由於左右都是知書之人，隨時隨地都會談到有關書的問題，在這種有書、有人、有研究環境的情況下，考據學能夠發展到極致，當然絕非偶然。

（二）考證學方法的影響

考證吸引人的地方，不獨是精神而已，還是一種治學方法。它以研究儒家經典為中心，廣泛地將古代文化的典籍進行整理，範圍包括：古文字學、史學、地理學、天文學、數學、目錄學、校勘學、輯佚學等，重新釐定而恢復原意。最先開啟此一風氣的，是顧炎武和同時期的其他士子。他們鑑於明末士人束書不觀、游談無根等弊病，提倡「經世致用」。在現實層面上，顧氏等人有意與官方提倡的理學相對立；可是隨著後來考證風氣大為盛行，連帶其中「經世致用」的作法，也逐漸被人遺忘、拋棄，僅是一味鑽入故紙堆裡。

對考證學批判最為深刻的是章學誠。他既不滿意學問脫離現實，又反對其煩雜瑣碎。受到章氏的影響，有的士子說「東逢一儒談考據，西逢一儒談考據，不圖此學始東京，一丘之貉於今聚」（袁枚詩）；而有些考證學者甚至欲調和「漢學」和「宋學」。但隨著十九世紀政治、外交局勢的改變，脫離現實的考證學已不能適應現實所需，故學風大變，步入衰落的路程，一直要等到民初時才又引起人們的注意。

考證學興起

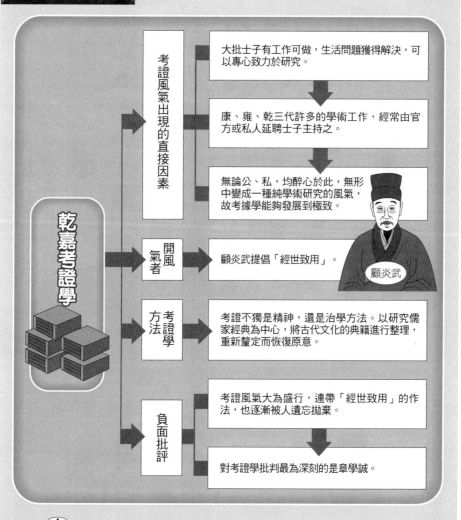

考證風氣出現的直接因素

大批士子有工作可做，生活問題獲得解決，可以專心致力於研究。

康、雍、乾三代許多的學術工作，經常由官方或私人延聘士子主持之。

無論公、私，均醉心於此，無形中變成一種純學術研究的風氣，故考據學能夠發展到極致。

乾嘉考證學

開風氣者

顧炎武提倡「經世致用」。

顧炎武

考證學方法

考證不獨是精神，還是治學方法。以研究儒家經典為中心，將古代文化的典籍進行整理，重新釐定而恢復原意。

負面批評

考證風氣大為盛行，連帶「經世致用」的作法，也逐漸被人遺忘拋棄。

對考證學批判最為深刻的是章學誠。

 知識補充站 ★紀文達公──紀曉嵐

　　負責擔任《四庫全書》總纂工作，是人們熟知的「紀文達公」紀昀。他留給後人的是一部專門說鬼談怪的《閱微草堂筆記》，還有歷久不衰、眾口相傳的諧趣身影。

　　在清人筆記裡，有關「紀曉嵐」詼諧、幽默、風趣、機智的人格特質，以及其官場應對等種種鮮活形象被反覆大量地傳抄。尤其清末時局動盪，紀昀的形象被高度政治化，塑造成力抗貪婪、腐敗勢力之正義化身。到了民國以後，關於紀曉嵐的軼聞趣事，開始獨立成書，展現其機敏幽默的個性、淵博的學問及卓越的才華。

UNIT **6-10**
明清時期的傳教士

圖解中國史

（一）耶穌會之東來與傳教

十六世紀，歐洲掀起了宗教改革的浪潮。受到新教的衝擊，天主教內也產生了變革的思想，遂有羅耀拉（Ignacio de Loyola）成立「耶穌會」（Society of Jesus）。該會抱持基督教人文主義思想，強調成員在社會中的作用，會士培訓的目標不僅是擔任神職人員，也必須了解各種語言、文學、哲學、神學、法學、醫學和自然科學等知識。後來這些教育和修養，對於在中國的傳教活動，產生很大的影響。

一五八三年，利瑪竇（Matteo Ricci）來到中國，以精湛的數學、天文知識，以及對中國經典的通曉，在晚明的中國士人之間建立良好的形象。出於探索這些新知的熱忱，徐光啟、李之藻等人不僅與他密切來往，甚至受洗。清初，湯若望（Johann Adam Schall von Bell）、南懷仁（Ferdinand Verbiest）等傳教士受康熙帝的優禮，任職宮廷，也是出於他們對天文、曆法、火砲等方面的專業知識。憑藉在士大夫之間的聲望，耶穌會的傳教事業順利地開展，據說，康熙時已有近三十萬的信眾。

然而，中、西文化的差異也帶來新問題。譬如天主教禁止偶像崇拜，與中國祭祖傳統產生扞格。利瑪竇對此曾加以調和，將祖先崇拜定位為「尊敬祖先」的世俗儀式，並無違反教義。他又以「天主」稱呼為天主教的「神」（拉丁文：Deus），並指「上帝」概念早已存在於中國上古文獻。

這些「華化」的嘗試在後來引起多方爭議，羅馬教廷終於介入。一七〇四年，教宗禁止中國教徒實行中國禮儀。終使純粹宗教的禮儀之爭，演變為清帝國和教廷間的政教之爭，致使康熙末年決議禁教。此後直到十九世紀中葉，天主教在中國只能以「地下」的方式存在，也中斷了長期的文化交流。

（二）中西文化交流與其局限

透過耶穌會，中國與西歐文明在一個多世紀間，展開了豐富的文化交流。許多西方的自然科學知識被引介到中國來，而許多中國典籍也隨傳教士流到歐洲學者的眼前。但由於交流有著許多局限，雙方關注焦點也不同，西方新知並未深入到中國價值與知識體系的核心。

例如，明清時期大多數中國人並不將自鳴鐘視為西方科技的代表，而是可展現身分的「裝飾品」；西洋畫的透視畫法或天主教義都只能在傳統的框架內被重新詮釋，甚至僅止於補充效用。

至於在西方，對中國典籍的認識則導致對自身文明的反省。十八世紀的歐洲，有的學者讚嘆：儒家能夠不藉助宗教而理性地管理國家，藉以抨擊教會；有的則從通過抨擊中國的專制來反思和界定基督教文明。但是，許多討論往往投射太多的主觀色彩，中國只是成為思考歐洲的工具，形象既刻板且單一，並非為認識的對象。

明清時期的耶穌會

| 源起 | → | 16世紀，受到新教的衝擊，天主教遂有羅耀拉成立「耶穌會」。 |

主要傳教者

利瑪竇 → 1583年，以精湛的數學、天文知識，以及對中國經典的通曉，在中國士人之間建立良好的形象。

湯若望、南懷仁等傳教士 → 出於他們對天文、曆法、火砲等方面的專業知識，受康熙帝的優禮，任職宮廷。

耶穌會東來

受洗者 → 徐光啟、李之藻等人。

傳教過程 → 中、西文化的差異帶來新問題。譬如天主教禁止偶像崇拜，與中國祭祖傳統產生扞格。

結果 → 1704年，教宗禁止中國教徒實行中國禮儀。康熙末年決議禁教。

中西文化交流 → 透過耶穌會，中國與西歐文明展開文化交流。

交流的局限 → 西方新知並未深入到中國價值與知識體系的核心。

缺乏彼此善意的互動，成為東西文明問題的開始。

★傳教士參與圓明園內西洋建築群的設計與建造

在英法聯軍和庚子拳亂時被燒毀的皇家花園——圓明園，其中也有傳教士共同參與設計和建造。該園的海晏堂，即是模仿西洋樓所建造之歐式宮苑，占地約六‧七萬平方公尺，設計者是傳教士郎世寧（J. Castiglione）、王致誠、蔣友仁（P. Michel Benoit）等人。園林景區呈東西軸線布局，自東向西依次有線法牆、方河、線法山、遠瀛觀（中軸）、海晏堂、方外觀、諧奇趣、養雀籠、蓄水樓、萬花陣和大水法、觀水法等噴泉。在建築、環境和式樣上採用巴洛克（Barroque）風格，而裝飾細節上則具有東方神韻。

第 **7** 章
走向世界之林的中國

● 章節體系架構 ▼

UNIT **7-1**
鴉片問題

圖解中國史

（一）鴉片問題

鴉片（或稱「阿片」，opium），俗稱「大煙」、「阿芙蓉」（阿拉伯語：Afy'm）或「福壽膏」，屬於天然麻醉抑製劑。在醫學上，鴉片經常作為麻醉性的鎮痛藥；在非科學研究或非醫用時，則被歸類於毒品。中國歷史上有關鴉片的記載，始於唐德宗時期，最初僅供藥用。直到明神宗時，葡萄牙商人自印度輸入，中國人才有吸食的風氣。但乾隆末年，英國人為求海外殖民，開始在印度種植罌粟，提煉鴉片；又為求貿易收入與彌補逆差，於是盡量將之輸入中國，造成吸食者日眾。

一七二九年，雍正皇帝下令禁止鴉片；而嘉慶皇帝也重申禁令，嚴禁入口，然愈禁愈盛，沿海奸商與英商勾結，祕密轉銷，輸入反倒增加；直到道光皇帝時，進口量激增至二萬八千餘箱。清廷眼見問題嚴重，開始取締人民吸食，並命林則徐為欽差大臣，前往廣東辦理查禁工作。

一八三九年，林則徐先迫令英商交出鴉片二萬餘箱，悉數焚毀；然後聲令各國商船具結，言明以後如違法挾帶，船貨充公，人即正法。葡萄牙、美國等商人紛紛簽字，惟英國不肯。林則徐乃下令斷絕英商的供給，英領事義律（Captain Charles Elliot）表示抗議。不久，因英國水手毆死中國村民，林氏遂下令驅逐英人，中英兩國關係達到前所未有的緊張狀態。

（二）戰敗及不平等條約的開始

終於至一八四〇年時，英國政府派遣軍隊四千人、船艦數十艘，在懿律（George Elliot）率領下前來遠東。至廣東，因林則徐嚴加戒備，英軍遂不得逞；於是北上，攻陷定海，繼而進兵至大沽河口，道光皇帝乃革林則徐職，派琦善赴廣東進行和議。嗣後英人提出要求賠償、割讓土地，為中國所不允，於是屢戰屢和，清廷終歸對海洋作戰方式不夠熟悉，導致接連戰敗，最後被迫與英人媾和。

一八四二年，中、英兩國在南京簽訂條約，其中重要的規定如下：❶中國政府賠款二千一百萬元，限四年交清；❷開廣州、廈門、福州、寧波、上海為通商港口，許英人自由居住貿易，英國並得派領事居住其地；❸香港割讓與英國；❹廢止行商制度；❺中國公布公平的稅率，販入內地的英貨，不得加稅；❻兩國公文往來，均用平等格式。隔年，又與英國在虎門簽訂條約，協定關稅、治外法權、租界與最惠國待遇等不平等條約，自此濫觴。

從條約內容看，不難想見鴉片問題開啟清帝國對「海禁」的老問題。簡言之，為了向外進行商業貿易，歐美列強幾乎想盡辦法來進行擴張；面對著海權國家的殖民，中國並不了解世界在工業革命後所產生的種種變化，仍自命為「天朝」，謹守朝貢外交之關係。等到一連串不平等條約接踵而至，這個古老的帝國始驚覺必須重新調整步伐，學習成為世界列國的一分子。

鴉片在中國

鴉片在中國

鴉片傳入
- 鴉片的記載，始於唐德宗時期，最初僅供藥用。
- 明神宗時，葡萄牙商人從印度輸入，中國才有吸食風氣。
- 乾隆末年，英國為求貿易收入與彌補逆差，大量輸鴉片入中國，造成吸食者眾。

鴉片禁止
- 1729年，雍正皇帝下令禁止鴉片。
- 嘉慶皇帝也重申禁令，嚴禁入口。
- 道光時，開始取締人民吸食，以林則徐為欽差大臣，至廣東辦理查禁。
- 1839年林則徐焚毀鴉片，且聲令各國商船具結，嚴懲違法挾帶。

鴉片戰爭始末

林則徐

鴉片戰爭始末

鴉片戰爭
- 1840年，英國派遣懿律率領軍隊和船艦前來。
- 至廣東，因林則徐嚴加戒備，英軍遂不得逞。
- 英軍攻陷定海，進兵至大沽河口，道光皇帝派琦善進行和議。
- 屢戰屢和，清廷終歸對海洋作戰方式不夠熟悉，最後被迫與英人媾和。

南京條約

時間
- 1842年，中英兩國簽訂。

內容
- ①中國賠款二千一百萬元。
- ②開廣州、廈門、福州、寧波、上海為通商港口，許英人自由居住貿易，並得派領事居住其地。
- ③香港割讓與英國。
- ④廢止行商制度。
- ⑤公布公平稅率，販入內地英貨，不得加稅。
- ⑥兩國公文往來，均用平等格式。

意義
- 工業革命後，中國仍自命為「天朝」，等到一連串不平等條約接踵而至，始驚覺必須學習成為世界列國的一分子。

UNIT **7-2**
師夷之長技以制夷

圖解中國史

（一）有識之士的富強主張

鴉片戰爭的結果，是一向自命為「天朝大國」之中國，被素來蔑視之「英夷」所戰敗，並進而締結了不平等的條約，使清廷蒙受前所未有之奇恥大辱。然而，當時能夠真正體察外交失敗原因，甚至願意接受教訓的人，為數極少。對此稍有認識者為林則徐、魏源和梁廷柟等人，他們多半是戍守海疆的吏臣或幕僚。

譬如林則徐，他反對封關禁海，明瞭中國已不能再返回鎖國孤立時代；儘管林氏主張嚴厲禁菸，卻不願與英國作戰，亦不主張停止和英國通商。此外，林則徐甚至在擔任欽差大臣的期間，命人翻譯澳門、新加坡、印度等地報紙，積累材料，編成《四洲志》，以及外人對中國之議論（如《華事夷言要錄》），敘述各國歷史、疆域、政治、法律等情況。

湖南邵陽人魏源，則是另一位代表。他是林則徐的好友，曾任其幕僚，並根據《四洲志》及歷代史志輿地等書籍，加上外國紀錄，撰成《海國圖志》一書。該書乃講述外國情形一破天荒之鉅著，其中包括四部分：一是敘述西洋、南洋和東洋各國歷史、地理及其當時最近的政治情形。二是敘述鑄造和使用西洋大砲之方法。三是敘述製造西洋輪船和水雷，以及各種西洋實用技藝之方法。四是輯錄當時朝野人士和魏源本人應付西洋各國之方略。《海國圖志》的序言上講到自己編書的動機，是「師夷之長技以制夷」。這句話雖然只是當時少數具有洞識者之言論，卻影響到後來清帝國的外交政策和命運。

（二）「洋務運動」的繼承

一八五六到一八六〇年間，發生兩次英法聯軍，清廷簽訂天津條約，而京師一度陷落、皇家圓明園被焚燒，其中創傷之痛，遂使「洋務」被清廷所重視。恭親王奕訢、大學士文祥等人，主張用和平方法，將中、西的關係納入正規。於是參酌辦理通商善後章程，擬請京師設立「總理各國事務衙門」，以專責成。洋務運動基本上繼承魏源以來對外的原則及方針：學習西方先進技術之長處，然後通過這些技術以抵抗西方列強入侵。

「師夷之長技以制夷」僅對製造層面而言，向西方學習軍事技術。所謂「師夷」，便是向西方學習。其實這一觀點，與數千年來高高在上的天朝觀念完全不同，在當時毋寧是要冒著很大的政治危險。但無論如何，「以中國學問為根本」，一直是一八九〇年代以前最主要的理論根據。譬如，一八六四年李鴻章曾說：「中國欲自強，則莫如學習外國利器……師其法不必盡用其人，欲覓製器之器與製器之人，則或設一科取士，士終身懸以為富貴功名之鵠，則業可成，藝可精，而才亦可集。」如此的用人觀念，始終為洋務推行的依據，且想法長達近五十年之久。

師夷之長技以制夷

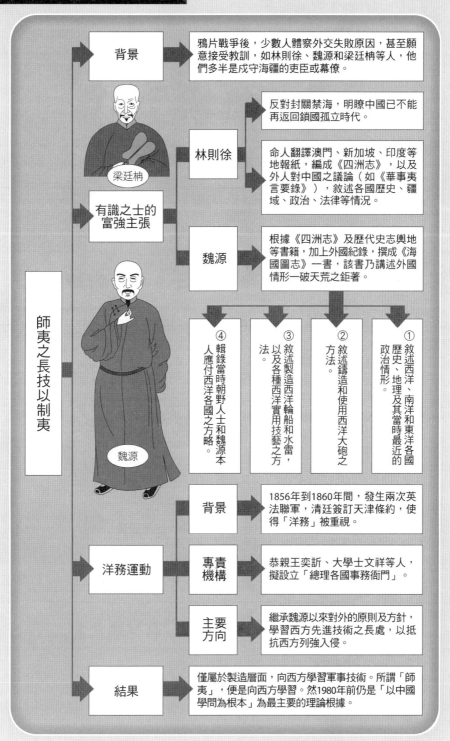

師夷之長技以制夷

背景 → 鴉片戰爭後，少數人體察外交失敗原因，甚至願意接受教訓，如林則徐、魏源和梁廷枏等人，他們多半是戍守海疆的吏臣或幕僚。

有識之士的富強主張

梁廷枏

林則徐 → 反對封關禁海，明瞭中國已不能再返回鎖國孤立時代。

林則徐 → 命人翻譯澳門、新加坡、印度等地報紙，編成《四洲志》，以及外人對中國之議論（如《華事夷言要錄》），敘述各國歷史、疆域、政治、法律等情況。

魏源 → 根據《四洲志》及歷代史志輿地等書籍，加上外國紀錄，撰成《海國圖志》一書，該書乃講述外國情形一破天荒之鉅著。

魏源

④ 輯錄當時朝野人士和魏源本人應付西洋各國之方略。

③ 敘述製造西洋輪船和水雷，以及各種西洋實用技藝之方法。

② 敘述鑄造和使用西洋大砲之方法。

① 敘述西洋、南洋和東洋各國歷史、地理及其當時最近的政治情形。

洋務運動

背景 → 1856年到1860年間，發生兩次英法聯軍，清廷簽訂天津條約，使得「洋務」被重視。

專責機構 → 恭親王奕訢、大學士文祥等人，擬設立「總理各國事務衙門」。

主要方向 → 繼承魏源以來對外的原則及方針，學習西方先進技術之長處，以抵抗西方列強入侵。

結果 → 僅屬於製造層面，向西方學習軍事技術。所謂「師夷」，便是向西方學習。然1980年前仍是「以中國學問為根本」為最主要的理論根據。

UNIT 7-3 租界

圖解中國史

（一）列強侵略中國的產物

租界是鴉片戰爭後，列強向世界殖民與侵略中國的產物。在東亞地區的日本和朝鮮，則以「居留地」稱之。租界的出現與西方列強要求通商貿易有關；以中國而言，本來清代乾隆年間，僅開放廣州一地，規定洋商不得同華商直接貿易，必須與指定的十三家行商從事貿易活動。而洋商到廣州後，要住在「夷館」（即商館），同時活動受到嚴格限制。然而，一八四○年鴉片戰爭起，外國人生活也隨之發生變化，即租界在中國口岸的設立。

一八四二年八月，中英簽訂《南京條約》，隨即第二年雙方又訂立《五口通商章程》及善後條款。按照條約規定，英國人在中國的通商、居住權，由廣州一地擴大到福州、廈門、寧波和上海共五處，並享有「領事裁判權」（即英人在中國犯罪，不能由中國片面審判，要由英國「發給管事官照辦」。）

在享有各種特權之際，一八四五年十一月，上海道臺與英國領事簽定《上海租地章程》。由此表明第一塊租界在中國土地上正式建立，之後各國列強紛紛效尤，於各地陸續設置，著名的有大連、天津、青島、廈門、鎮江、廣州、漢口等。其最主要特點是內部自治管理，並不由租借國派遣總督，而是成立市政管理機構──「工部局」，負責擔任市政、稅務、警務、工務、交通、衛生、公用事業、教育、宣傳等職能，兼有西方城市議會和市政廳的雙重地位。

（二）國中之國

租界的出現，讓西方列強得以形成據點，將影響力擴大至中國內地。這一新興的城市，改變了中國原有的樣貌：❶它製造了許多謀生機會，使得內地廣大農村的貧民與流民，還有不乏攜帶財富而來的富商大賈、士紳土豪開始湧入；❷食、住、行、娛樂等層面也隨著洋人生活形態的引入而出現改變；❸除了日常生活外，某些制度性的組織也產生新的變化，譬如郵政事業、房屋保險等；❹更重要的是警察行政和司法審判，本來在中國境內由當地負責，現則交由雙方各自審理。如此造成洋人得以組織武裝部隊，又涉及華洋犯罪情事，需由雙方各自派人負責審理，形成中國主權無從在領土內伸張，租界變成「國中之國」的特殊地域。

雖然租界係一「不平等」條約下的產物，但因經濟發展吸引了許多上層社會民眾定居、消費。像是上海，被時人稱之為「十里洋場」，很快成為租界獨特的代名詞。由於不受中國法律管束，租界出現大量不符中國人傳統思維的事物，並且隨處可見。它代表帝國主義對中國壓迫的「恥辱」，也是現代化的「早產兒」，一直有著正反兩面雙重的評價。由於作為主權喪失的象徵，民國政府成立後積極欲收回租界，直到一九二七年才陸續完成。

小博士解說

在中國被迫開港後十五年，日本江戶幕府也與美、英、法、荷、俄簽訂條約，被迫開放長崎、橫濱、神戶、新潟、函館五處港口。此後十年間，紛紛在五處港口和東京、大阪陸續開埠，設立外國人居留地。但明治維新之後，日本全力追求西化，將居留地中的領事裁判權、治外法權的問題視為不平等條約，要求改正。終於在一八九九年，全部廢除這些外國人居留地。

列強侵略中國的產物

背景 ➤ 為鴉片戰爭後，列強向世界殖民與侵略中國的產物。在東亞地區的日本和朝鮮，則以「居留地」稱之。

鴉片戰爭前 ➤ 僅開放廣州為通商口岸，規定洋商不得同華商直接貿易，必須到指定的十三家商行從事貿易活動。

租界正式建立 ➤ 1842年8月，中英簽訂《南京條約》，隨即又訂立《五口通商章程》及善後條款。按照規定，英國人在中國的通商、居住權，由廣州一地擴大到福州、廈門、寧波和上海共五處，並享有「領事裁判權」。

➤ 1845年11月，上海道臺與英國領事簽定《上海租地章程》。由此表明第一塊租界在中國土地上正式建立。

➤ 內部自治管理，成立市政管理機構——「工部局」，兼西方城市議會和市政廳的雙重地位。

租界

國中之國 ➤ ① 製造謀生機會，使農村貧民與流民，及攜財富而來的富商大賈、士紳土豪湧入。

➤ ② 食、住、行、娛樂等層面隨著洋人生活形態的引入而出現改變。

➤ ③ 某些制度性的組織也產生新的變化，譬如郵政事業、房屋保險等。

➤ ④ 警察行政和司法審判交由中、西各自審理。

➤ 租界繁榮的經濟發展，吸引了許多上層社會民眾去定居、消費。

評價 ➤ 由於不受中國法律管束，出現大量不符中國人傳統思維的事物，並且隨處可見。

➤ 代表帝國主義對中國壓迫的「恥辱」，也是現代化的「早產兒」，有正負兩面評價。

UNIT **7-4**
拜上帝會與太平天國

圖解中國史

（一）洪秀全與太平天國的興起

清帝國自嘉慶以後，盛極而衰，官僚體系逐漸僵化，開始與社會脫節，致使國內變亂不已。無論兩廣的天地會、湖南的白蓮教，均造成地方社會不安，撼動一時。到了咸豐年間，由洪秀全所建立的太平天國，甚至對清廷的統治基礎造成嚴重挑戰，前後持續十五年，戰禍遍及十八省。這場動亂同時也是清代規模最大、時間最長的一次內亂。

洪秀全是廣東人，因屢試不中而憤世嫉俗。一八三七年，洪氏再度落第，為此大病一個多月。那年在廣州應試時，他曾讀到一本基督宣教小冊子《勸世良言》，於是多次科場失意的不滿情緒，融合新的宗教觀念，終於在病中激盪成神祕體驗的幻覺。醒來後，洪氏對外宣稱，上帝接他升天，命令他下凡斬妖除魔，拯救世人。為了實踐「天啟」，繼而洪秀全創立「拜上帝會」，除上帝外，不拜他神，凡入會者，男稱兄弟，女稱姊妹，且沒有尊卑等差。

由於當時廣西境內發生饑荒，四境騷動，因此依附「拜上帝會」者甚眾。一八五〇年，洪秀全起事於桂平縣金田村，部眾皆蓄長髮，服明代衣冠，隔年建號「太平天國」。接著太平軍從廣西一路向北，進入兩湖，然後沿長江東下，最後攻陷江寧（今南京），定為國都，改稱天京。

在太平天國裡，洪氏糅合了自己理解的基督教義與民間教派的社會想像，制訂了新制度。儘管實施上並不徹底，但精神卻與過去的「叛亂」頗有不同。例如：❶土地以公有為原則，按人口分配，剩餘歸公；❷男女平等，禁止販奴、蓄妾、賣娼、纏足等陋俗，女子也能參加考試任官；❸禁吸鴉片，違者處死；❹鰥寡孤獨及幼弱者，由國家維持生活。

（二）太平天國的失策與敗亡

太平軍初起，軍紀尚稱嚴明，以消滅滿清、解救人民為號召。這些相當吸引基層百姓，故附之甚眾；而列強各國也因其基督教背景，寄予期待。在一片情勢看好下，清廷極為危殆。然而，太平天國起自宗教，以神權治國，不斷上演天父、天兄下凡等荒誕戲碼，朝政難有條理。同時他們排斥儒家經典，更為士紳菁英所不容。此外，以上帝之名焚毀廟宇神像，否定民間信仰，又讓他們失去基層百姓的向心力。面對如此困境，諸王不能有所作為，反而彼此內訌，終於走上敗亡之路。

在這過程中，值得注意的是地方團練武力的興起。由於帝國承平已久，八旗與綠營皆不能戰。湖南人曾國藩以在籍侍郎響應清廷，督辦團練，號稱「湘軍」。他代表傳統的漢人士大夫集團，號召維持文教，迅速獲得各方支持，與太平軍對抗。由於戰爭所需，清帝國原本高度中央集權的體制，不得不有所更張，終使曾氏與胡林翼、李鴻章、左宗棠等人，獲得獨立節制軍事、行政、乃至地方財政的權力，形成一股新銳而有戰鬥力的組織。一八六四年南京陷落，洪秀全也隨之自殺，太平天國至此滅亡，而清帝國也進入新的政治階段。

太平天國始末

洪秀全

太平天國

歷史定位
- 對清廷的統治基礎造成嚴重挑戰，前後持續十五年，戰禍遍及十八省。
- 這場動亂同時也是清代規模最大、時間最長的一次內亂。

建立者
- 廣東人洪秀全，因屢試不中而憤世嫉俗。
- 1837年，洪秀全讀到一本基督宣教小冊子《勸世良言》，科場失意融合新的宗教觀念。
- 創立「拜上帝會」，除上帝外，不拜他神。凡入會者，男稱兄弟，女稱姊妹，且沒有尊卑等差。

創建
- 背景
  廣西境內發生飢荒，四境騷動。
- 興起
  ①1850年，起事於桂平縣，建號「太平天國」。
  ②從廣西一路向北，最後攻陷江寧（今南京），定為國都，改稱天京。

制度
- ① 土地與以公有為原則，按人口分配，剩餘歸公。
- ② 男女平等，禁止販奴、蓄妾、賣娼、纏足等陋俗，女子也能參加考試任官。
- ③ 禁吸鴉片，違者處死。
- ④ 鰥寡孤獨及幼弱者，由國家維持生活。

走向敗亡
- 起自宗教，以神權治國，不斷上演天父、天兄下凡等荒誕戲碼，朝政難有條理。
- 排斥儒家經典，為士紳菁英所不容。
- 以上帝之名焚毀廟宇神像，否定民間信仰，失去基層百姓的向心力。

影響
- 地方團練武力的興起。
- 曾國藩督辦團練，號稱「湘軍」。他代表傳統士大夫集團，號召維持文教，與太平軍對抗。
- 曾氏與胡林翼、李鴻章、左宗棠等人，形成一股新銳而有戰鬥力的組織。

UNIT 7-5
同治中興

圖解中國史

清同治年間，第二次英法聯軍之役與太平天國之亂依次暫告解決，無論對外或對內，因此獲得一段休養生息的時間，史稱「同治中興」。平定太平天國的湘、淮軍諸將領，均受朝廷冊封為督撫大臣等職，與中央一同維持並重振了帝國的統治。此一新的體制，對內試圖整頓官僚集團，對外則推展「洋務運動」，以面對西方的挑戰，但終究未能造成根本的變革。

（一）督撫分權的新局面

清帝國由於中央集權，（總）督（巡）撫上受制於皇帝及監督執行的六部，下則有提鎮、藩臬等官員分權，因此只能循章辦事，奉命唯謹。但在平定太平天國時，因為戰爭之需，部分督撫大臣得以越權獨斷軍事、行政、財政，形成地方分權的局面。等到亂事結束，戰時體制既建，督撫、地方士紳的私利，乃至各省公利業已緊密結合，積重難返。

為了解決這樣的問題，清廷於是利用督撫之間的各種矛盾相互制約，以達分而治之的目的。簡單地說，朝廷憑藉著統治的正當性，運用中央的權威，將這些崛起於戰爭的大臣，納入到正途出身的官僚體系中，以確保帝國的延續。通過保有官員選拔與任免的權力，清廷依舊控制兩江或湖廣總督的人事。如此一來，督撫儘管能夠進行田賦和釐金等地方稅收，但朝廷仍能有效調動這些財政收入；一旦督撫未能如期將賦稅上繳，便可能面臨隨時解除職務的風險。是以，督撫雖有部分的分權，卻不致成為民國初年的軍閥，足以擁有獨立的王國。

（二）傳統文化限度內的變革

「同治中興」時期的多數官員，仍傾向舊有體制內整頓，而非徹底的改革。因此，有識之士察覺到制度僵化，造成與現實脫節。例如馮桂芬的《校邠廬抗議》一書，指陳各種政治弊端，像官員薪資過低、行政程序繁複、胥吏位卑而富有、捐官過多及攤派不公等，導致官僚體系的腐敗。然而，馮氏的見解雖為時人所共認，卻無法撼動統治既有的基礎。許多督撫依循舊例，資助本地書院，以「提倡理學」為宗旨，增進當地士人的修養與氣節，而非因應新的現實變局。

在中興的元勳曾國藩身上，便體現了這一時代的矛盾與複雜。在戰爭期間從事改革之經驗使他相信：既存之政治體制已根深柢固，且取得神聖的權威，徹底地變革反而會造成更大的混亂。曾氏〈聖哲畫像記〉所描繪的人物，還是傳統框架裡那些優秀的、兼具道德操守與行政才幹的人。儘管面對西方的挑戰，固有思維仍然無可動搖，成為改革的基石和限制，因此到了同治末年曾氏死去之時，隨著局勢日益地穩定，清帝國的官僚體系逐漸恢復舊觀，不復進取之心。在這意義上，「同治中興」可視為中國傳統政治制度的最後一次努力，以表面上的安泰，延緩了徹底變革的要求。至於帝國的危機，仍在不遠的未來等待著。

同治變革新局面

定義	第二次英法聯軍之役與太平天國之亂依次暫告解決，無論對外或對內，均獲得一段休養生息的時間，史稱「同治中興」。

同治中興

督府分權

背景：平定太平天國時，因戰爭之需，部分督撫大臣得以獨斷軍事、行政、財政，形成地方分權的局面。

解決方法：

①朝廷憑藉統治正當性，運用中央權威，將崛起於戰爭的大臣，納入正途出身的官僚體系中，以確保帝國的延續。

②通過保有官員選拔與任免的權力，清廷依舊控制兩江或湖廣總督的人事。

權宜：督撫雖有部分的分權，卻不致成為民國初年的軍閥。

傳統文化限度內的變革

因循：許多督撫依循舊例，資助本地書院，以提倡理學為宗旨，增進士人修養與氣節，而非因應新的現實變局。

有識之士：馮桂芬的《校邠廬抗議》一書，指陳各種政治弊端。但見解無法撼動統治既有的基礎。

時代矛盾：曾氏〈聖哲畫像記〉中所描繪的人物，還是傳統框架裡那些優秀的、兼具道德操守與行政才幹的人。

面對西方的挑戰，固有思維仍然無可動搖，成為改革的基石和限制。

歷史意義：可視為中國傳統政治制度的最後一次努力，以表面上的安泰，延緩徹底變革的要求。

UNIT 7-6
曾國藩

圖解中國史

（一）學術思想與世界觀

晚清士大夫面對搖搖欲墜的時局，試圖在既有的傳統框架中，尋求力挽狂瀾的方法，曾國藩便是其中最重要的一位。他在學術思想與政治軍事兩方面都有著重要的影響。曾氏被稱為「理學名臣」，強調理學與經世合一，重新解釋義理、辭章、考據、經濟四者之間的關係，再現了傳統儒學「內聖外王」的理想。原來清帝國建立之初，主要以程朱理學作為官方學說的價值體系，然而在太平天國之亂期間卻遭受到嚴重的打擊。通過曾國藩等中興名臣的強調與重整，結合經世致用的面向，形成了一種名教（中學）為體、經世（西學）為用的思想，奠定此後半世紀文化保守主義的政治理論基礎。

曾國藩的世界觀，來自理學萬物皆合於其位的宇宙體系，亦即傳統倫理中的價值秩序。他認為：每個人在世界上具有自己的本分，故在社會的階序中，應該根據自己的位置，盡一己之義務，並由此推展到家庭與國家等人際網絡。因此，面對帝國的危機，曾氏重申「倫紀綱常」的重要，倘若一旦忽視，「其極可以亂天下，不至率獸食人不止」。

基於此，對曾國藩而言，內在修身尤為外在政事的基礎。在修身上，他提出一種道德嚴格主義，強調日常生活中的自我鍛鍊，包括早起、練習書法、閱讀經史、以日記自我反省等。進而由內向外，在政事方面注重人治而非法治，強調以道德修養帶動社會風氣的轉移。至於理學們強調「內外」、「體用」之分，曾氏則認為帝國在「體」（文化秩序與社會體制）的理想上不需更張，而是在「用」的方面加以改變，重要的是讓篤實踐履之士擔起國家的重任，落實理念。

（二）湘軍：理想的實踐與中挫

一八五三年，曾國藩奉命幫辦湖南團練，從而將他的文化理想搬上歷史舞臺。像是目睹當時湖南軍隊與行政的腐敗，曾氏痛陳百廢待舉，唯有改變官場惡習，才能挽回民心。他為湘軍建立新的軍事組織，重視選取人才來運轉這些行政體系。曾國藩的理想是引用既廉且能的「正人」。譬如選擇文武官員時，他重用受過儒家文化教育的將領；至於招募士兵，則選取來自純樸的農家子弟。曾的理念得到羅澤南、胡林翼等人所支持。

隨著湘軍規模日益擴大，軍官的選用必須降低道德標準，甚至對下層官兵之所作所為視而不見，以保持軍隊的有效運作。原來儒將合一的理念不易實踐，軍官在戰爭中凋零，取而代之的是行伍出身的軍官，使得湘軍最初淳良的軍紀不復存在。所以，曾氏只能無奈地表示：我不能嚴禁他人予取予求，但只求自己不苟取，以此作風勸示下屬，報答聖君恩惠。

歷經十餘年的奮戰終於平定太平天國，清帝國的政治秩序重新恢復，可是曾國藩的理想卻終告失落，也預示中國士大夫在傳統價值體系內部尋求解答的限制。

學術思想與世界觀

曾國藩

學術思想

→ 被稱為「理學名臣」，強調理學與經世合一，重新解釋義理、辭章、考據、經濟四者關係，再現傳統儒學「內聖外王」的理想。

→ 結合經世致用的面向，奠定此後半世紀文化保守主義政治的理論基礎。

名教（中學）為體、經世（西學）為用

→ 內在修身為外在政事的基礎。提出一種道德嚴格主義，強調以道德修養帶動社會風氣的轉移。

→ 帝國在「體」的理想上不需更張，而是在「用」的方面加以改變，讓篤實踐履之士擔起國家的重任。

世界觀

→ 理學萬物皆合於其位的宇宙體系，亦即傳統倫理中的價值秩序。

湘軍的成立

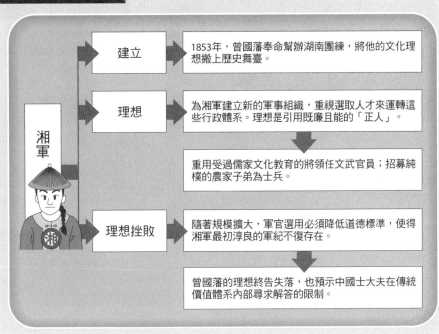

湘軍

建立

→ 1853年，曾國藩奉命幫辦湖南團練，將他的文化理想搬上歷史舞臺。

理想

→ 為湘軍建立新的軍事組織，重視選取人才來運轉這些行政體系。理想是引用既廉且能的「正人」。

→ 重用受過儒家文化教育的將領任文武官員；招募純樸的農家子弟為士兵。

理想挫敗

→ 隨著規模擴大，軍官選用必須降低道德標準，使得湘軍最初淳良的軍紀不復存在。

→ 曾國藩的理想終告失落，也預示中國士大夫在傳統價值體系內部尋求解答的限制。

UNIT 7-7
從朝貢到條約的外交關係

圖解中國史

（一）當朝貢與條約體系相遇時

　　朝貢體系起於先秦的畿服制度，最初帶有部落聯盟的色彩，經由周代予以倫理體系化，形成了華夏與四夷的關係和構想。秦代以後，中國成為東亞最強大的中央集權帝國，歷代王朝一方面考量自身國勢的實力，推行現實外交；一方面則在權威能力所及之處，將周遭各國納入以中國為中心的階序體系。在此一體系裡，中國並非其中的一部分，而是成為文明代表的「中央之國」，且位於世界政治秩序的中心。該體系大致到明代時發展完備，並以禮儀的臣服、朝貢式的貿易開展與各國之間的互動。其中更著重的是文化象徵，而非實際的貿易利益。

　　相較於此，歐洲歷史卻有截然不同的發展。一六四八年，各國在經歷三十年宗教戰爭之後，於《威斯特伐利亞和約》（Peace of Westphalia）中確立以自主平等外交為原則的條約體系。在此體系下，各國之間必須互派常駐使節，確立固定的官方溝通管道，並伴隨著西歐資本主義的興起，保障彼此的貿易流通。然而條約體系在中國尚未得到認可，故中國僅是敷衍了事。如清代前期，洋商只能以廣州公行專賣制度的方式被安置。但到了十九世紀，挾帶工業革命後大量生產商品而來的歐洲各國，要求的是開放且自由的市場，這意味著中國必須進入條約體系的遊戲規則裡，不再是以往的方式可滿足的。

（二）兩種理解世界的方式相互碰撞

　　於是，這一次的相遇，不只是各種雙方往來細節的技術問題，而是理解世界的兩種方式之碰撞，亦即文化的衝突。這使得中西之間產生許多誤解，一七九三年英國派遣馬戛爾尼（Lord Macartney）出使北京便係一著名的例子。中國方面並未嘗試去了解英國與條約體系背後的文化，只是反覆提出朝貢體系下禮儀的要求；同樣，英國使節團也不能明白朝貢體系的意義，使得雙方失去了在和平中建立外交關係的可能。在彼此缺乏理解的意圖下，進一步導致半個世紀後的鴉片戰爭。

　　鴉片戰爭的失利，固然使得部分中國官員開始引介西方的地理知識，但仍只是個開端。嗣後自強運動、甲午戰爭，才逐步讓中國士人開始領悟到中國在世界上的位置；同時隨著時勢演變，不得不採取條約體系的眼光。他們發現：自身所處的時代，更像是先秦的列國之世；並試圖從《萬國公法》等著作中，尋求彼此能夠互相認可的精神，特別是其中強調各國平等獨立的特質。

　　新一代的中國知識階層，對西方帶著既欽慕又妒恨的心理。列強各國表面上提出平等原則，可是私底下卻仍遵行現實外交的政策。在條約體系中處於弱勢位置的中國，實際上並不被看作是一個平等對待的國家。因而這樣的條約外交體系，毋寧也是帝國主義框架下的體系。此外，如何使得中國富強，成為與列強們平起平坐的國家，便成為縈繞在人們心頭的重要課題了。

朝貢與條約的外交關係

朝貢與條約體系

朝貢體系的演變

起於先秦的畿服制度，最初帶有部落聯盟的色彩，經由周代予以倫理體系化，形成了華夏與四夷的關係和構想。

秦後，中國成為東亞最強大的中央集權帝國，歷代王朝一方面推行現實外交；一方面將周遭各國納入以中國為中心的階序體系。

中國為文明代表的「中央之國」，且位於世界政治秩序的中心。

到明代發展完備，並以禮儀的臣服、朝貢式貿易開展與各國之間的互動。

條約體系的形成

1648年，各國經歷三十年宗教戰爭之後，於《威斯特伐利亞和約》中確立自主平等外交為原則的條約體系。

各國必須互派常駐使節，確立固定的官方溝通管道，保障彼此的貿易流通。

兩種世界的碰撞

十九世紀，歐洲各國要求開放市場，這意味著中國必須進入條約體系裡。

不只是各種雙方往來細節的技術問題，而是理解世界的兩種方式之碰撞，亦即文化的衝突。

1793年英國派遣馬戛爾尼出使北京。在雙方對朝貢體系的了解不同下，使得雙方失去在和平中建立外交關係的可能，進一步導致鴉片戰爭。

不平等的「平等原則」

列強各國提出平等原則，私底下卻遵行現實外交的政策。中國並不被看作是一個平等對待的國家。

UNIT **7-8**
世變期間的動亂

圖解中國史

（一）捻亂、苗亂與回亂

十九世紀中葉，除了席捲半個帝國的太平天國之亂外，隨著清帝國行政體系末梢的失靈，各地也發生了許多小規模的亂事。這些「民變」多半根植於地方社會為基礎，並無建立全國範圍新政權的企圖；但在太平軍勢力極盛時，也一度相互呼應，使得局面更難收拾。捻亂、苗亂與回亂便是其中的代表。

嘉慶年間，白蓮教之亂平定後，遺留下許多流離失所的民眾。他們回到故里，無以維生，便淪為小股匪幫，被稱為「捻」。在今日淮北一帶，包括江蘇、安徽、河南三省的交界，由於經常遭受水旱之患，加以土地貧瘠，便成為捻亂的溫床。經過十九世紀上半葉的發展，這些原本流竄於省界間的「捻匪」，逐漸將勢力擴張到淮北平原的聚落；甚至到十九世紀中期，已非亡命之徒的集團，而變成定居社會中豪強的工具。一八五三年，太平軍分兵北伐，「捻匪」與之呼應，是為開端，歷經十餘年才告平息。儘管捻亂對帝國政府造成的威脅並不如太平天國，但與當地的社會組織緊密結合，以親屬關係及社區間的合作網絡為基礎，形成地域社會的武裝集團，因此持續力更強，也更難以平定。

幾乎在同一時期，貴州發生苗亂，而雲南與甘陝則出現回亂，起因於邊區少數民族與漢人的衝突。這些動亂揭露出：帝國的地方官員對邊陲地帶已無力治理，尤其是不同種族之間的糾紛與摩擦，以致最後演變為苗人、回民的武裝起事。同時，也顯示面對十九世紀以降日益劇烈的社會動盪（例如人口高度增長，世界銀價波動），造成帝國素以文化體系（包括文教制度、宗族組織等）統合中央政府與地方社會、溝通連結上下的機制，業已彈性疲乏，隨時有崩解、散裂的可能。所以，地方菁英只有以武裝作為後盾，試圖在動亂中保衛自己的利益。

（二）地方社會的軍事化與其影響

長期以來，中國地方官員倚賴半官方的軍事組織——保甲制度和團練，通過當地基層士紳的領導，掌控地方社會。到了十九世紀，社會日益動亂，民變滋生，使得地方的軍事化程度不得不相應提高。國家既然無力派遣正規軍隊，只有利用地方武裝組織，派遣中、高層士紳組織更大規模的團練，同時將私人武力合法化，納入國家體制中。這就是湘軍、淮軍的社會基礎和由來。

到了同治年間，儘管動亂平息，但軍事化的地方社會很難回復原貌；這是因為地方菁英握有超出官府控制的權力，打破了官紳間的平衡，改變其政治生態。於是造成兩方面的影響：

❶地方自主意識的提高，亦即紳權上升；到了清末，進一步發展為地方自治和議會運動。

❷地方菁英的擴權，包攬社會事務，促使不肖之徒能藉機上下其手，獲取自身利益。於是權力退縮的政府，能夠介入的空間愈來愈有限；到了民國，這一社會現象更成為土豪劣紳的形象。

民變及影響

世變時期的動亂和其影響

民變

捻亂
在今日淮北一帶,由於經常遭受水旱之患,加以土地貧瘠,便成為捻亂的溫床。

十九世紀中期,已非亡命之徒的集團,變成定居社會中豪強的工具。

捻亂與當地的社會組織緊密結合,以親屬關係及社區間的合作網絡為基礎,形成地域社會的武裝集團,因此持續力更強,也更難平定。

苗亂
發生在貴州

回亂
出現於雲南與甘陝地區

起因於邊區少數民族與漢人的衝突。動亂揭露出,地方官員對不同種族之間的糾紛與摩擦無力治理。

民變的歷史定位
「民變」多半根植於地方社會,並無建立新政權的企圖;但在太平軍勢力極盛時,一度相互呼應,使得局面難以收拾。

造成帝國素以文化體系統合中央政府與地方社會、溝通連結上下的機制已彈性疲乏,隨時有崩解散裂的可能。

民變的影響
國家利用地方武裝組織,派遣組織更大的團練,同時將私人武力合法化,納入國家體制中。

地方菁英握有超出官府控制的權力,打破官紳間的平衡,改變政治生態。

①地方自主意識的提高,清末,進一步發展為地方自治和議會運動。
②地方菁英包攬社會事務,促使不肖之徒藉機獲取自身利益。

UNIT 7-9
傳教士與教案

（一）教案發生的原因

自雍正以來，清朝官方一直禁止西方傳教，到了鴉片戰爭以後，方才解除禁令。但此時傳教活動僅限於通商口岸，缺乏明文保護，所以傳教士較為謹慎，衝突並不多。咸豐年間，天津條約之訂立給予各國在內地傳教的權利，教會在華的事業開始飛躍發展，中國教徒人數迅速增加。外國傳教士憑藉治外法權的身分，利用本國的外交武力為後盾，態度也轉為傲慢。於是地方官紳、士民與教會之間，時常發生衝突，甚至釀成大規模的教案。

首先在文化心理層面，儒家思想與禮教業已根深柢固，基督教的倫理體系與世界觀不斷提出挑戰，加上教會在華事業伴隨列強的外交武力而來，每當衝突發生，地方官員即使心中不滿，卻也不得不低頭讓步。結果教會享有特殊地位，使得教士教民成為「異己」，社會因而產生對於侵略的反感心理。

其次，有關社會層面，基督教帶有濃厚的入世性格，各種活動在治外法權的保護傘之下，與既有的地方社會秩序形成分庭抗禮之勢，為地方官紳所無法接受。當時一般教民之信教，多為世俗的利害而來，超過對教義的嚮往，促使教會經常捲入世俗事務與訴訟之中，於是有「忿教民之恃勢也，忿教士之庇私也，忿教堂之愚民也」之說。雙方各執一端，以致衝突迭生，形成嚴重的社會問題。

（二）謠言與社會心理

教案發生時，多半先有謠言的散布，造成恐慌心理，一旦觸發，便釀成鄉民暴動、圍攻教會、焚毀教堂等情事。晚清教案的謠言主要分為兩類：分別是拐賣兒童和誘姦婦女。人們相信教堂會迷拐幼童，挖去心肝，加以烹食，並認為彌撒禮拜正是教士信徒們濫交姦狎的聚會。

這些指控雖非空穴來風，但卻歷經偏見的加工。前者來自教會對於中國溺殺女嬰習慣的驚訝，在各地創辦了育嬰堂；後者則肇因於教會宣揚男女信眾平等，女性也能出入教堂、參與禮拜。此後，民眾在想像教會時，往往灌輸了各種邪教的印象，於是民間拐賣兒童的犯罪活動、僧侶和道士低下的性道德形象，便被投射到教會上頭，更進一步刺激了人們的憤怒。

這些謠言往往經不起考驗，卻透露出晚清的社會心理。在內憂外患下，傳統社會秩序產生動搖，兒童、婦女乃至邊緣民眾參與教會之活動，凸顯了秩序的危機，特別是教會的外來者色彩，更加深了人們的恐懼。對他們來說，謠言提供了一個心理上的出口。與此同時，傳教士乘著帝國主義的炮艦來到中國，認為自己負有傳播信仰和文明的天命，甚至不惜以強制手段來完成目標，極少為地方民情設想。處於雙方缺乏同情的理解情形下，使得這場文化的碰撞不僅未能帶來彼此的分享與創造，反而以劇烈的衝突告終。

傳教士與教案

```
                          ┌─ 鴉片戰後 ──→ 傳教活動僅限於通商口岸，缺乏明文
                          │               保護，傳教士較為謹慎，衝突不多。
              ┌─ 發生背景 ─┤
              │           │               給予各國在內地傳教的權利，教會在華
              │           └─ 天津條約後 ─→ 的事業開始飛躍發展。外國傳教士利用
              │                           外交武力為後盾，與地方官紳、士民
              │                           時常發生衝突，甚至釀成大規模的教
              │                           案。
              │
              │           ┌─ 文化心理層面 ─→ 教會享有特殊地位，使得教士、教民
              │           │                 成為「異己」，社會因而產生對於侵
              │           │                 略的反感心理。
              ├─ 發生原因 ─┤
              │           │                 基督教帶有濃厚的入世性格，各種活
              │           └─ 社會層面 ────→ 動在治外法權下，與既有社會秩序形
              │                             成分庭抗禮之勢，以致衝突迭生，形
              │                             成嚴重的社會問題。
  晚清教案 ────┤
              │           ┌─ 謠言散布 ──→ 多半先有謠言散布，造成恐慌心理。
              │           │
              │           │        ┌──── 誘姦婦女 ────┬──── 拐賣兒童 ────┐
              │           │        │                 │
              │           │        │  肇因於教會宣揚    │  來自教會對於中
              ├─ 發生特徵 ─┤        │  男女信眾平等，    │  國溺殺女嬰習慣
              │           │        │  女性也能出入教    │  的驚訝，在各地
              │           │        │  堂，參與禮拜。    │  創辦育嬰堂。
              │           │
              │           └─ 社會心理 ─→ 晚清社會秩序產生動搖，兒童、婦女乃
              │                         至邊緣民眾參與教會的活動，凸顯了秩
              │                         序的危機，特別是教會的外來者色彩，
              │                         更加深了人們的恐懼。
              │
              └─ 結果 ─────→ 傳教士不惜以強制手段來傳播信仰和文明。在
                            雙方缺乏同情的理解情形下，使得這場文化的
                            碰撞反而以劇烈的衝突告終。
```

UNIT 7-10
自強運動

（一）自強運動的背景與內容

圖解中國史

鴉片戰爭雖敲醒清帝國的警鐘，可是對北京的朝廷而言，仍然只是遙遠的事情，並未立即感到變革的需要。直到咸豐末年，英法聯軍攻陷北京，如何尋求「自強」與「洋務」才在士大夫之間引起積極的討論。帝國的中央要員們，開始意識到來自西方的列強，不同於過去侵擾中國的四夷；它們同樣具備文明利器，甚至有超越中國之處。特別是那些在平定太平天國戰役中崛起的大臣們，如曾國藩、李鴻章、左宗棠等人，敏銳地察覺世界有所變化，深感帝國的存亡恐不在內部的叛亂，而是繫於如何因應外來的變局。

於是在一八六一年，清廷決定設立「總理各國事務衙門」，意味試著參與西方的國際體系，不再以朝貢的框架來理解外交關係。在此一風氣下，陸續推展各種以西方為例、以強兵富國為目標的措施。在清軍與太平軍的戰爭中，西方新式槍械的使用，帶給湘、淮諸將極大的震撼，因此當他們主導自強運動時，自然也就以軍事為中心。像是成立江南製造局、漢陽兵工廠、福建船政局等軍事工業，又設立開平煤礦、漢陽鐵廠、輪船招商局、電報總局等。為了能夠培育相應的軍事、工業與翻譯人才，「自強運動」設立了各種新式學校，並派遣留學生前往西方。一時之間，顯得氣象蓬勃。

（二）失敗及其原因

從同治到光緒的三十年間，中國推行「自強運動」頗具成果，北洋水師甚至被西方媒體評價為世界第八、亞洲第一的海軍艦隊。但是，隨著一八九四年甲午戰爭的爆發，北洋水師卻輕易毀於一戰，甚至敗給起步更晚的日本海軍。這使得中國士大夫開始重新反省，認為整場運動只是過度注重軍事層面；他們追究原因是：西方強盛不在於船堅炮利，而是背後的科學知識與政治制度。

事實上，甲午戰爭之前並非沒有人看到這一點。郭嵩燾與馮桂芬都曾指出：西方所以富強的緣故，不在技藝，而在善用人材與資源，使得君民上下溝通無礙，將制度與實踐合一。馮氏甚至提出了批評：中國的科舉制度範圍褊狹，難以遴選出真正的人才，呼籲對此進行全盤改革。

這些呼籲之所以沒有效果，正是「自強運動」失敗的主因。由於舊有的文化價值與制度依然根深柢固，所以洋務事業看似轟轟烈烈，在時人心中卻仍屬邊緣。是以，傳統菁英分子很少參與這些新事業，軍事現代化也僅限於技術層面，無從帶動其他領域，更不用說針對政治與社會制度進行反思。直到最後，「自強」成為政府開支的合法藉口與掩飾官僚利益的口號。換句話說，這項效習西法的運動，終究只是在傳統中國的硬殼上留下幾許裂痕，對政治、社會、學術、文化各領域的整體反思，要等到下一個世代才會有所改變。

自強運動的背景與內容

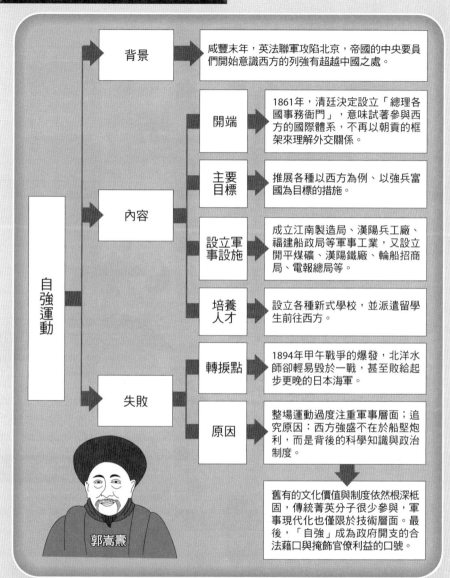

背景		咸豐末年，英法聯軍攻陷北京，帝國的中央要員們開始意識西方的列強有超越中國之處。
	開端	1861年，清廷決定設立「總理各國事務衙門」，意味試著參與西方的國際體系，不再以朝貢的框架來理解外交關係。
	主要目標	推展各種以西方為例、以強兵富國為目標的措施。
內容	設立軍事設施	成立江南製造局、漢陽兵工廠、福建船政局等軍事工業，又設立開平煤礦、漢陽鐵廠、輪船招商局、電報總局等。
	培養人才	設立各種新式學校，並派遣留學生前往西方。
	轉捩點	1894年甲午戰爭的爆發，北洋水師卻輕易毀於一戰，甚至敗給起步更晚的日本海軍。
失敗	原因	整場運動過度注重軍事層面；追究原因：西方強盛不在於船堅炮利，而是背後的科學知識與政治制度。

舊有的文化價值與制度依然根深柢固，傳統菁英分子很少參與，軍事現代化也僅限於技術層面。最後，「自強」成為政府開支的合法藉口與掩飾官僚利益的口號。

自強運動

郭嵩燾

★駐英公使郭嵩燾

談到自強運動，人們都會想到中國第一位駐英的公使郭嵩燾。他和同時期的政府要員李鴻章、沈葆楨以訴求「洋務」見稱，但不止於船堅炮利，更涉及到體制的改革，毫無避諱讚美西方之優點。由於郭嵩燾的思想過於先進，引起許多人誤解，甚至被譏為怯懦的投降主義者。然而事實最終證明：郭氏對於局勢的觀察超越了時代的限制。

UNIT **7-11**
官督商辦

圖解中國史

（一）官商合作的緣由

自強運動以學習軍事技術為目標，然而從當時中國的產業情況來說，均係無中生有，無論資金、原料、技術與人材的來源，都急需民間工商的相應部門配合。為了達到強兵和富國之目的一齊完成，李鴻章便在籌辦軍事的同時，著手進行交通、採礦、冶煉、紡織等相關民間工業。這些企業儘管帶有濃厚的官方色彩，卻不同於以往帝國的軍事工業，它們仍需面對商用市場，因而形成了所謂「官督商辦」的格局。

另就民間的角度來說，傳統中國的商業集資主要是透過個人的關係網絡（包括宗族及寺廟的集體名義）來達成。雖然契約的使用早已普及，但由於缺乏商業法律的保障，僅能依賴個人的信用背書；如果遇到糾紛，立約的雙方往往尋求公證中介人來解決，因此集資範圍十分有限。晚清中國民間的金融機構與相應法規尚未成熟，難以提供新式企業所需的巨大融資，使得「官督商辦」成為時代不得不然的產物。換句話說，經由官方作為最高的中介人，來募集民股投資，並以政府關係人的權力彌補法律的欠缺。

（二）輪船招商局的成敗與影響

一八七二年在上海所成立的「輪船招商局」（簡稱招商局），即是近代中國第一家華商股份公司，也是官督商辦的代表。招商局以買辦商人唐廷樞為總辦，盛宣懷等人為會辦，總局設在上海，分局設在天津、牛莊、煙臺、漢口、福州、廣州、香港，以及國外的橫濱、神戶、呂宋、新加坡等處，資本額共計四百二十餘萬兩。這樣的企業規模是過去難以想像的。這一劃時代的創舉，並非只是技術革新而已，更是一次商業改革；跟輪船一起來到中國的，是資本組織和經營管理等各種新式資本主義的企業。

當招商局問世時，清帝國的行政體系中並無商業部，而《大清律例》裡也沒有商法與公司法。該局的產生乃是獲得官方特許，因此導致許多規定不夠明晰。例如，當中產權的界定與轉移，包括各股東、經理人的責任及權利。特別是官方的角色，成為一把雙刃劍；一方面保護許多法律不足之處，並承包政府業務，一方面則掌控主要經營者的經營權和任免權，結果致使招商局的經營並不健全。

由於招商局像是半個政府機關，不能採行近代民間企業的靈活調度。因此半官半商的處境，使得招商局難以確保獨立的章程規制，導致人事、財務管理多有漏洞。更由於缺乏有效監管制度，導致多重身分與職務結合，淪為官場營私利藪、假公濟私甚至挪用公款的情形也就所在多有了。

儘管如此，官督商辦的體制引進了西方商業觀念，仍留下重要的影響。資本收益權、股份均一、股票自由轉讓等企業性質，逐漸得到重視和保障；而西方有關公司公開帳目的習慣與新式會計的方法，也逐漸得到中國商人的了解和認識。直到甲午戰敗，這些企業多化整為零，隨著新式商業法律的制訂，開始蓬勃發展。

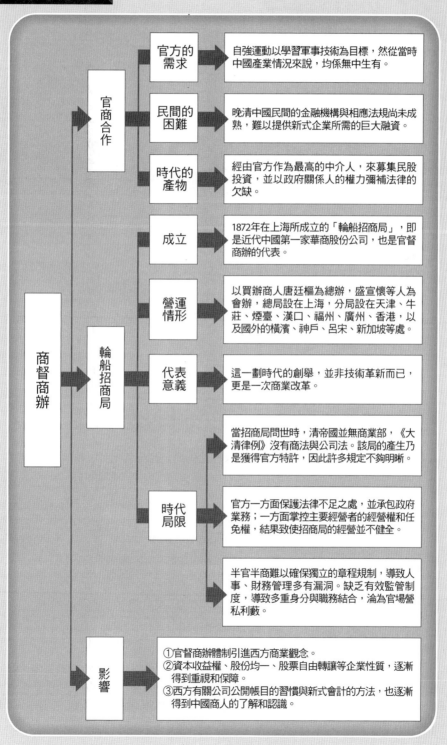

	官方的 需求	自強運動以學習軍事技術為目標,然從當時 中國產業情況來說,均係無中生有。
官商合作	民間的 困難	晚清中國民間的金融機構與相應法規尚未成 熟,難以提供新式企業所需的巨大融資。
	時代的 產物	經由官方作為最高的中介人,來募集民股 投資,並以政府關係人的權力彌補法律的 欠缺。
	成立	1872年在上海所成立的「輪船招商局」,即 是近代中國第一家華商股份公司,也是官督 商辦的代表。
輪船 招商局	營運 情形	以買辦商人唐廷樞為總辦,盛宣懷等人為 會辦,總局設在上海,分局設在天津、牛 莊、煙臺、漢口、福州、廣州、香港,以 及國外的橫濱、神戶、呂宋、新加坡等處。
	代表 意義	這一劃時代的創舉,並非技術革新而已, 更是一次商業改革。
	時代 局限	當招商局問世時,清帝國並無商業部,《大 清律例》沒有商法與公司法。該局的產生乃 是獲得官方特許,因此許多規定不夠明晰。
		官方一方面保護法律不足之處,並承包政府 業務;一方面掌控主要經營者的經營權和任 免權,結果致使招商局的經營並不健全。
		半官半商難以確保獨立的章程規制,導致人 事、財務管理多有漏洞。缺乏有效監管制 度,導致多重身分與職務結合,淪為官場營 私利藪。
影響		①官督商辦體制引進西方商業觀念。 ②資本收益權、股份均一、股票自由轉讓等企業性質,逐漸 　得到重視和保障。 ③西方有關公司公開帳目的習慣與新式會計的方法,也逐漸 　得到中國商人的了解和認識。

商督商辦

UNIT **7-12** 甲午戰爭

圖解中國史

（一）明治維新後的日本

十九世紀中葉，鴉片戰爭與黑船叩關，先後將中國與日本捲入了西方列強主導的世界體系。兩國的有志之士紛紛追求富國強兵，試圖在變局中保有國家的自主地位。

在日本主要是推動「明治維新」。經過這場運動，日本融合了西方近代理性精神與傳統文化，確立國家的規模。一方面，打破德川時代的身分封建制，使國民投入資本主義的生產線；另一方面，則援引天皇神話、神道信仰、儒教修身道德和武士道精神等，形成以天皇為核心的家族國家觀。這一民族國家精神，配合西方殖民擴張的帝國主義，以及天皇神話中的優等民族觀，積極向外擴張，甲午戰爭便是第一幕。

可以說，中國的「同治中興」和日本的「明治維新」同時展開，然而歷經三十年後，卻有不同的結局。

（二）甲午戰爭與其影響

一八九四年，由於朝鮮問題，中日兩國之間爆發了甲午戰爭。北洋大臣李鴻章深知海軍艦隊的限制，但對內飽受朝中主戰派的牽制，對外西方列強的斡旋也不成功，導致進退失據，處處被動。最後清帝國海、陸兩條戰線均告失敗，不得不於隔年簽下「馬關條約」，割讓臺灣，並付出大筆賠款。

甲午戰爭的結果改變了十九世紀東亞政局。日本以蕞爾小國之姿，不過僅取法西方為師二十餘年，竟能打敗中國，一躍而進入列強之林。本來，清帝國朝中政治勢力分立，自強運動飽受各方限制；傳統的價值與制度仍為文化精英所信賴，難以推動變革，無論國家內部、各團體之間，乃至官方與民間也缺乏聯繫與統一。李鴻章說自己「以北洋一隅之力，搏倭人全國之師」，反映箇中現況。可是，受到戰敗的刺激，幾乎動搖了整個中國士大夫的傳統世界。尤其是原來舊有權威的神聖性，不論政治或知識上的，都因此遭到質疑。人們開始體認到：非有徹底地變革，無以救國；而對西學的追求，不再限於少數先覺者，逐漸成為社會普遍的思想趨向。由此，中國開啟日後維新變法，以至於走向革命推翻滿清政府的進程。

至於傾全國之力取得戰爭勝利的日本，對內憑藉來自中國的賠款，避免西化過程中所產生的財政危機，進一步開展近代產業轉型的道路。對外方面，則使朝鮮成為附庸國，並取得臺灣作為殖民地，奠定帝國擴張基礎。十年後，在一九○五年日俄戰爭的勝利，更獲取俄國在東北亞的利權，使得日本的民族自信心越發高度膨脹，也隨之一步一步地走向帝國主義乃至軍國主義的道路。

🙂 小博士解說

講到「馬關條約」，不得不提到春帆樓。它係由日相伊藤博文命名，位於日本下關市阿彌陀寺旁，二次大戰期間曾毀於戰火；今樓乃模仿中國宮殿而建，左前方的「日清講和紀念館」，將當年李鴻章和伊藤簽約場景，搬到房內復原，並陳列文物。據傳牙醫藤野玄洋於一八七七年在此開設醫院；藤野過世後，其妻則經營「割烹旅館」，以擅長料理含有劇毒的河豚而聲名大噪，曾獲頒「河豚料理許可證第一號」。在歷史和美味的雙重因素下，迄今春帆樓成為旅客遊覽之聖地。

甲午戰爭與其影響

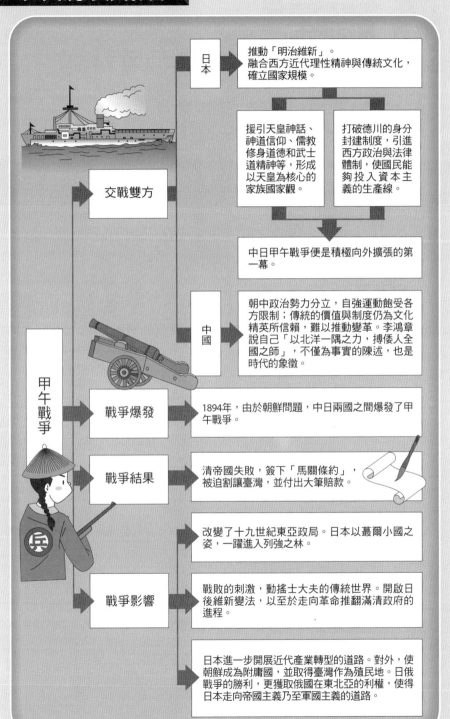

日本
推動「明治維新」。
融合西方近代理性精神與傳統文化，確立國家規模。

援引天皇神話、神道信仰、儒教修身道德和武士道精神等，形成以天皇為核心的家族國家觀。

打破德川的身分封建制度，引進西方政治與法律體制，使國民能夠投入資本主義的生產線。

中日甲午戰爭便是積極向外擴張的第一幕。

交戰雙方

中國
朝中政治勢力分立，自強運動飽受各方限制；傳統的價值與制度仍為文化精英所信賴，難以推動變革。李鴻章說自己「以北洋一隅之力，搏倭人全國之師」，不僅為事實的陳述，也是時代的象徵。

甲午戰爭

戰爭爆發
1894年，由於朝鮮問題，中日兩國之間爆發了甲午戰爭。

戰爭結果
清帝國失敗，簽下「馬關條約」，被迫割讓臺灣，並付出大筆賠款。

改變了十九世紀東亞政局。日本以蕞爾小國之姿，一躍進入列強之林。

戰爭影響
戰敗的刺激，動搖士大夫的傳統世界。開啟日後維新變法，以至於走向革命推翻滿清政府的進程。

日本進一步開展近代產業轉型的道路。對外，使朝鮮成為附庸國，並取得臺灣作為殖民地。日俄戰爭的勝利，更獲取俄國在東北亞的利權，使得日本走向帝國主義乃至軍國主義的道路。

UNIT **7-13** 留日學生

圖解中國史

（一）留日風潮的時代背景

中華帝國在東亞歷史上長期扮演文明提供者的角色，認為文化與制度不假外求，除了少數到印度求取經典的佛教僧人外，少有前往外國的留學生。這樣的心理大致到了十九世紀中葉產生若干變化。自強運動期間，早年跟隨傳教士赴美的容閎，即在部分改革派大臣的支持下，一度提出要選派幼童赴美國留學的計畫。但結果是這批留學生到美國後的生活方式，卻被指控違反傳統道德風俗，致使計畫半途夭折。

甲午戰爭後日本勝利，改變了中國這種保守自重的態度。西學於是成為人們最關切的知識，海外留學風潮遂起。尤其是邁向西化的鄰國日本，便成了最經濟和便利的去處。贊成改革的地方督撫如張之洞、劉坤一等人，紛紛提出教育和制度改革的辦法。像是在《勸學篇》中，張之洞即指出，以日本為借鏡向西方學習是最好的策略，理由是：「❶路近省費，可多遣；❷去華近，學生不易忘記祖國；❸東文近於中文，易通曉；❹西書甚繁，凡西學不切要者，東人已刪節而得其菁華。中東情勢風俗相近，易仿行，事半功倍，無過於此。」

十九世紀末至二十世紀初這段期間，介紹前往日本留學的出版品，成為市面的暢銷書。一九〇五年科舉考試廢止，留學經歷取代了傳統學問，成為仕學任官的條件，更起推波助瀾之效。據學者統計，當時中國留日學生數目推估約有八千到一萬人，高峰時甚至有兩萬人之多。

（二）留學生在日的活動與影響

這一批晚清留日的學生，日後成為影響中國政治與社會變革的先鋒。為了配合蜂擁而至的中國學生，日本採取各種措施來提供教育資源，包括開設給留學生的專門學校與速成教育。儘管如此，在這股風潮中陸續前往的留學生們，在求學成果上並未能得到良好的成效。來到日本時，他們多半尚未做好留學的充分準備，包括基本的語言能力與基礎知識。大多數人只能選擇開設給留學生的專門教程，而留學的時間與課程安排也都因之縮減，其成效亦受到許多限制。

但若從另一方面考察這一波留學風潮，便能觀察日本帶來的巨大文化衝擊，與先前關注西學的先覺者有所不同。這些知識菁英以整整一代人的投入，帶回新的思想框架，改變了中國的面貌。

當中的影響有二：首先，經由生活在日本，留學生看到鄰國如何踏上富強之路，對照出許多中國所缺少、需要變革的事物。像流亡於日本的立憲派與革命黨人的報刊宣傳，更進一步轉化為變革的種子。其次，與異國文化的接觸形成「我群」的概念，催生留學生的民族主義。

他們在日本社會所遭遇的親切對待與歧視，同樣產生新的集體意識，關係於中國未來的命運和情懷。於是乎，這些文化上的衝擊，透過返國的留學生，慢慢地散布到中國各地的知識青年心中，預告新的政治與社會變革即將到來。

留日風潮

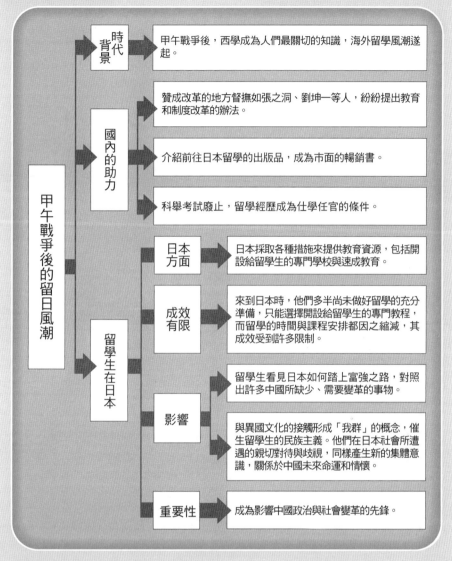

甲午戰爭後的留日風潮

時代背景 → 甲午戰爭後，西學成為人們最關切的知識，海外留學風潮遂起。

國內的助力
- 贊成改革的地方督撫如張之洞、劉坤一等人，紛紛提出教育和制度改革的辦法。
- 介紹前往日本留學的出版品，成為市面的暢銷書。
- 科舉考試廢止，留學經歷成為仕學任官的條件。

留學生在日本

日本方面 → 日本採取各種措施來提供教育資源，包括開設給留學生的專門學校與速成教育。

成效有限 → 來到日本時，他們多半尚未做好留學的充分準備，只能選擇開設給留學生的專門教程，而留學的時間與課程安排都因之縮減，其成效受到許多限制。

影響
- 留學生看見日本如何踏上富強之路，對照出許多中國所缺少、需要變革的事物。
- 與異國文化的接觸形成「我群」的概念，催生留學生的民族主義。他們在日本社會所遭遇的親切對待與歧視，同樣產生新的集體意識，關係於中國未來命運和情懷。

重要性 → 成為影響中國政治與社會變革的先鋒。

 ★民初留日背景的名人

留日學生在近代中國各領域都扮演了關鍵性角色。可說一部近代中國的留日學生史，就是一部中國追求近代化過程的縮影。譬如軍政界中，有黃興、宋教仁、廖仲愷、胡漢民、戴季陶、居正、張君勱、楊度、張繼、劉師培、吳稚暉、陳獨秀、李大釗、周恩來、汪兆銘、周佛海、孔祥熙、蔡鍔、唐繼堯、徐樹錚、蔣介石、閻錫山、何應欽、孫傳芳等。文藝界則有魯迅、周作人、錢玄同、吳虞、郭沫若、郁達夫、成仿吾、劉吶鷗、李叔同等。實業界像是張嘉璈、吳鼎昌、杜重遠、李銘、范旭東、曹汝霖、陸宗輿、章宗祥等。

UNIT **7-14**
翻譯外來語彙與思想

（一）新詞彙引進中國

圖解中國史

戊戌前後，中國知識分子的思想世界有了很大的轉變。各種來自西方，特別是轉手於日本的概念工具，在其中扮演著重要的角色。在新的概念工具出現之前，思想的變化往往像是籠中之鳥，儘管能盤旋迴轉，也可能出現獨特的思想，但是變化創造的幅度還是受到原有思想資源的限制。可是，新的詞彙卻使得人們在理解、詮釋他們所處的經驗世界時，產生了深刻的改變。

在此一過程中，最重要的來源則是明治維新成功的日本。在近代以前，日本深受中國文化的影響，但是到了甲午戰爭之後，兩國之間的文化交流方向業已倒轉。由於地理環境相近，又同屬漢字文化圈，日本於是成為中國向西方學習的借鏡與典範。

一批批的學生前往日本留學，與此同時，他們翻譯、編譯，介紹各式各樣的新知識回中國。儘管這些書的內容如梁啟超所說，「無組織、無選擇、本末不具、派別不明，惟以多為貴」，「破碎、籠統、膚淺、錯誤均不能免」，但裡面包含的新概念工具，卻改變了整個中國的思想界。

我們可以看到：自強運動三十年間，翻譯西洋書籍的成果不過百種。可是在清末最後的十五、六年間，中譯日文書卻高達九百五十六本；從這一統計可清楚看到，思想界正面臨前所未有的變局。這些半路出家的譯者，將各種「和製漢語」不加詳辨、生吞活剝地帶進漢文世界，成為中國人日常生活之中的用語。

相對地，保守派儘管不滿，卻也無可奈何。例如張之洞曾經在一份公文上批示不要使用新名詞，結果幕僚竟告訴他：「名詞」兩字也是新的產物。

（二）新詞彙與新思想

這些「和製漢語」有的出自中國典籍，有的則為日本人自己創造，但有一點是相同的：它們所代表的概念在中國傳統思想裡是找不到的。語言翻譯並非一對一的呈現，特別是在東西文化差異遠大於今日的十九世紀末，每個詞彙的背後涉及整套文化體系。當人們試圖為新詞彙在原來熟悉的事物中找出參照之際，新的文化體系往往對舊有的價值提出質疑和挑戰。

例如，「國家」一詞源自周朝的封建制度，指的是各級諸侯與大夫的家產，儘管後來雖有代表朝廷之意，卻是以天子的家產概念延伸而成。但是從日本翻譯反饋而來的「國家」，則意謂著以平等的國民為主體，具有共同義務、權利的政治組織。這樣新的「國家」概念，重新規範了人們的政治觀，致使日後梁啟超會說：「二十四史非史也，二十四姓之家譜而已」，進而抨擊傳統中國沒有國家觀念。

換言之，晚清十餘年間思想界的轉變就這樣悄然展開。與民初的新文化運動相比，這場變革雖乏轟轟烈烈的革新主張，亦無系統性的核心理論，然而卻為當時中國人認識世界的方式，鋪下新的基石。

新詞彙與新思想

新詞彙思想的引進與影響

新詞彙的引進

由於地理環境相近，又同屬漢字文化圈，甲午戰爭後，日本成為中國向西方學習的借鏡與典範。

大批學生前往日本留學，並翻譯、編譯，介紹各式各樣的新知識回到中國，裡面包含新的概念工具，改變中國的思想界。

在清末最後的十五、六年間，中譯日文書高達九百五十六本。半路出家的譯者，將各種「和製漢語」不加詳辨帶進漢文世界，成為中國人日常生活之中的用語。

新詞彙和新思想

「和製漢語」有的出自中國典籍，有的則為日本人自己創造，但代表的概念在中國傳統思想裡卻找不到。

每個詞彙背後涉及整套文化體系。

在試圖為新詞彙找出參照之際，新文化體系往往對舊有價值提出質疑和挑戰。

新詞彙的影響

與民初的新文化運動相比，雖乏革新主張，亦無系統性的核心理論，卻為當時的中國人鋪下新的基石。

知識補充站 ★和製漢語

一九一五年，出現了一本題為《盲人瞎馬之新名詞》的小書，作者選出戊戌維新以來，日文流行於中土的五十九個新名詞，列了一張表：「支那、取締、取消、引渡、樣、殿、哀啼每吞書、引揚、手續、的、積極的一消極的、具體的一抽象的、目的、宗旨、權力、義務、相手方、當事者、所為、意思表示、強制執行、差押、第三者、場合、又、若、打消、動員令、無某某之必要、手形、切手、律、大律師、代價、讓渡、親屬、繼承、片務一雙務、債權人一債務人、原素一要素一常素、取立、所害賠償、姦非罪、各各一益益、法人、重婚罪、經濟、條件付之契約、慟、從而如何如何、支拂、獨逸一瑞西、衛生、相場、文憑、盲從、同化」。從中可以想見：當時人們對各種新名詞紛紛到來的感受，其中少部分在今日的中文裡已不常使用了，但大部分已成為我們的日常用語。

UNIT **7-15**
變法維新運動

圖解中國史

（一）改革的背景與社會基礎

鴉片戰爭起，清帝國被迫開港貿易，使得中國與西方的往來日益密切。但若是要談西方的影響進入到帝國的政治與社會體制，仍要等到半個世紀之後。同治初年，清廷上下致力於自強運動，講求船堅砲利，但僅限於技術層面。儘管少數有識之士已經意識到西方國家之所以富強，原理並不限於此，但是他們的呼籲只是邊緣的聲音，並不受到重視。

甲午之役，「維新」才成為社會普遍的訴求。廣東人康有為是其中的代表人物。他融合了對儒家經典的新詮釋、西方知識的了解、日本維新的經驗，重新提出改革的綱領。除了以傳統士人的方式將計畫上書給皇帝外，康氏更採取了新的組織方式，例如倡立學會、開辦報館，將變革的種子進一步推向整個中國的士子之間。一八九五年，康有為創辦《中外記聞》，刊登海外新聞、時評政論和官方公文，同時設立「強學會」作為機關，定期舉辦集會、演講與討論。他的活動深獲許多高層官員的支持，並在年輕士子間引起迴響，一時之間蔚為風潮。

康氏的學生梁啟超、黃遵憲等人在上海創辦《時務報》，而天津、湖南各地也紛紛響應。幾年之間，有關變法維新的思想，透過報刊等新式媒體的傳播，經由學堂、學會、報館等新式的政治社團，在中國各地將趨新的士人結合起來，形成不可忽視的力量。

（二）百日維新與其失敗

《馬關條約》簽訂後，維新之議日益流行，甚至影響到年輕的光緒皇帝，他體認到「非變法不足以救中國」，促成其改革決心。一八九八年，光緒終於召見康有為。康氏指出中國在列強的逼迫下，已經到了生死存亡的關頭；他請求光緒帝統籌全局，設立各種新的法律與行政部門，並擬定詔書與相關的變革，內容包括：

❶廣開言路，准許地方官與士民上書，以通上下之情。

❷廢除八股取士，改考時務與經濟特科，籌辦京師大學堂與各地中學堂，設立翻譯、醫學、農、商、礦等學堂，培養產業人才，派遣留學生等。

❸提倡農、工、商、鐵路、礦務，設立相關單位，以國家之力推動實業。

❹汰裁老弱殘兵，採取西式軍事訓練。

然而，光緒與康有為由於求成過急，未能循序漸進，致使改革遭遇許多阻礙。詔書不過是一紙公文，欠缺相應的人事來推動，成了空中樓閣。結果改革還未能見效之際，守舊派的反對已到來，並進一步演變為帝黨與后黨之爭。這使得原先並不反對維新的慈禧太后深感危機，決定發動政變，大肆搜捕維新黨人，最後光緒遭到軟禁，康有為與梁啟超等人也倉皇流亡日本。

戊戌政變促使百日維新曇花一現，宣告漸進改革道路的挫折，使得許多人決定選擇推翻清帝國的體制，走向更為激進的革命道路。十年之後，慈禧迫於時勢，不得不宣布推動立憲的時候，時機早已錯過，政權的合法性也處於風雨飄搖之中了。

變法維新運動

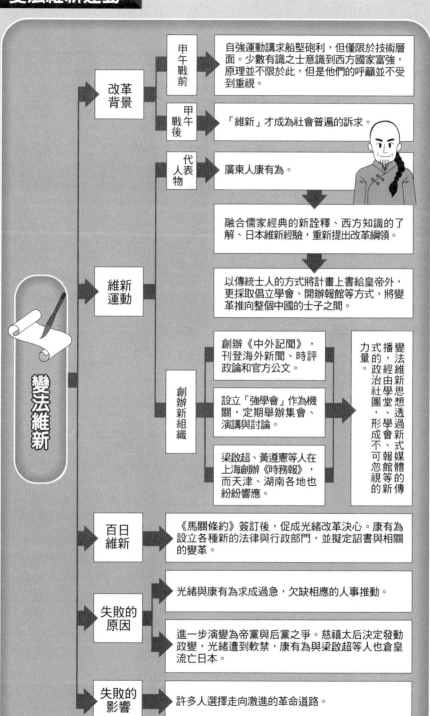

變法維新

改革背景

- 甲午戰前 → 自強運動講求船堅砲利，但僅限於技術層面。少數有識之士意識到西方國家富強，原理並不限於此，但是他們的呼籲並不受到重視。
- 甲午戰後 → 「維新」才成為社會普遍的訴求。
- 代表人物 → 廣東人康有為。
  - ↓ 融合儒家經典的新詮釋、西方知識的了解、日本維新經驗，重新提出改革綱領。

維新運動

- 以傳統士人的方式將計畫上書給皇帝外，更採取倡立學會、開辦報館等方式，將變革推向整個中國的士子之間。
- 創辦新組織
  - 創辦《中外記聞》，刊登海外新聞、時評政論和官方公文。
  - 設立「強學會」作為機關，定期舉辦集會、演講與討論。
  - 梁啟超、黃遵憲等人在上海創辦《時務報》，而天津、湖南各地也紛紛響應。
  - → 變法維新思想透過新式媒體的傳播，經由學堂、學會、報館等的政治社團，形成不可忽視的新力量。

百日維新 → 《馬關條約》簽訂後，促成光緒改革決心。康有為設立各種新的法律與行政部門，並擬定詔書與相關的變革。

失敗的原因
- 光緒與康有為求成過急，欠缺相應的人事推動。
- 進一步演變為帝黨與后黨之爭。慈禧太后決定發動政變，光緒遭到軟禁，康有為與梁啟超等人也倉皇流亡日本。

失敗的影響 → 許多人選擇走向激進的革命道路。

UNIT **7-16**
中體西用

圖解中國史

（一）「中體西用」概念的形成

「體用」係指事物的本體與作用。在傳統中國士人的世界觀裡，「體用」具有重要的地位。宋代以降，理學家試圖為社會的理想秩序確立根基，形塑文化倫理秩序的「道」，作為宇宙萬物的本「體」；如何在現實中將之實踐，則是致「用」的層面。因此，儒者必須兼有兩者理想：道德修養與經世知識，才得以面對身處的世界，這也就是所謂的「內聖外王」。

十九世紀西方列強來到東亞，現實政治外交的挫敗，動搖了中國人的世界觀。人們開始思索如何引進西方知識，尋找中西間的接合點，以求富強圖存。這樣的嘗試牽動原來傳統文化秩序和理想，於是「西學為用」、「中學為體」的構想因應而生。像是馮桂芬在《校邠廬抗議》提到：「如以中國之倫常名教為原本，輔以諸國富強之術，不更善之善者哉！」一語便道破「中體西用」的理念。

最初中國引進西學，局限於各種實用知識，主要是科學與技術層面，因此並不影響中學的核心地位。但等到中國士人更加了解西方，則不得不更弦易轍。郭嵩燾面對這一問題，將西學分為三個層面：「藝」、「政」、「教」。他認為在學習西方物質與制度的同時，將之定位於「用」，希望保有中國的「教」為「體」。

然而，在體用一源的世界觀裡，「用」既是「體」的展現，「體」又根植於「用」而存在，故當中學之「用」被西學之「用」取代，原先的「體」勢必不能獨存。尤其甲午之戰後，現實情勢迫使學習西洋之「政」已為大勢所

趨，矛盾也就更加顯著。日後全盤西化派與文化保守主義者之爭的濫觴，便由此展開。

（二）評價的變遷與其時代意義

「中體西用」代表中國面對西方文明全面衝擊的反應。主張改革的人，援引它為西學在中國的傳播創造空間；傾向保守的人，則強調中學作為核心的地位不容動搖。一八九八年，張之洞即在《勸學篇》裡提出「中體西用」的構想：「內篇務本，以正人心；外篇務通，以開風氣。」外篇取資新學，受到光緒皇帝重視；內篇力辟民權，則為慈禧太后欣賞。這本小冊的雙重色彩，因而左右逢源，風行一時，印量達兩百萬本之多。

但是到了民國之後，思想界對「中體西用」的折衷色彩依舊，惟新、舊兩派對它都不滿意。新派認為這一方案是想「學了外國本領，保存中國舊習」，然而「世界上決沒有這樣如意的事」；保守派則由於「希望的件件都落空，漸漸有點廢然思返，覺得社會文化是整套的，要拿舊心理運用新制度，決計不可能」。隨著中國國勢在現實處境的惡化，社會上新舊文化交替而生的種種亂象，讓人們對於中、西文化融合的可能性深感質疑。因此，思想界趨於激進的兩極化，「中體西用」論也日益失去吸引力，其調和漸進的道路僅止於歷史的殘響。

中體西用的概念

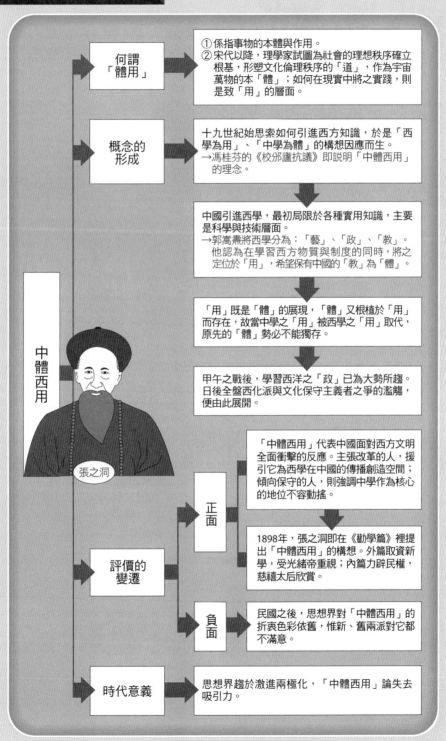

中體西用

張之洞

何謂「體用」
① 係指事物的本體與作用。
② 宋代以降，理學家試圖為社會的理想秩序確立根基，形塑文化倫理秩序的「道」，作為宇宙萬物的本「體」；如何在現實中將之實踐，則是致「用」的層面。

概念的形成
十九世紀始思索如何引進西方知識，於是「西學為用」、「中學為體」的構想因應而生。
→馮桂芬的《校邠廬抗議》即說明「中體西用」的理念。

中國引進西學，最初局限於各種實用知識，主要是科學與技術層面。
→郭嵩燾將西學分為：「藝」、「政」、「教」。他認為在學習西方物質與制度的同時，將之定位於「用」，希望保有中國的「教」為「體」。

「用」既是「體」的展現，「體」又根植於「用」而存在，故當中學之「用」被西學之「用」取代，原先的「體」勢必不能獨存。

甲午之戰後，學習西洋之「政」已為大勢所趨。日後全盤西化派與文化保守主義者之爭的濫觴，便由此展開。

評價的變遷

正面
「中體西用」代表中國面對西方文明全面衝擊的反應。主張改革的人，援引它為西學在中國的傳播創造空間；傾向保守的人，則強調中學作為核心的地位不容動搖。

1898年，張之洞即在《勸學篇》裡提出「中體西用」的構想。外篇取資新學，受光緒帝重視；內篇力辟民權，慈禧太后欣賞。

負面
民國之後，思想界對「中體西用」的折衷色彩依舊，惟新、舊兩派對它都不滿意。

時代意義
思想界趨於激進兩極化，「中體西用」論失去吸引力。

UNIT 7-17
《民報》與《新民叢報》論戰

圖解中國史

（一）保皇黨與革命黨之爭

晚清以來一連串政治和外交上的挫敗，有識之士深覺必須救亡圖存，遂提出各種解決之道，最後走向「變法」與「革命」兩條路線之爭。這場論爭影響的結果，中國百姓逐漸支持革命的陣營，決定了日後滿清帝國的覆亡與中華民國的建立。發生在日本的《新民叢報》與《民報》論戰，是這場論爭的高峰；前者以梁啟超為首，後者則包括汪兆銘、胡漢民等眾多革命健將。

論戰的焦點，可分為「民族」、「民權」、「民生」三項。民族方面，雙方歧異在於狹義和廣義的民族主義之別。革命黨高舉「驅除韃虜、恢復中華」的方針，認為種族問題旨在血統差別，而非以文化來區分華夷。相較於革命黨對「種族復仇」上之關注，保皇維新黨則以「文野之別」賦予滿清政權的合法性，不僅高唱著滿漢融合論，且認為中國應該是「合漢合滿合蒙合回合苗合藏，組成一大民族」。

在民權問題上，保皇黨主張開明專制，支持君主立憲，以為世界各國必先經過開明專制的過程，才能慢慢走向民主憲政；而革命之危險足招亂亡，現階段並不合宜。革命黨則反駁保皇黨過度悲觀，不相信人類的自主性，錯判了民眾的能力和信任。

民生問題方面，孫中山在遊歷歐美後，親眼見到當地資本家和土地問題懸而未決，認為社會革命必須跟民族、政治革命共同完成，畢其功於一役。保皇黨則以為中國不必施行社會革命。梁啟超指稱：中國的社會組織不同於歐洲，又無工業革命的歷史進程，並未發生貧富懸殊的現象。此外，中國資本家不若歐美龐大眾多，以致富者壓榨貧者；相反地，梁氏深覺，面對外國大資本家隨列強而來的侵略，應該要獎勵國內資本家抵擋國外的競爭。

（二）新式媒體與政治

此一論戰象徵報刊印刷的日益蓬勃增長，逐漸成為一項重要的宣傳利器。日後革命思想歷經十餘年的努力散布，終於開花結果，不可諱言新式媒體在其中扮演重要的角色。藉由各種書籍報刊、思想言論迅速傳播，促使各地人們連為一體，投入政治的領域，建立了有別於以往帝制的政治模式。蔣智由有詩稱此為「文字收功日，全球革命潮」，無疑道盡報刊引發的社會效應與實踐。

然而，新的政治競爭模式，除了創造出理性討論的公共空間，也可能帶來思想界之激進化。在這場論戰中，保皇黨絕口不言革命與破壞，站在君主立憲的角度立論，強調溫和而漸進的改革，結果卻遠不及革命黨「驅除韃虜，恢復中華，創立民國，平均地權」的口號來得響亮。至於明確的革命目標和未來遠景，造成雙方陣營攻守易勢，是革命黨宣傳成功的主因，也是保皇黨潰敗的癥結所在。

兩報論戰

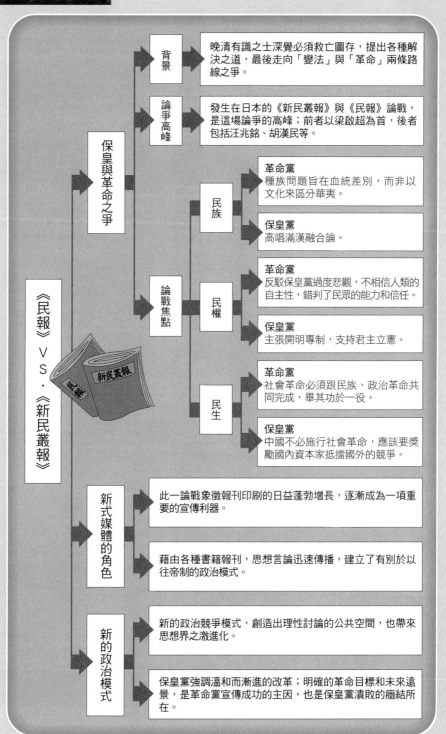

保皇與革命之爭

- 背景 ▸ 晚清有識之士深覺必須救亡圖存，提出各種解決之道，最後走向「變法」與「革命」兩條路線之爭。

- 論爭高峰 ▸ 發生在日本的《新民叢報》與《民報》論戰，是這場論爭的高峰；前者以梁啟超為首，後者包括汪兆銘、胡漢民等。

- 論戰焦點
  - 民族
    - 革命黨 種族問題旨在血統差別，而非以文化來區分華夷。
    - 保皇黨 高唱滿漢融合論。
  - 民權
    - 革命黨 反駁保皇黨過度悲觀，不相信人類的自主性，錯判了民眾的能力和信任。
    - 保皇黨 主張開明專制，支持君主立憲。
  - 民生
    - 革命黨 社會革命必須跟民族、政治革命共同完成，畢其功於一役。
    - 保皇黨 中國不必施行社會革命，應該要獎勵國內資本家抵擋國外的競爭。

《民報》VS.《新民叢報》

新式媒體的角色

- ▸ 此一論戰象徵報刊印刷的日益蓬勃增長，逐漸成為一項重要的宣傳利器。

- ▸ 藉由各種書籍報刊，思想言論迅速傳播，建立了有別於以往帝制的政治模式。

新的政治模式

- ▸ 新的政治競爭模式，創造出理性討論的公共空間，也帶來思想界之激進化。

- ▸ 保皇黨強調溫和而漸進的改革；明確的革命目標和未來遠景，是革命黨宣傳成功的主因，也是保皇黨潰敗的癥結所在。

UNIT 7-18
鄒容的《革命軍》

圖解中國史

（一）鄒容與《革命軍》一書

鄒容，四川巴縣人，受到維新思想的影響，立志改革時局。他在十七歲時遠赴日本留學，參加革命運動，十分活躍。一九〇三年回國後，出版《革命軍》一書，公開提倡排滿反清，號召革命，建立「中華共和國」。由於受到美國和法國革命的影響，鄒容標榜「天賦人權」、「自由、平等、博愛」，高舉革命大旗，說革命是「天演之公例」，要「去腐敗而存良善」、「由野蠻而進文明」、「除奴隸而為主人」，期待經由革命創造新的國家。

鄒容認為晚清中國的問題，首先在於腐敗的統治。在中國，無論士農工商，都遭受壓迫摧殘，使得社會的一切生機都被清朝統治者斷送。士人看似優遇，其實只是被滿人籠絡與驅策，整日消磨意氣於八股和典籍；農民除了受到土豪的欺凌外，更要應付官吏的多方攤派；而官府的各種關卡、捐稅、索求，則使中國工商業無從發展。這一切的根源，均源自滿人的統治政策，致使無從建立合理的政治。

《革命軍》又進一步指出：除了種族與政治的革命外，更重要的是制度與思想的革命。鄒容期待推翻清朝後，建立平等、自由、法治的現代國家。他以「國民」和「奴隸」對立，指出傳統中國人們身處專制政體之下，只是一姓一家的家奴走狗。而革命以後的中國，則「萬世不復有專制之君主」，「凡為國人，男女一律平等，無上下貴賤之分」，「經人民公許，建設政府，而各假以權，專掌保護人民權利之事。」

（二）《革命軍》的傳播與影響

鄒容寫完《革命軍》後，將原稿拿給在上海創辦《蘇報》的章太炎，請他潤色。據說章氏讀後極為讚賞，認為不須修改，並親自替《革命軍》寫序，在《蘇報》上推薦，以該書為「國民教育之第一教科書」。之後，章太炎又在〈駁康有為論革命書〉中，直斥維新保皇黨人捧為「聖上」的光緒皇帝是個小丑。這一連串的輿論攻擊，終於激怒了清廷，引來官方逮捕章、鄒兩人，並查封《蘇報》，即轟傳一時的「蘇報案」。

但由於「蘇報案」發生在上海租界，清廷不得不妥協，接受英國方面所組成的特別法庭的提議，形成中國政府為原告、中國公民為被告的奇觀。經過公開審判，結果促使該案在民間激起熱潮，《革命軍》也迅速傳播開來。陳天華後來在《獅子吼》中便說：「那時上海有一個破迷報館，專與政府為難，所登的論說，篇篇激烈，中有一篇革命論，尤為痛快。此論一出，人人傳頌，革命革命，排滿排滿之聲，遍滿全國。」

「蘇報案」審判結果，章、鄒兩人分別被判處三年與兩年徒刑。然而革命排滿的思想卻已在各地埋下種子：上海的「光復會」、湖南的「華興會」和湖北的「日知會」陸續成立，逐漸匯合成為席捲全國的洪流，最終而有「同盟會」的誕生。直到武昌起事前夕，據稱發動革命的新軍內部流傳最廣的宣傳品，正是鄒容所寫的《革命軍》和陳天華的《猛回頭》。

鄒容與《革命軍》

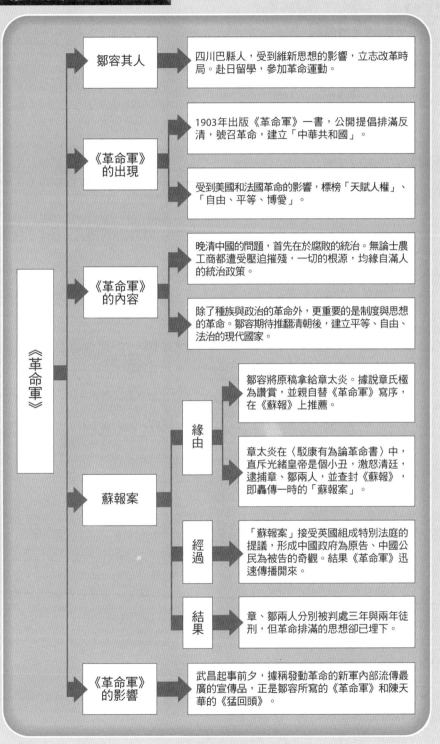

鄒容其人 → 四川巴縣人，受到維新思想的影響，立志改革時局。赴日留學，參加革命運動。

《革命軍》的出現
→ 1903年出版《革命軍》一書，公開提倡排滿反清，號召革命，建立「中華共和國」。
→ 受到美國和法國革命的影響，標榜「天賦人權」、「自由、平等、博愛」。

《革命軍》的內容
→ 晚清中國的問題，首先在於腐敗的統治。無論士農工商都遭受壓迫摧殘，一切的根源，均緣自滿人的統治政策。
→ 除了種族與政治的革命外，更重要的是制度與思想的革命。鄒容期待推翻清朝後，建立平等、自由、法治的現代國家。

《革命軍》

蘇報案
- 緣由
  → 鄒容將原稿拿給章太炎。據說章氏極為讚賞，並親自替《革命軍》寫序，在《蘇報》上推薦。
  → 章太炎在〈駁康有為論革命書〉中，直斥光緒皇帝是個小丑，激怒清廷，逮捕章、鄒兩人，並查封《蘇報》，即轟傳一時的「蘇報案」。
- 經過
  → 「蘇報案」接受英國組成特別法庭的提議，形成中國政府為原告、中國公民為被告的奇觀。結果《革命軍》迅速傳播開來。
- 結果
  → 章、鄒兩人分別被判處三年與兩年徒刑，但革命排滿的思想卻已埋下。

《革命軍》的影響 → 武昌起事前夕，據稱發動革命的新軍內部流傳最廣的宣傳品，正是鄒容所寫的《革命軍》和陳天華的《猛回頭》。

UNIT 7-19
孫中山

圖解中國史

晚清以來,鑑於中國國勢的衰弱,有志之士提出了種種嘗試。從有限的改革一步步走向全面的革命,最後政治格局脫離了兩千年之久的帝制政體,走向新的道路。孫中山便是開啟這一連串變革最為關鍵的人物。

(一)生長背景與革命歷程

孫氏生於廣東農家。由於生活所迫,許多人選擇到海外謀生,他的大哥孫德彰便是其中之一。這使得孫中山很早就與西方世界接觸,先後在夏威夷和香港求學。當地整齊清潔的社會景象、井井有條的殖民施政,和中國形成強烈的對比,給予他深刻的印象,深感到改革的迫切性。

甲午戰爭前夕,孫中山上書李鴻章,欲從體制內著手,但其言論卻不受重視。失望之餘的他前往檀香山,組織「興中會」,標舉「驅逐韃虜,恢復中國,創立合眾政府」。此後十餘年間,孫氏奔走於海外華僑、祕密幫會中,尋求各方支持,並在中國內地發動多次起事,但多屬地方性騷動,缺少全國性的影響。直到一九〇五年,各地革命團體終於在日本東京會合,成立「同盟會」,形成全面反清的力量,正式提出「三民主義」作為革命黨的學說主張。

辛亥革命成功後,從海外歸來的孫中山被推舉為中華民國臨時大總統。由於革命勢力缺乏一致的組織與戰力,因此孫氏不得不與北洋的袁世凱和談,讓袁氏接任總統,迫使清帝退位。然而南方各省與袁氏的衝突並未稍減,中國很快又陷入軍閥割據的亂局。孫中山一度依靠滇軍、桂軍與陳炯明的支持,號召護法運動,卻因各自的謀算不一,終究失敗。

一連串的挫折,使得孫中山體會到革命黨人散亂無章、各自為政的問題,最終決意尋求蘇俄的合作,將國民黨改組為組織嚴密的列寧式政黨。並在俄國的援助下,建立黃埔軍校,成為革命的武力。不同於過去以人事、意氣乃至利益為基礎的結合,新式革命政黨要求的是從高層到基層,在思想上的一致,將革命的主義信仰灌輸到一般民眾與士兵的心裡。自此以後,深入日常生活的政治社會取代了改朝換代的循環。儘管不久後孫因病逝世,但在這一旗幟底下行走,躍上政治舞臺的國共兩黨,卻成為日後歷史的主角。

(二)國父形象的塑造與孫中山崇拜

以顛沛流離的生涯而言,孫中山並不算成功。但在他過世後,卻形成一股崇拜現象。在國共爭奪統治主導權時,孫氏的地位不僅沒有受到影響,反而更加提高,甚至造就「神化」的傾向。他對主義與宣傳的重視,預見並推動新的時代來臨;他的理想主義色彩,同時呼應著「五‧四」以來高昂的民族主義心理與新文化思潮,吸引了廣泛民眾的支持。一九二〇年代中期後,「孫中山崇拜」成為國民黨黨體制的政治文化核心,日後孫中山也被塑造為「中華民國國父」,成為民眾的歷史記憶。

歷史定位 → 晚清以來，中國從有限的改革走向全面，最後脫離帝制政體，孫中山便是這一連串變革最為關鍵的人物。

很早就與西方世界接觸，深感改革的迫切。

甲午戰爭前夕，前往檀香山，組織「興中會」，標舉「驅逐韃虜，恢復中國，創立合眾政府」。

1905年，各地革命團體在日本東京會合，成立「同盟會」，正式提出「三民主義」作為革命黨的學說主張。

大事紀

辛亥革命成功後，孫中山被推舉為中華民國臨時大總統。

尋求蘇俄的合作，將國民黨改組為組織嚴密的列寧式政黨。並在俄國的援助下，建立黃埔軍校，成為革命的武力。

孫中山

新式革命政黨要求的是從高層到基層思想上的一致，深入日常生活的政治社會取代改朝換代的循環。

國共爭奪統治主導權時，孫氏的地位不僅沒有受到影響，反而更加提高，甚至造就「神化」的傾向。

國父崇拜

崇拜「文化核心」成為國民黨黨體的政治文化核心，「孫中山」一九二○年代中期後，成為「中華民國國父」，孫也被塑造為民眾的歷史記憶。

孫對主義與宣傳的重視，預見並推動新的時代來臨。

孫氏的理想主義色彩，呼應「五‧四」以來高昂的民族主義心理與新文化思潮，吸引廣泛民眾支持。

第 **8** 章
現代中國的形成

●●●●●●●●●●●●●●●●●●●●●●●●●●●● 章節體系架構 ▼

UNIT 8-1 新文化運動

（一）運動的緣起

新文化運動是「五・四」事件前後，由若干知識分子所倡導、推行的一次思想改革，是現代中國初期影響深遠的運動。

一九一一年辛亥革命結束了君主體制，同時也使得儒家思潮面臨土崩瓦解之局。為了因應此一危機，以康有為、陳煥章為首的部分保守士人高唱保護國粹，並發動一場以孔教為國教的請願活動。大總統袁世凱意欲稱帝，故藉此「尊孔復古」的口號，製造帝制的輿論。

隨後一九一七年發生了張勳復辟事件，一連串擁護帝制的思想促使新知識分子重新思考文化革命的需要。終於在這段時間的前後，以陳獨秀、胡適等人為主所出版的《新青年》雜誌，公開擁護「德先生」（指「民主」Democracy）和「賽先生」（指「科學」Science），開啟近代中國最重要的文化思想運動。

（二）運動的推手和重點

北京大學是新文化運動的發源地，也是該運動的大本營。這個領導地位的形成，與一九一七年至一九二三年間蔡元培出任北大校長有關。蔡元培認為：大學乃是為了研究高深學問的機構，其目的不僅要輸入歐洲文化，並且要保存國粹；以科學的方法和態度，追尋國粹的真相。蔡氏用人不拘新舊，使得北大面目煥然一新，並進而為北大建立了自由的學風。

至於提倡重點，新文化運動在於白話文的提倡與文學革命。胡適在留學美國期間，受當時流行的短字簡句運動所影響，認為文言是半死的文字，白話才是活文字，教授文言除了要注重講解古書及字源學以外，還要講究文法和標點符號。一九一七年一月，胡適於《新青年》刊出〈文學改良芻議〉，提出八項主張；陳獨秀則接著發表〈文學革命論〉，進而主張文學內容的革命，使之與自己的思想解放融為一體。他們以犀利的文筆與思想批判舊傳統，給予政治與社會變革的意義。

（三）運動的地位和意義

新文化運動的倡導者對何種思潮為中國所急需，自始即看法不同。後來，運動的方向也分成自由主義和馬列主義兩大陣營。終於在一九二〇年六月後，陳獨秀力主文化運動的「政治性」高於學術性，雙方於是分道揚鑣。

從評價來看，新文化運動乃是中國現代化歷程的重要轉捩點。它反映中國人長期「以思想文化來解決問題」（intellectualistic-cultural approach）之慣性，無法擺脫傳統的影響，以致日後各種「主義」衍生。然而，從長時間來看，這場思想革命早自清末便開始醞釀，一九一〇至二〇年代正是綿延山峰裡獨特的高峰而已。無論打擊迷信，還是提倡白話文學，身為知識與思想革命的新文化運動，其實是日後邁向現代民族國家歷程中重要的腳步之一。

新文化的誕生

新文化運動

定位 → 為「五‧四」事件前後若干知識分子所倡導推行的一次思想改革，是現代中國初期影響深遠的運動。

緣起 → 辛亥革命後，擁護帝制的思想促使新知識分子重新思考文化革命的需要。

以陳獨秀、胡適等人所出版的《新青年》雜誌，公開擁護「德先生」（指「民主」Democracy）和「賽先生」（指「科學」Science），開啟近代中國最重要的文化思想運動。

發源地 → 北京大學是運動的發源地和大本營。

推手 → 北大校長蔡元培。

蔡元培

運動重點 → 白話文的提倡與文學革命。

胡適於《新青年》刊出〈文學改良芻議〉，提出八項主張；陳獨秀發表〈文學革命論〉，主張文學內容的革命。

胡適

意義 → 乃中國現代化歷程的重要轉捩點。反映中國人長期「以思想文化來解決問題」之慣性，無法擺脫對傳統的影響，以致日後各種「主義」衍生。

邁向現代民族國家歷程中重要的腳步之一。

知識補充站 ★清末的啟蒙運動

以長時段而言，新文化運動是清末啟蒙思潮以來的最高峰。例如在一九〇四年《警鐘日報》上有篇文字〈馬將牌改革議案〉，也是把民眾日常生活作為遊戲博奕的風俗，企圖「思以改良之法，輸入文明之途」，透過改革成為救國的利器。其他像是戲曲、小說、宣傳品中，無不可看到類似「走向人民」的趨向與時代風氣。

圖解中國史

UNIT 8-2
《新青年》

（一）主張思想革命

《新青年》雜誌原名《青年雜誌》，是陳獨秀於一九一五年九月在上海所創辦。他之所以辦《青年雜誌》，乃鑑於國民不覺悟，政治便無可作為，欲救中國必須從喚醒青年著手。這份刊物初以「思想革命」為出發點，從而牽動現代中國史上重要的新文化運動產生。從宣傳民主與科學開始，《新青年》藉由提倡白話文學，聯繫了一批關心現代中國文學的知識分子，同時針砭傳統，對新思潮的介紹與推廣，在歷史意義上功不可沒。根據學者估計，該刊全盛時期曾每期出版萬本，影響廣大。除了眾所周知的批判傳統及文學革命的主張外，該刊還有許多值得注意的文字，同樣也反映時代的意義。

（二）新思想的言論舉例

例證之一：一九一九年一月，刊登李大釗的演說〈庶民的勝利〉，強調第一次世界大戰的勝利帶來新精神，即「庶民」的成功。對於庶民，李大釗特別著意「勞工」的存在，預示世界將變成勞工的世界。在受到俄國革命和歐洲破產的雙重刺激下，「學習勞工」忽然成為一項風尚，同時也鋪起日後中國共產黨成立的內在因素。與過去四民社會的基礎和結構有所不同，「工」突然成為中國人崇敬的對象。後來，蔡元培的「勞工神聖」口號和「勞動節專號」的出版，都與此密切相關。

例證之二：《新青年》第九卷第五號上發表〈中華女界聯合會改造宣言〉，提出「解放女子」，為女權正式發表宣示。當中共分成十條「綱領」，包括「要求得入一切學校，與男子受同等

教育」、「要求女子有選舉權、被選舉權，及從事其他一切政治的活動」，還有男女同工同酬等。

（三）歷史地位

一九一八年以前的《新青年》，基本上以民主和科學為口號，進行反傳統的思想批判。但此後受俄國十月革命的影響，產生變化。於是乎，在強調政治訴求下，《新青年》陣營開始發生分裂。等到一九二〇年九月的八卷一號起，該刊改遷往上海出版，實際成為宣傳馬克思主義（Marxism）的思想陣地。一九二二年七月，九卷六號的《新青年》出刊後即停刊。以後復出的季刊，完全已是政治性的刊物。儘管如此，《新青年》仍有不可磨滅的歷史意義，早為史家所肯定。

這裡姑舉幾例。首先，受到《新青年》影響，雜誌刊物在新文化運動開始如雨後春筍般蓬勃出現。《新潮》就是著名的北京大學學生刊物，與《新青年》相互媲美。其次是發起學會、組織社團，受到這份刊物的渲染，有的編輯作者甚至是領導的關鍵人物。李大釗即為「少年中國學會」的發起人之一。最後，《新青年》不僅成為重要的文化知識界雜誌，也對近代中國政治帶起重大的影響，像是青年毛澤東，也以「二十八劃生」為筆名，曾在此刊發表知名的〈體育之研究〉一文。

五四重要刊物

創刊 → 原名《青年雜誌》，是陳獨秀於1915年9月在上海所創辦。

創辦主張 →

初以「思想革命」為出發點，牽動現代中國史新文化運動產生。

藉由提倡白話文學，聯繫一批關心現代中國文學的知識分子，同時針砭傳統，對新思潮的介紹與推廣，在歷史意義上功不可沒。

言論舉例 →

1919年1月，刊登李大釗的演說〈庶民的勝利〉，強調第一次世界大戰的勝利帶來新精神，即「庶民」的成功。

《新青年》第九卷第五號上發表〈中華女界聯合會改造宣言〉，提出「解放女子」，為女權正式發表宣示。

歷史地位 →

1918年以前，以民主和科學為口號，進行反傳統的思想批判。但爾後受俄國十月革命的影響，產生變化。

1920年9月的八卷一號起，該刊改遷往上海出版，實際成為宣傳馬克思主義的思想陣地。

1922年7月，九卷六號的《新青年》出刊後停刊。以後復出的季刊，完全已是政治性的刊物。

影響 →

雜誌刊物在新文化運動開始如雨後春筍般蓬勃出現。

發起學會、組織社團，也受到這份刊物的渲染，甚至有的編輯作者便是領導的關鍵人物。

不僅為重要的文化知識界雜誌，也對近代中國政治帶起重大的影響。

UNIT **8-3**
中國共產黨的建立

中國共產黨（簡稱「中共」）的出現是現代中國歷史上一件重大的事情。它創立於一九二一年，直到二〇一〇年為止，擁有黨員近八千萬人，為全球最大的政治團體。對於這個影響全球的政黨，歷來探討它崛起的因素，大體可分為內、外兩項因素。

（一）內部因素

一九一九年，中國因為山東歸屬問題爆發「五・四」的學生愛國事件，結果使得運動擴大，造成思想界的革命。新文化、新思潮從此成為有識之士宣傳的目標，開始從西方陸續被引進，而傳統的舊思想遂遭廣泛地攻擊與破壞。其中，共產主義或社會主義思想因為俄國革命的發生及成功，頓時相當吸引中國知識青年的注意。許多知識分子認為：實行共產主義可以像蘇俄一樣，對內打破各階級的不平等，對外抵抗列強以救國，是值得學習和效法的道路。因此，相關研究小組、讀書會接連在各地興起。

第一次世界大戰期間，中國也掀起反帝國主義的高潮，對抗列強殖民成為一股風尚，當中最值得留意的是有關工業的發展。由於大戰爆發，西方列強無心介入遠東地區事務，特別是關於經濟的侵略活動；在列強對華經濟侵略減緩的情況下，使中國的工業有長足的進展。許多由中國人投資的產業可以廣設工廠，招納失業人口進行生產勞動，隨之而來的是工人階層的崛起。因為中共的活動最初以工人為訴求的對象，故工人階層的崛起便成為中共發展的社會條件之一。

（二）外部因素

中共的出現當然也受到國際環境的刺激與影響。前述俄國革命使得知識分子相當嚮往，只是其中的選項因素。而一次世界大戰帶來的「西方破產」口號和信心危機，毋寧給予一針強心劑。本來，中國知識分子早於清末就接觸社會主義，可是興趣始終集中在西方資本主義社會的自由和民主上。然而，大戰期間列強的帝國主義和資本主義紛紛導致戰爭產生，引發人們強烈質疑過度發展和不受限制的自由理念。俄國革命成功恰巧提供了另一種新的實驗，特別是資本主義顯現危機之際，更增加了社會主義的力量。

隨著列寧（Vladimir Ilyich Lenin）著意組成國際共黨，移植「革命」經驗下，中共得以在中國誕生成長。早在一九一三年三月，列寧發表〈馬克斯學說的歷史命運〉，提出亞洲第一路線的說法；一九一九年三月，列寧領導成立第三國際（the Third International），策動西歐國家的共產革命，但旋即覆滅。自是以後，列寧完全放棄馬克思（Karl Marx）的歐洲第一路線，而把其世界革命的起程，由歐洲轉移到亞洲。在培植親共分子上，蘇俄扮演相當關鍵的角色，甚至提供理論謀略和金錢援助，讓中共建黨初期搭上中國知識界的班車，並迅速吸收黨員。

中國共產黨的建立因素

重要性 → 創立於1920年，直到2010年為止，擁有黨員近八千萬人，為全球最大的政治團體。

中國共產黨的建立

內部因素

- **思想革命** → 1919年，中國因為山東歸屬問題爆發「五‧四」事件，造成思想界的革命。共產主義或社會主義思想因俄國革命成功吸引中國知識青年。知識分子認為：實行共產主義可以像蘇俄一樣，對內打破各階級的不平等，對外抵抗列強以救國。

- **工業發展** → 第一次世界大戰爆發，列強對華經濟侵略減緩，中國的工業有長足的進展。由中國人投資的產業可以廣設工廠，招納失業人口，工人階層崛起，成為中共發展的社會條件之一。

外部因素
（國際環境的刺激與影響）

- **西方破產** → 大戰期間帝國主義和資本主義導致戰爭產生，引發人們強烈質疑過度發展和不受限制的自由理念。

- **社會主義崛起** → 俄國革命成功提供另一種新的實驗，更增加了社會主義的力量。

- **共黨國際** → 1919年3月，列寧成立第三國際，策動共產革命。自是以後，列寧將世界革命的起程，由歐洲轉移到亞洲。

→ 在培植親共分子上，蘇俄扮演相當關鍵的角色，提供理論謀略和金錢援助。

毛澤東

★全球的共產國家梗概

自一九一七年俄國蘇維埃政權建立以後，「對外輸出革命」成為共產國際最重要的任務。歷經二次大戰後「冷戰」壁壘的形成，直到一九九一年蘇聯解體，迄今世界上還以共產黨執政的國家，只剩下中華人民共和國、朝鮮民主主義人民共和國、老撾人民民主共和國、越南社會主義共和國和古巴共和國等五個國家。

UNIT **8-4** 聯俄容共

（一）從獨立、聯合到寄生

中國共產黨成立固然受到內、外情勢的條件所致，但仍有其限制。最初中共運動的對象，主要係以知識分子、工人、青年和婦女為主。可是由於中國工人階層的勢力薄弱，想要建立抗拒軍閥和帝國主義的力量並不容易，所以決定與國民黨並肩作戰。一九二二年，中共舉行第二次全國代表大會，通過了反軍閥、反帝國主義的政治綱領，並正式加入共產國際，同時有意和國民黨組成「聯合戰線」。就表面而論，聯合戰線即是以國共兩黨合作為辦法，一齊進行反軍閥、反帝國主義的運動。

一九一七年十月俄國革命成功之際，孫中山正在廣州組織護法軍政府，未與蘇俄有若干聯絡。然而，為了爭取國際上對中國革命的同情，孫中山乃致電蘇俄，恭賀其革命成功，於是引起列寧對中國的興趣，也開啟了「聯俄容共」之大門。

一九二二年五月，馬林（Marie Sneevliet）在廣州會見孫中山，建議國共兩黨組成聯合戰線。但孫氏不願與中共聯合，只同意共產黨員以個人資格加入國民黨。同年六月，發生陳炯明叛變，孫中山被迫離粵赴滬，網羅各方勢力。馬林於是順從國民黨意見，促使陳獨秀及其黨員等相繼加入，利用國民黨的政治掩護，竭力發展工農運動，為容共之始。

為了積極進行聯俄容共，蘇俄更指派越飛（Adolf A. Joffe）抵達上海，與孫中山直接談判，並於一九二三年一月二十六日發表共同宣言。孫氏公開聲明：我們已不依賴西方，將聯合俄國，以達成打倒軍閥、統一全國的目標。孫中山對國共的合作深具信心，認為經由愛國觀念必能感化盲從蘇俄的中共黨員。他聘請鮑羅廷（Mikhail M. Borodin）擔任政治顧問，督促國民黨進行改組。嗣後，國共合作正式開始，中共便轉化寄生在國民黨內部。

（二）影響和成果

孫中山決定「聯俄容共」，既非國民黨的失策，也不是俄共滲透策略的勝利，乃是革命的情勢使然。然而，從一九二二年八月陳獨秀等第一批中共黨人參加國民黨算起，直到一九二七年七月武漢發生「分共」為止，維繫期間長達五年；雙方即因理念不合，在「北伐」中途成為勢不兩立的死敵。

因主要因素為：❶中共黨員雖是個別參加國民黨，但原來組織仍存在，形成「黨中有黨」的情況；❷多數國民黨人對此一政策缺乏信心，又深感黨內派系分裂不安，故形成反共風潮，且越演越烈。在彼此缺乏共信的基礎下，國共合作形同具文，很快地便因為政治局勢而分道揚鑣。

不過，從後見之明來看，如果沒有施行聯俄容共，中國的面貌或許將有所不同。像是黨軍的建立，造成廣東快速地統一，也使得「北伐」提早實現。當然國民黨「以俄為師」，同樣促成日後國共問題紛爭不斷，造就二十世紀中國歷史的主旋律。

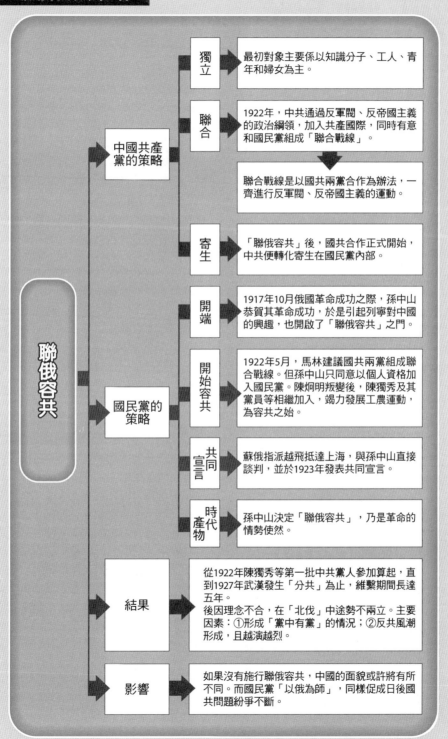

獨立 → 最初對象主要係以知識分子、工人、青年和婦女為主。

聯合 → 1922年，中共通過反軍閥、反帝國主義的政治綱領，加入共產國際，同時有意和國民黨組成「聯合戰線」。

聯合戰線是以國共兩黨合作為辦法，一齊進行反軍閥、反帝國主義的運動。

寄生 → 「聯俄容共」後，國共合作正式開始，中共便轉化寄生在國民黨內部。

中國共產黨的策略

開端 → 1917年10月俄國革命成功之際，孫中山恭賀其革命成功，於是引起列寧對中國的興趣，也開啟了「聯俄容共」之門。

開始容共 → 1922年5月，馬林建議國共兩黨組成聯合戰線。但孫中山只同意以個人資格加入國民黨。陳炯明叛變後，陳獨秀及其黨員等相繼加入，竭力發展工農運動，為容共之始。

共同宣言 → 蘇俄指派越飛抵達上海，與孫中山直接談判，並於1923年發表共同宣言。

時代產物 → 孫中山決定「聯俄容共」，乃是革命的情勢使然。

國民黨的策略

聯俄容共

結果 → 從1922年陳獨秀等第一批中共黨人參加算起，直到1927年武漢發生「分共」為止，維繫期間長達五年。
後因理念不合，在「北伐」中途勢不兩立。主要因素：①形成「黨中有黨」的情況；②反共風潮形成，且越演越烈。

影響 → 如果沒有施行聯俄容共，中國的面貌或許將有所不同。而國民黨「以俄為師」，同樣促成日後國共問題紛爭不斷。

UNIT **8-5**
國民革命軍「北伐」

圖解中國史

（一）「北伐」戰爭經過

民國建立以後，最初袁世凱有意恢復帝制，遭到國際與國內各方反對；之後袁氏病死，軍閥混戰開始。昔日革命黨在民國後改稱「國民黨」，並在孫中山領導下，於一九一七年在廣州成立護法政府。為了尋求外援和武裝力量，孫中山採取「聯俄容共」的政策，並在黃埔建立軍校，命蔣介石籌辦陸軍軍官學校。革命軍自此有了基本力量。孫氏過世後，護法政府遵從中國國民黨全國代表大會的決議，於一九二五年七月成立國民政府，所有軍隊一律改編為「國民革命軍」。隔年初，兩廣統一；不久，即以蔣介石出任國民革命軍總司令，誓師「北伐」。

這場南方軍隊向北征討的戰爭，起始於一九二六年七月九日，完成於一九二八年十二月二十九日張學良宣布東北易幟為止。在此期間，國民政府曾遷至武漢，但接著由於國共分裂，武漢政府為共黨所把持，國民黨員於南京另組國民政府，造成「寧漢分裂」，致使北伐工作一時停頓。直到一九二八年初，才繼續北伐，於六月收復北京。東北實力派張學良在十二月時通電服從國民政府，分裂的南北局勢遂告統一。

（二）「北伐」成功的歷史意義

國民革命軍「北伐」的成功，結束了國家分裂的態勢。它是中國歷史上僅有的兩次由南向北統一全中國的例子（另一次是明朝對元朝的北伐）。儘管達成政治的統一，可是在許多方面都是屬於形式上的；奉系、西北軍系、晉軍乃至地方有實力的軍人，最終是以「歸化」和妥協的方式接受國民政府的指揮，因

此當時尚有「軍事北伐，政治南伐」的說法。

值得注意的是「北伐」行動乃受到明確的軍事目標所致。尤其是得自政治口號和主義宣傳的推波助瀾，「北伐」不獨改變了此後中國的政局，也對社會上思想文化造成若干深遠的影響。簡言之，黨和主義成為人人必須奉為圭臬的信仰，同時也造就了許多生活形態的改變。舉例來說，如政治語言的實踐，像「軍閥」成為黨同伐異的工具；又如「階級」、「革命」等迅速成為重要的社會語言。

這些名詞或口號陸續內化到日常生活裡，促使原本的思想習慣、觀念信仰產生變遷，帶來社會的新風貌。此外，跟革命有關的儀式，亦紛紛躍上歷史舞臺，例如群眾大會、解放婦女的口號及動員、破除宗教迷信活動等。

😊小博士解說

「寧漢分裂」是一九二七年國民政府在「北伐」期間，中國國民黨因容共問題所引起的內部分裂歷史事件。寧、漢分別指的是南京和武漢。時任「北伐」總司令的蔣介石，以武漢的國民政府遭受共產黨控制為由，於是另在南京籌組新的國民政府，主張清黨。結果武漢方面下令開除蔣的黨籍，並予以通緝；南京亦下令通緝約二百名共產黨員。最後整起事件以武漢政府主動進行清黨防共而告終。

國民革命軍「北伐」

袁氏病死，軍閥混戰開始。

革命黨在民國後改稱「國民黨」，並在1917年成立護法政府。為尋求外援和武裝力量，孫中山採取「聯俄容共」政策，並在黃埔建立軍校，命蔣介石籌辦。

1925年成立國民政府，所有軍隊一律改編為「國民革命軍」。

1926年初，兩廣統一；以蔣介石任國民革命軍總司令，誓師「北伐」。

起始於1926年7月9日。

國共分裂，武漢政府為共黨把持，國民黨員於南京另組國民政府，造成「寧漢分裂」，致使「北伐」工作一時停頓。

1928年初，才繼續「北伐」，於6月收復北京。

完成於1928年12月29日，東北實力派張學良宣布東北易幟，南北遂告統一。

結束了國家分裂的態勢。它是中國歷史上僅有的兩次由南向北統一全中國的例子。

行動乃受到明確的軍事目標所致。黨和主義成為人人必須奉為圭臬的信仰。

對社會上思想文化造成若干深遠的影響，造就許多生活形態的改變。像「軍閥」、「階級」、「革命」等這些名詞或口號，促使原本的思想習慣、觀念信仰產生變遷，帶來社會的新風貌。

跟革命有關的儀式，亦紛紛躍上歷史舞臺。

革命軍「北伐」

經過　　「北伐」前

　　　　「北伐」開始

成功的歷史意義

233

UNIT **8-6**
蔣介石

（一）其一生與近代中國的歷史連結

圖解中國史

　　蔣中正，字介石，浙江省奉化縣人。年幼時曾入私塾讀書，接受科舉教育，惟未考取。十七歲至奉化的鳳麓學堂，學習英文、算術等新學；一九〇六年，首次東渡日本，學習軍事，結識陳其美等革命分子，參與革命工作。民國建立，刺殺光復會領導人陶成章，參與討袁二次革命活動，結果屢次亡命日本。

　　一九二〇年代初期，孫中山在廣州組織護法政府，蔣介石隨侍協同作戰，備受重用，開始崛起政壇。「聯俄容共」和改組國民黨期間，奉派到蘇俄考察政治體制和軍事系統，蔣認為共產主義不適於中國。一九二四年，孫中山決定開辦軍校，建立屬於黨的武力，任命蔣氏為陸軍軍官學校（即黃埔軍校）籌備委員會委員長。此後蔣介石平步青雲，逐漸進入權力核心中。

　　孫中山過世後，蔣介石憑藉軍隊的力量，屢建戰功。先是「東征」，之後又進行「北伐」；儘管「北伐」期間曾發生寧漢分裂，蔣氏一度下野，但最終完成形式上的統一中國。一九二八年，蔣出任國民政府主席兼國民政府軍事委員會委員長；他保有前者至一九三一年，保有後者至一九四六年。

　　因為掌握這兩項職位，蔣介石得以在一九三〇、四〇年代接連指揮剿共和抗日等活動，成為中國的政治領導核心人物。二次大戰結束，國民政府受到通貨膨脹問題、貪汙腐敗困擾，以及發生國共內戰，蔣氏聲望飽受挑戰和質疑。一九四八年三月二十九日，蔣雖經第一屆國民大會以高票當選為中華民國行憲後第一任總統，然不利情勢迫使他下臺，一九五〇年才在臺北「復行視事」，直到一九七五年過世為止。

（二）兩面評價在人間

　　蔣介石在近代中國具有舉足輕重的地位，是位毀譽參半之人物，人們對他的評價往往趨於兩極。如果以一九四九年為分界的話，可以大概看出蔣的歷史地位和特色。

　　在前半期中，蔣氏由一位沒沒無名的平凡小民，逐漸成為國家領導人物。而他的個性剛直堅忍，造就出好壞兩面：一方反映在其推動的「新生活運動」和對日的作戰上；可是另一方許多事情也都相當專擅掌權，且絲毫不對政敵客氣。李宗仁稱蔣的統治有「流氓治國」的特色，可以從中看出一般。

　　最應該留意的是後半期蔣介石在臺灣的種種統治。他以維持動員戡亂時期臨時條款體制，繼續保有國民黨統治的優勢；換句話說，一九四九年後的臺灣政治，呈現的是中華民國在大陸時期的統治遺產，而非因應現實情況調整的政治生態。如此情形成為冷戰國際體制下的一環，直到一九八〇年代才出現變化。有意思的是，蔣介石最大的願望是「反攻大陸」；為了堅持中華民國是唯一合法的中國政府，蔣氏用高度神化的方式來塑造自我形象。這也使得他在面對言論自由的問題時，經常選擇以穩定自我的地位為考量，釀成「恐怖統治」的不幸悲劇。

蔣介石大事紀

蔣介石

大事紀

1906年，首次東渡日本，學習軍事，結識陳其美等革命分子，參與革命工作。

1920年代初期，孫中山在廣州組織護法政府，蔣介石協同作戰，開始崛起政壇。

1924年，孫中山任命蔣氏為陸軍軍官學校（即黃埔軍校）籌備委員會委員長。此後逐漸進入權力核心中。

1928年，蔣出任國民政府主席兼國民政府軍事委員會委員長。因為掌握這兩項職位，蔣介石得以在三〇、四〇年代接連指揮剿共和抗日等活動，成為政治領導核心人物。

1948年，當選為中華民國行憲後第一任總統，然不利情勢迫使他下臺，1950年才在臺北「復行視事」。

兩面評價

以一九四九年為分界

前半期由一位平凡小民，逐漸成為國家領導人物。

反

許多事情相當專擅掌權，且絲毫不對政敵客氣。

正

反映在其推動「新生活運動」和對日的作戰上。

後半期開始在臺灣的種種統治。

最大願望是「反攻大陸」；為了堅持中華民國是唯一合法的中國政府，用高度神化方式來塑造自我形象。

以維持動員戡亂時期臨時條款體制，繼續保有國民黨統治的優勢。

面對言論自由的問題時，以穩定自我地位為考量，釀成「恐怖統治」。

1949年後，呈現出中華民國在大陸時期的統治遺產，而非因應現實情況調整的政治生態。

UNIT 8-7
主義崇拜

圖解中國史

（一）傳入中國的各種「主義」及其崇拜

「主義」一詞是日本對英文「ism」的翻譯，在中國約於黃遵憲的《日本國志》首次出現。晚清時期「主義」的運用非常流行，主要原因是一九一〇至一九一七年間，西方各種思想、學說被大量介紹到中國。對當時的中國人而言，「主義」代表的不只是某種理論、學說，還具有某種「進步」、「道德」的意味，能讓人們所有的努力與活動有所準則，產生一定的方向，甚而成為團體、組織凝聚的中心。

至於中國思想界對主義的崇拜，濫觴於「五・四」新文化運動時期。縱使新文化運動的領導者——胡適、蔡元培等人並不標榜任何主義、不講求信仰，但他們「學術救國」的理念，卻無形中強化了「理念」、「思想」與「信仰」的力量。受到這些影響，一九一九年的「五・四」學生運動，鼓舞部分青年學子投入「愛國」、「救國」的行列，其行動雖未直接指涉政治，卻試圖從思想、文化或社會層面上著手，以達到政治改革的目的。其中最明顯的是「五・四」運動之後許多期刊、雜誌、社團的大量政治化。以「少年中國學會」為例，便有部分社員認為，少年中國應該要有一個政治的「主義」，才能有奮鬥的中心目標，而此一主義便是李大釗所提倡的「馬列主義」。

（二）主義的政治化影響

「主義」的應用在清末即有，但真正產生極大的影響力，則是在一九二〇年代之後。隨著俄國大革命的勝利，馬列主義及俄國的「主義」、「黨」、「軍」三位一體之新政黨形式，風靡了當時的中國各界。隨著皇權的傾圮後，傳統的「意義之網」也跟著瓦解；儒家四書五經所構築的世界觀、信仰，也因為新文化運動的「打倒孔家店」，而喪失其憑藉。在一個信仰消失的年代，不論是馬克思主義還是三民主義，都適時填補了信仰的缺口。

北伐的成功，是「主義」戰勝「問題」的里程碑。孫中山在一九二〇年代初期，即決定以俄國的新政黨形式來改革國民黨。他以「三民主義」取代「馬克思主義」，並成立黃埔軍校，訓練出一支信仰三民主義的黨軍，以對抗沒有「主義」的軍閥，同時積極在各地發展黨部，形成嚴密的組織系統。直到一九二八年張學良的易幟，南北正式統一於國民政府的麾下，才開啟了黨國一體的「黨治」時代。

在一九二八年的「全國教育會議」中，正式規定全國各級學校奉行三民主義，也利用「黨義」收編各種文化論述。戴季陶曾是國民黨內三民主義的最佳詮釋者；他認為中國之所以不如日本，關鍵在於日本的國民有信仰、有主義，所以中國學者應從各個角度來詮釋三民主義，以達到「學問」與「主義」一體的理想。就像孫中山於《三民主義》開端所說的：「主義是一種思想、一種信仰、一種力量」，充分揭示了「主義」成為信仰的力量。

主義的崇拜與影響

主義

首次出現 → 「主義」一詞是日本對英文「ism」的翻譯，在中國約於黃遵憲的《日本國志》首次出現。

晚清流行 → 主因是1910至1917年間，西方思想、學說大量被介紹到中國。「主義」代表的不只是某種理論、學說，還具有某種「進步」、「道德」的意味。

主義崇拜

濫觴於「五・四」新文化運動時期。

胡適、蔡元培等人並不標榜任何主義、不講求信仰，但他們「學術救國」的理念，卻強化「理念」、「思想」與「信仰」的力量。

「五・四」運動之後，許多期刊、雜誌、社團大量政治化。

政治化影響

極大影響力 → 「主義」在1920年代之後真正產生極大的影響力。俄國大革命勝利，馬列主義及俄國的「主義」、「黨」、「軍」三位一體之新政黨形式，風靡中國。

主義戰勝問題

北伐的成功，是「主義」戰勝「問題」的里程碑。

孫中山以「三民主義」取代「馬克思主義」，並成立黃埔軍校，對抗沒有「主義」的軍閥。

黨治時代

1928年「全國教育會議」中，正式規定全國各級學校奉行三民主義，也利用「黨義」收編各種文化論述。

戴季陶曾是國民黨內三民主義的最佳詮釋者；他認為中國學者應從各個角度來詮釋三民主義。

UNIT 8-8
抗戰與民族國家的建設

圖解中國史

（一）日本的「大陸政策」

日本對中國東北（滿洲）的關注始於清末，除了覬覦東北豐富的礦產資源外，還有許多心理與文化層面的因素。北伐成功後，國民黨迅速成為中國統一的政治中心；儘管蔣介石領導的國民政府，受到許多來自黨內、共產黨和其他軍事勢力的挑戰，仍呈現不斷穩固、擴大的態勢。如此穩定發展的中國，使得人民的民族意識日漸增強，讓清末以降據有東北一小塊勢力的日本軍方深感不安。加上一九三○年代世界經濟蕭條所影響，終使日本國內開始出現強硬的外交政策，重新調整對華態度，令中日關係趨於緊張。

一九三一年，日本關東軍藉口其陸軍軍官被殺，於九月十八日晚間開始向瀋陽的中國軍隊進攻。翌日清晨占領瀋陽，之後安東、長春、撫順、吉林等地陸續淪陷。這場舉世震驚的「九‧一八」事變，實為引發中日戰爭的前哨戰。國民政府當時將注意力放在掃蕩共黨勢力的軍事行動上，但日本的侵略手段卻未停止。一九三二年一月二十八日，又以上海抵制日貨為藉口，日本命令艦隊砲轟吳淞口，軍隊進攻閘北，並在東北建立「滿洲國」。國民政府迫於形勢下，與日本簽訂了「塘沽停戰協定」，此後東三省及熱河成為日本的勢力範圍。

（二）戰爭與現代民族國家的建設

日本接連的軍事侵略行動，促使中國反日情緒高漲。一九三六年「西安事變」發生，開啟國共二次合作的序曲，對日抗戰成為主調；一九三七年「盧溝橋事變」後，引動全面性的中日兩國戰爭。嗣後，國民政府遷都重慶，決定開始長期抗戰。

為期八年的抗日戰爭，大致可分為三期。第一期從「盧溝橋事變」開始到一九三八年底，以中國廣大的空間，粉碎日本「速戰速決」的企圖。第二期到一九四一年太平洋戰爭的爆發，以游擊戰的方式，完成持久抗戰的準備，等待國際形勢的轉變。第三期則是援引國際間的加入，遂使得中日戰爭進入世界大戰之中。

中日戰爭最大的轉變，在於太平洋戰爭之後，中國成為「同盟國」的一員，擺脫孤軍作戰的時代。雖然在英、美主導的世界戰爭中，中國仍未被視為世界重要的強國之一，但中國的國際地位卻因為二戰而日漸升高。一九四三年的「開羅會議」，中國分別與英、美簽訂平等新約，廢除自鴉片戰爭以來不平等條約中所擁有的特權。中國自此擺脫「次殖民地」的境遇，成為一個真正的民族國家。

此外，隨著國民政府內遷的結果，中國以往被視為「邊疆」的內地，也因歷經戰爭的需要而被開發。尤其是許多初次來到四川、雲南、貴州等省分的沿海人士，他們目睹許多不曾見聞的社會現象和族群，體驗了當地住民生活，並將其書寫成文字出版，公諸於世人之前。就這個角度而言，戰爭雖然造成人民流離失所，卻也增加了文化的溝通交流，同時帶來民族國家的建設。

抗戰與民族國家的建設

日本的「大陸政策」 → 日本對中國東北（滿洲）的關注始於清末，除了覬覦礦產資源外，還有許多心理與文化層面的因素。

1930年代世界經濟蕭條，日本國內開始出現強硬的外交政策。

中國穩定發展，人民民族意識日漸增強，讓日本軍方深感不安。

中日戰爭的前哨

九一八事變 → 1931年，日本關東軍藉口軍官被殺，向瀋陽的中國軍隊進攻。這場舉世震驚的「九‧一八」事變，實為引發中日戰爭的前哨戰。

塘沽停戰協定 → 1932年，日本艦隊砲轟吳淞口，並在東北建立「滿洲國」，此後東三省及熱河成為日本的勢力範圍。

對日抗戰

西安事變 → 1936年「西安事變」發生，開啟國共二次合作的序曲，對日抗戰成為主調。

盧溝橋事變 → 1937年，引起全面性的中日兩國戰爭。國民政府遷都重慶，決定長期抗戰。

八年抗戰分期

第一期從「盧溝橋事變」開始到1938年底，以中國廣大的空間，粉碎日本「速戰速決」的企圖。

第二期到1941年太平洋戰爭的爆發，以游擊戰方式，完成持久抗戰的準備，等待國際形勢轉變。

第三期援引國際加入，使中日戰爭進入世界大戰之中。

戰爭的影響

太平洋戰爭之後，中國成為「同盟國」的一員，中國國際地位日漸升高。

1943年「開羅會議」，中國與英、美簽訂平等新約，擺脫「次殖民地」的境遇，成為一個真正的民族國家。

隨著國民政府內遷，中國「邊疆」的內地被開發。

戰爭造成人民流離失所，卻也增加文化的溝通交流，同時帶來國家建設。

UNIT **8-9** 國共內戰

一九四九年前，國民黨與共產黨之間為爭奪中國統治權，至少爆發兩次的內戰：第一次發生於一九二七至一九三七年間，第二次則是於一九四五年起至一九四九年結束。

（一）第一次國共內戰

第一次的國共內戰，由國民黨領導的國民政府先後五次圍攻共產黨在江西的根據地。一九三四年，國民政府對中共中央蘇區進行第五次圍剿，造成共軍主力被迫「長征」，並於一九三五年抵達了陝北。隔年十二月，「西安事變」發生，共黨以「統一戰線」呼籲停止內戰，應共同抵抗日本的侵華。歷時將近十年的剿共戰事，終於達成合作抗日的協議。

中國共產黨經過第一次內戰，元氣大傷；緊接而來抗日戰爭的爆發，使其獲得休養生息的機會。因此，中共於抗日戰爭期間，政策改以發展自身勢力為主，盡力避免與日軍進行大規模作戰。儘管如此，國共雙方的衝突仍不可免，特別在對日抗戰後期，已可稍見端倪；像是發生在一九四四年的「新四軍事件」，即為一例。二次大戰結束後，國、共雙方對於接收日本占領區的工作上，呈現出一種競賽的態勢。

（二）第二次國共內戰

二戰後美國基於扶植中國、促使亞洲穩定的目標，積極調解國共紛爭。一九四五年十二月，美國派遣馬歇爾特使來華調停，召開「政治協商會議」；但國、共兩黨卻未遵守，仍各自進行軍隊部署，企圖以武力取得勝利。馬歇爾於是要求國民政府與共產黨停戰，共組聯合政府，否則停止對華經濟援助。國府由於亟需美方援助，被迫簽署停戰協定。然而，中共兀自整編軍隊，擴張占領區，破壞協定。一九四六年一月八日，馬歇爾的調停任務失敗，黯然賦歸，國共和談終止，內戰隨之而起。

一九四八年的徐蚌會戰，關係雙方整體局勢。共軍出動三十萬人部隊，重重包圍國府軍隊，戰事高下立判。一九四九年，總統蔣介石引退，李宗仁代總統職，與中共進行和談；四月，和談破裂，國共戰爭復起，數月後局勢急遽惡化。直到該年十二月二十七日，國府自成都撤守，中國大陸幾乎已全部落入中共之手，只得決定遷往臺灣。

在先後將近四年半的時間，共黨獲得最後勝利，主要有如下因素：

❶國軍控制了所有的大城市和鐵路線，共軍則用典型的游擊戰略，以「農村包圍城市」，使國軍據守的城市之間失去聯繫，陷於孤立。

❷在外援上，共黨受到蘇俄扶持，而國府在美國的壓力下與中共進行和談，甚至美國放棄支援國府。

❸戰後中國各派人士對政府提出的改革建言，均因國民黨不願放棄特權，而失去知識分子的支持。

❹八年抗戰後民心厭戰，共黨以「社會改革」為口號，影響了民心歸向。

國共內戰

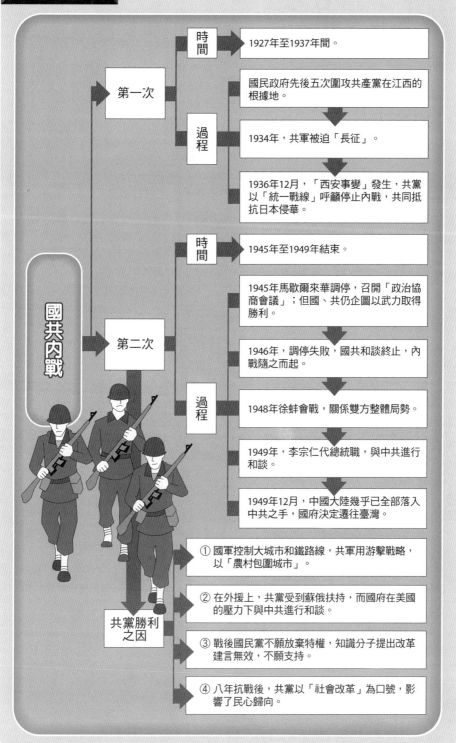

第一次	**時間**	1927年至1937年間。
	過程	國民政府先後五次圍攻共產黨在江西的根據地。
		1934年，共軍被迫「長征」。
		1936年12月，「西安事變」發生，共黨以「統一戰線」呼籲停止內戰，共同抵抗日本侵華。

國共內戰

第二次	**時間**	1945年至1949年結束。
	過程	1945年馬歇爾來華調停，召開「政治協商會議」；但國、共仍企圖以武力取得勝利。
		1946年，調停失敗，國共和談終止，內戰隨之而起。
		1948年徐蚌會戰，關係雙方整體局勢。
		1949年，李宗仁代總統職，與中共進行和談。
		1949年12月，中國大陸幾乎已全部落入中共之手，國府決定遷往臺灣。

共黨勝利之因

① 國軍控制大城市和鐵路線，共軍用游擊戰略，以「農村包圍城市」。

② 在外援上，共黨受到蘇俄扶持，而國府在美國的壓力下與中共進行和談。

③ 戰後國民黨不願放棄特權，知識分子提出改革建言無效，不願支持。

④ 八年抗戰後，共黨以「社會改革」為口號，影響了民心歸向。

UNIT **8-10**
毛澤東

（一）打天下的光棍

圖解中國史

毛澤東，字潤之，湖南省湘潭縣人。一九一八年，毛澤東自湖南第一師範學校畢業後，即赴北京，在北京大學圖書館擔任助理員。當時北大圖書館主任李大釗是近代中國推動社會主義與馬克思主義的先驅，毛澤東深受其言論與行動的影響。一九二〇年，毛澤東接受陳獨秀和李達的委託，積極籌備中國共產黨的建立。

中國共產黨成立後，毛澤東隨即回到湖南，一九二一年底在湖南成立共產黨支部，並積極發展黨員工作。相較於共產主義素來以工人為動員對象，毛澤東在湖南的農民運動中體認到：農民才係中國社會的主要力量，是共產黨最可靠的同盟軍和廣泛的群眾基礎。一九二七年，由毛澤東起草的〈農民問題決議案〉中指稱：中國共產黨應該注重農民運動的力量，把農民發動起來，即可形成革命的局面。接著「南昌起義」、八七會議和「秋收起義」，陸續開啟了中國共產黨獨立領導武裝鬥爭的新時期。毛澤東將「槍桿子出政權」與「農民運動」結合，成為日後中共革命道路的重大戰略和決策。

（二）毛對中共革命的詮釋

毛澤東對中國共產黨的影響，除了確立正確的革命路徑外，在思想與理論上也有卓著的貢獻。他的特別之處在於其並未墨守馬列主義，而是將其與中國社會的具體形勢相互結合，形成適合中國國情的指導思想。毛推動人民公社，頗有援引自《後漢書·張魯傳》中「義社」的觀念；在文化大革命期間，毛澤東曾說：「馬克思主義千條萬條，歸納起來就是一條——『革命無罪』」；毛澤東思想千句萬句，總結起來就是一句——『造反有理』。」足見毛澤東的思想體系絕不僅僅是馬克思、列寧主義的中國化，而是更加獨立、更具創新性和突破性的理論主張。

曾被《時代》雜誌評選為二十世紀最具影響的百人之一——毛澤東，對中國近代史的發展確曾產生重大影響。他針對中國現實的情況，提出了一個與俄國共黨革命不同的革命道路，並於一九四九年成功奪取政權。

中華人民共和國成立之初，人民為推翻腐敗的國民政府而欣喜，並將新疆、西藏歸於中國中央政府的統治之下，建立了一個相對廉潔、「為人民服務」的政府；土地改革運動，也讓占中國人口多數的農民獲得自己的土地。至於韓戰和越戰的勝利，除了證明中國的軍事實力之外，更進而取代蔣介石領導的中華民國，成為聯合國安理會常任理事國，提升其在國際社會中的影響力。

但毛澤東建國後主導的各項政治運動，卻為中國帶來巨大的災難。文革期間文化和教育事業遭到破壞，造成大量青年學子「上山下鄉」，荒廢學業。「大躍進」和「反右」則打壓了文化人士的言論，踐踏許多知識分子的身心及性命，導致日後中國的知識界產生人才斷層。

革命無罪，造反有理

建立中國共產黨

> 1920年，毛澤東接受陳獨秀和李達的委託，積極籌備中國共產黨的建立。

> 1921年底在湖南成立共產黨支部，並積極發展黨員工作。

戰略決策

> 1927年，由毛澤東起草的〈農民問題決議案〉中指出，中國共產黨應該注重農民運動的力量，把農民發動起來。

> 「南昌起義」、八七會議和「秋收起義」，開啟中國共產黨獨立領導武裝鬥爭的新時期。

> 「槍桿子出政權」與「農民運動」的結合，成為日後中共革命道路的重大戰略決策。

毛澤東

對中國共產黨的影響

思想上：建立正確的革命路徑
①未墨守馬列主義，而是將其與中國具體形勢相互結合，形成適合中國的指導思想。
②不僅僅是馬克思列寧主義的中國化，而是更獨立、具創新性和突破性的理論主張。

建立政權：1949年成功奪取政權
①中華人民共和國成立之初，新疆、西藏歸於中國中央政府的統治之下。
②土地改革運動，讓農民獲得自己的土地。

提升國際影響力
韓戰和越戰的勝利，證明中國的軍事實力，更進而取代中華民國，成為聯合國安理會常任理事國，提升國際社會影響力。

負面影響
文革期間，文化和教育事業遭到破壞，「大躍進」和「反右」打壓文化人士的言論，導致日後中國的知識界產生人才斷層。

UNIT **8-11**
「二‧二八」事件

圖解中國史

（一）悲劇性的開端

臺灣於甲午戰後割讓給日本，儘管殖民的統治社會經歷近代化建設，但臺灣人與日本人之間，無論政府公職或私人企業，都有著種種的差別待遇。使得臺灣的知識分子長期以來深感不平。直到一九四五年第二次世界大戰結束，臺灣主權在「同盟國最高司令官總司令部」（GHQ）支持下歸屬中華民國，許多民眾對「祖國」懷抱熱切期待，結果事與願違。

以政治上來說，公職多由外省籍人士和具有中國經驗的「半山」人士出任，本地菁英則被排除在外。經濟方面，國民政府接收日本公私企業，採取統制政策，但受中國戰後經濟危機的衝擊和影響，致使島內貪汙、走私橫行，民生物資匱乏，物價飛漲。加上官員與駐軍紀律的腐化，還有語言文化產生的隔閡，形成認同之鴻溝。

上述長期累積的不滿，終在一九四七年二月二十七日爆發。由一起地方查緝私菸事件引發糾紛，造成公憤。隔天，臺北市區出現罷工、罷市與遊行抗議，結果過程裡衛兵開槍掃射，死傷多人；群眾因而騷亂，遷怒波及部分外省民眾。衝突情勢更經由電臺廣播迅速向外蔓延，演變成為全島性的反抗行動。

這段期間，臺籍人士一方面由地方士紳與民意代表組成「二二八事件處理委員會」，希望以政治協商取得自治；另一方面則組織武裝部隊，與各地的政府機關、駐軍對峙。然而，在缺乏共識基礎和組織經驗下，雙方形勢逆轉。陳儀佯裝讓步，接受協商，又向南京當局呈報此為「軍事叛亂」，力主從大陸派兵來臺鎮壓。最後，和平解決的可能性終於破滅，導致大批臺籍菁英在日後的「清鄉」中紛紛遇害。

（二）歷史記憶與當代社會

事件後，隨著政治形勢嚴峻，臺籍菁英多因恐懼與失望而轉為沉默。接著，在國民政府推動「反共」的白色恐怖下，許多人為此受到肅清，有的人選擇與官方合作，成為國府的地方基礎；也有許多民眾無意涉足政治，專謀一己的生活。總之，國府遷臺後，公共領域的思想遭到箝制，讓合理的現代法治政治難以開展。

在「動員戡亂」的戒嚴體制下，長達四十年間，「二‧二八」事件成為一項禁忌，直到九〇年代政治民主化之後，才得以公開調查，並由政府向受難者致歉。然而，迄今解嚴二十多年來，有關這段歷史的論述卻多停留在情緒層面，甚或簡化為各自不同政治立場的符號。它雖然經常被人們提起，卻未曾被認真地對待；究其因素，乃同時凝聚了戒嚴體制下各種不同的歷史記憶緣故。在此意義之下，「二‧二八」毋寧是個「未完成的事件」。

單憑當時的事件經歷來進行探討，並不能解開這些複數記憶之間的糾葛，惟有認識戰後臺灣社會中政治文化與權力關係的變遷，並以此作為起點，才能獲致更客觀地歷史評價。同樣地，經過轉型正義而給予「二‧二八」應有的地位，才能使當代社會真正走向成熟的民主政治。

「二・二八」始末

「二・二八」事件

悲劇開端 → 1945年二次大戰結束，臺灣主權歸屬中華民國，民眾對「祖國」懷抱熱切期待，卻事與願違。

↓

其他 → 同隔言律官鴻閣文的員溝，化腐與。形產化駐成生，軍認的語紀

經濟上 → 漲匱行貪。乏，汙，民、物生走價物私飛資橫

政治上 → 除本山中籍公在一人國職地一人士的多菁人士出具由英被任外被排一，半有省外。

悲劇爆發
- 1947年2月27日爆發。由一起地方查緝私菸事件引發糾紛，造成公憤。
- 臺北市區出現罷工、罷市與遊行抗議，衛兵開槍掃射，衝突情勢演變成為全島性的反抗行動。
- 臺籍人士組成「二二八事件處理委員會」，以政治協商取得自治；另一方面組織武裝部隊。
- 陳儀力主從大陸派兵來臺鎮壓。最後，和平解決的可能性破滅，大批臺籍菁英紛紛遇害。

白色恐怖
- 國民政府推動「反共」的白色恐怖，許多人受到肅清，臺籍菁英多因恐懼與失望而轉為沉默。
- 公共領域的思想遭到箝制，讓合理的現代政治難以開展。

歷史記憶
- 有關這段歷史的論述多停留在情緒層面，甚或簡化為各自不同政治立場的符號。
- 「二・二八」是個「未完成的事件」。單憑事件並不能解開之間的糾葛，惟有認識戰後臺灣社會中政治文化與權力關係的變遷，才能獲致更客觀地歷史評價。
- 經過轉型正義給予「二・二八」應有的地位，才能走向成熟的民主政治。

UNIT **8-12**
冷戰時期的國共關係

圖解中國史

（一）何謂「冷戰」？

第二次世界大戰結束後，近代殖民帝國下的國際體系瓦解，十九世紀以來的國際秩序於焉重組。以美國和蘇聯為中心，資本主義與社會主義國家分為兩大陣營，在一九四七年至一九九一年間，於政治、外交、經濟各層面上持續進行對抗、衝突和競爭。這段時期，雖然彼此陣營的分歧和衝突嚴重，但有鑑於二戰時期核子武器可能導致相互毀滅的經驗下，雙方都盡力避免爆發大規模的戰爭傷亡，形成一種「恐怖平衡」的關係。兩方陣營之對抗，經常通過科技發展、軍備競賽，和外交聯合競爭等「冷」方式來進行，目標是「相互遏制，卻又不訴諸武力」，因此稱之為「冷戰」（cold war）。

（二）國共兩黨在國際冷戰體系下的關係

冷戰國際情勢的建構，也反映在國共兩黨的競爭中。一九四九年，國民政府播遷來到臺灣，中共建立中華人民共和國，自此中國一分為二，形成「兩個中國」的局勢。此後雙方各自依附美國和蘇聯陣營，在國際間進行外交活動，直到一九七〇年代才產生變化。

由於兩極化的國際秩序，使得中華民國和中華人民共和國分別採取截然迥異的世界觀和意識型態。國民黨以「反共抗俄」作為基調，對外爭取資本主義式國家的支持，對內以「白色恐怖」打壓異己；共產黨則訴求「反右」、「反資產階級」，對外與社會主義式國家結盟，對內施行「赤色恐怖」。以在臺灣的中華民國政府為例，至少在退出聯合國之前，無論在金錢或制度上都曾接受美國大量的援助，並堅守「反共」政策。這些林林總總的反共工作中，最值得一提就是施行「心戰」。

所謂「心戰」，係指對大陸進行廣播與空飄作業。廣播是國民黨宣傳的重要工具。主要的電臺有金門前線電臺、中央廣播電臺和中國廣播公司的「自由中國之聲」。至於廣播的內容包羅萬象，從時事講評、宣讀國民黨當局的文告，乃至到社會新聞等。像是蔣介石的文告，電臺一般都對大陸全文廣播，可是因為蔣氏有濃厚的寧波口音，一般人聽不太懂，所以通常不播放原聲，而是由播音員以標準普通話播出。在那個年代，國共兩黨透過廣播的「爭吵」形成「對話」，無異於內戰的某種延續。

另一種「心戰」為空飄氣球。一般而言，氣球攜帶多為國府的旗幟標語和傳單，內容主要是宣傳反共，或表現國民黨在臺灣的建設工作，或對中共的評論。有時也空飄一些食米，配合宣傳。由於承載的體積和重量越來越大，故有巨型氣球應運而生。據傳最大的氣球有一層樓高，升空後可以飄到很遠的地方，造成國際新聞。譬如以色列的國家通訊社曾發布新聞，聲稱發現來自亞洲飄來的政治宣傳氣球；而一九六二年前美國國務卿杜勒斯（John F. Dulles）訪問金門時，也曾拿著空飄氣球留影。

國共冷戰

冷戰時期的國共關係

- 冷戰的定義 → 二次大戰後，以美國和蘇聯為中心，資本主義與社會主義國度分為兩大陣營，雙方通過局部代理人戰爭、科技發展和軍備競賽、外交聯合競爭等「冷」方式來進行，目標是「相互遏制，卻又不訴諸武力」。

- 國共冷戰政策
  - 形成背景 → 1949年，中國一分為二，形成「兩個中國」的局勢。各自依附美國和蘇聯陣營，直到1970年代才產生變化。
  - 國民黨 → 以「反共抗俄」作為基調，對外爭取資本主義式國家的支持，對內以「白色恐怖」打壓異己。
    - 施行「心戰」，即進行廣播與空飄作業。對大陸
      - 廣播內容從時事講評、宣讀國民黨當局的文告，到社會新聞等。
      - 空飄氣球攜帶多為國府的旗幟標語和傳單，內容主要是宣傳反共，或表現國民黨在臺灣的建設工作，或對中共的評論。
  - 共產黨 → 訴求「反右」、「反資產階級」。對外與社會主義式國家結盟，對內施行「赤色恐怖」。

知識補充站　★金雞獨立王貞治

「冷戰」體制對全世界具有深刻的影響，尤其是對東亞地區的國家和文化而言。國、共兩黨因為政治立場緣故，思想及意識型態的對立也普遍存於演藝界、體育界之中。例如：以「稻草人式打擊法」（也有人稱為「金雞獨立式打擊法」）聞名的棒球選手王貞治，其父親王仕福在一九二二年從故鄉浙江青田東渡至日本謀生，並娶日人為妻；在一九七二年以前，王父因不願加入日籍而一直使用中華民國護照。但由於日本與中華民國斷交，王父遂因嚮往落葉歸根，改持中華人民共和國護照；至於王貞治等子女則保有中華民國護照，直到今天。可是，王貞治的國籍歸屬，究竟是中國人（中華民國、中華人民共和國）？還是臺灣人？甚至是日本人？這使得他成為冷戰時期特有的「歷史產物」。

UNIT **8-13**
文化大革命

（一）革命的社會基礎

圖解中國史

一九四九年，毛澤東在北京的天安門廣場上，正式宣布新中國的成立。為了施行全面改革，中華人民共和國以蘇聯的計畫經濟模式為典範，縮減私人產業，並以集體化方式重組農村。目標是藉由集體化擴大經營規模，提高生產力。然而，在獲得最初十年的經濟發展果實之後，其中的矛盾卻逐漸浮現。「革命」和「現實」究竟如何取捨？成為建國以後中共亟待解決的問題。

首先，為了維持龐大經濟與行政體系之運轉，科層官僚體系與專業分子逐漸遠離革命的意識型態。革命熱情轉為日常業務後，地方的黨組織開始腐化，中央行政部門則充滿官僚作風，形成新的特權階級。這使得毛澤東從一九五〇年代起展開多次政治整風，並以群眾路線為定調，推動「反右運動」與「大躍進」，卻導致數千萬人的死亡。

上述失敗讓毛澤東退居領導第二線，由劉少奇等人推動新的經濟政策，確保社會穩定。可是在毛的眼中，這些措施卻加深了社會的不平等。加上蘇聯政壇當時走向修正主義路線，大舉清算史達林（Joseph Stalin），更刺激毛的危機感。為了避免自己遭到類似的下場，毛澤東決定發動一場反擊，以確保人民共和國走在正確的道路上。

（二）文化大革命的發生及影響

一九六五年十一月，經由毛澤東的授意及其夫人江青等人的策劃下，姚文元在上海《文匯報》上，發文批判吳晗的歷史劇《海瑞罷官》，正式揭開文化大革命的序幕。這場批判讓民眾喚回對「階級鬥爭」的記憶，導致全國性災難的開始。

毛最初的計畫是要利用群眾路線，打擊黨內修正主義者，沒想到隨著紅衛兵活動的日益失控，各級幹部與知識分子陸續成為鬥爭對象，導致了無數的死傷與文物的破壞，黨組織與行政部門也面臨癱瘓。而他理想中由工農群眾自行管理、剷除官僚體制的方案，更促使局勢難以收拾，最後不得不由軍隊接管。儘管在政治鬥爭上獲得表面的勝利，可是毛卻無從提出一套可行的新體制，只沉溺於個人激進幻想之中。整個中國即在各種政治崇拜儀式中，處於停頓的局勢，直到一九七六年毛過世為止。

歷經幾番波動後，鄧小平取得最高領導權，於一九七八年提出改革開放的方針。鄧氏列「經濟發展」為首要目標，對內推行農村承包責任制，對外則試行經濟特區，引進外資，逐步從計劃經濟轉向市場經濟。伴隨經濟體制的變革，中國的思想統制也開始鬆動。鄧氏所言「實踐是檢驗真理的唯一標準」，足以代表這段時期的社會心態。而文化大革命的結束，使得人們對意識型態的狂熱深感厭倦，毛時代的社會主義烏托邦正日益遠去。儘管中國共產黨依舊是主導政治的力量，但教條馬克思主義的意識型態已不再成為民眾生活的重心。

文革前後

社會基礎

中華人民共和國以蘇聯的計畫經濟模式為典範，藉由集體化擴大經營規模，提高生產力。

↓

科層官僚體系與專業分子逐漸遠離革命的意識型態，地方黨組織開始腐化，中央充滿官僚作風。

↓

背景

毛澤東以群眾路線為定調，推動「反右運動」與「大躍進」，卻導致數千萬人死亡。

毛的反擊

劉少奇等人推動新經濟政策，可是毛卻覺加深社會不平等。加上蘇聯政壇走向修正主義路線，大舉清算史達林，更刺激毛的危機感。

文化大革命

革命發生

1965年，在毛澤東及江青策劃下，姚文元在上海《文匯報》上發文批判吳晗的歷史劇《海瑞罷官》，正式揭開序幕，導致全國性災難的開始。

利用群眾路線，打擊黨內修正主義者
紅衛兵活動的失控，各級幹部與知識分子陸續成為鬥爭對象，黨組織與行政部門面臨癱瘓。

革命的失敗

由工農群眾自行管理，剷除官僚體制
局勢難以收拾，只得由軍隊接管。

政治鬥爭上獲得表面勝利
毛無提出可行新體制。

中國在各種政治崇拜儀式中，處於停頓的局勢
直到1976年毛過世為止。

文革以後

鄧小平提出改革開放的方針。列「經濟發展」為首要目標，對內推行農村承包責任制，對外試行經濟特區。

↓

伴隨經濟體制的變革，中國思想統制開始鬆動。

↓

教條馬克思主義的意識型態不再是民眾生活的重心。

UNIT **8-14** 中華文化復興運動

圖解中國史

（一）運動醞釀的背景

一九四九年，中華民國政府在大陸的國共內戰失利，被迫播遷來到臺灣。在面臨強大的政治威脅下，國府以「動員戡亂」為訴求，對外積極尋求盟友（如美國），以維持統治合法性基礎；對內則壓制社會異聲，同時標榜實施「民主憲政」。一方面，進行國民黨內改造，另一方面則對臺灣社會施行思想言論的緊縮和有限度開放集會結社的權利。直到一九五四年〈中美共同防禦條約〉簽訂後，正式納入美國反共防堵政策的一環，外部安全獲致明確保障，國府的「反共抗俄總動員」目標，成為六〇年代的統治基調。

隨著精神動員的脈絡，一九六六年十一月十二日陽明山中山樓落成，總統蔣介石發表〈國父一百晉一誕辰暨中山樓落成紀念〉，宣告中華文化復興運動（簡稱「文復運動」）開始。在領袖「偉大的號召」下，國府首先設立「文化復興運動委員會」（簡稱「文復會」），強調倫理、民主、科學三者並重發展。其次臺灣各界並熱心推動相關活動：包括學校的演講和徵文比賽、故宮博物院舉辦文物展覽、「中國家庭教育協進會」強化婦女對於家庭的重要性、出版社印行古籍校譯、推行「國民生活須知」等。

（二）時代變局與文復運動

文復會在這項運動裡扮演相當關鍵的角色。從社會功能來看，它將「軍事反攻」的口號從戰時化為平時，把學術研究轉化為行為規範。此外，透過文復運動，國府毋寧也進行一場「文化戰爭」；特別是中共建立中華人民共和國後，在同一時間開始進行「文化大革命」，造成民不聊生，文復運動形同向國際社會與僑界進行一場宣傳。經由文化宣傳，中華民國政府在臺灣得以作為中華文化的繼承者地位，也凸顯出國府的和平治理特色。

然而自一九七〇年代起，中華民國接連在國際外交方面遭逢挫敗，打擊合法性的統治基礎。無論退出聯合國還是「兩個中國」的問題，為了因應主權動搖危機，文復會持續精神動員的角色，鞏固領導中心。如釣魚臺事件，國府推動「莊敬自強」運動，文復會積極配合，強調秩序與愛國情操的意義。甚至於在「國民生活須知」中對於衛生、禮貌的規定，達到國府清潔的宣傳，目的要追求以現代國家、進步社會為理想。

總之，文復會所復興的「中華文化」，其實是經過篩選、過濾後，符合國府統治基礎的運動。通過加強民族教育，傳達三民主義、愛國意識和擁戴領袖為信念，其方式有推行國語運動、經典註譯、禮儀規範等。從「反共復國」口號開始，文復會為了因應國府在國際局勢上的演變，改弦易轍，進而推動在臺灣的科學、經濟建設，以建立現代化國家為目標。這一項精神動員不獨成為冷戰時期國際社會的「奇蹟」，直到今日，影響依然猶在。

中華文化復興運動

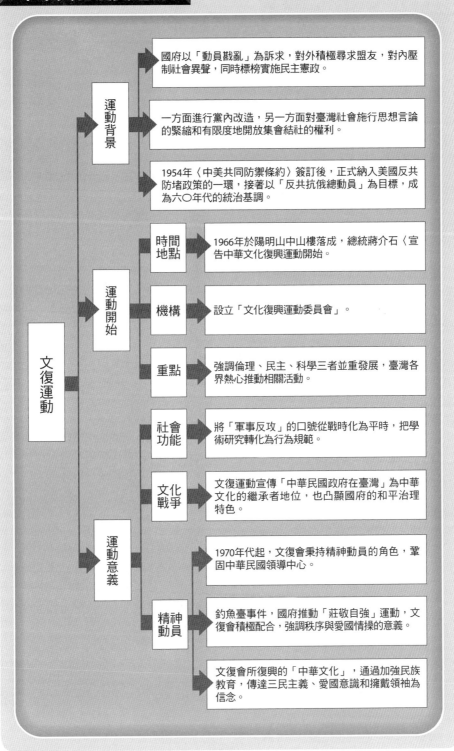

運動背景

國府以「動員戡亂」為訴求，對外積極尋求盟友，對內壓制社會異聲，同時標榜實施民主憲政。

一方面進行黨內改造，另一方面對臺灣社會施行思想言論的緊縮和有限度地開放集會結社的權利。

1954年〈中美共同防禦條約〉簽訂後，正式納入美國反共防堵政策的一環，接著以「反共抗俄總動員」為目標，成為六〇年代的統治基調。

運動開始

時間地點 　1966年於陽明山中山樓落成，總統蔣介石〈宣告中華文化復興運動開始。

機構 　設立「文化復興運動委員會」。

重點 　強調倫理、民主、科學三者並重發展，臺灣各界熱心推動相關活動。

社會功能 　將「軍事反攻」的口號從戰時化為平時，把學術研究轉化為行為規範。

文化戰爭 　文復運動宣傳「中華民國政府在臺灣」為中華文化的繼承者地位，也凸顯國府的和平治理特色。

運動意義

1970年代起，文復會秉持精神動員的角色，鞏固中華民國領導中心。

精神動員 　釣魚臺事件，國府推動「莊敬自強」運動，文復會積極配合，強調秩序與愛國情操的意義。

文復會所復興的「中華文化」，通過加強民族教育，傳達三民主義、愛國意識和擁戴領袖為信念。

文復運動

UNIT *8-15*
「六‧四」天安門事件

圖解中國史

「六‧四」天安門事件係指一九八九年六月三日晚上至四日凌晨,在中華人民共和國首都北京市天安門廣場附近所爆發的軍民流血衝突。這場事件的緣由起自該年四月中旬起,由學生發動長達兩個月的抗議,結果引來全國示威。最終北京地區宣布戒嚴,軍隊以武力進行鎮壓,造成大批民眾的死傷與流亡。

(一)背景因素

一九七六年中共領袖毛澤東逝世後,持續十年的文化大革命結束。中國共產黨十一屆三中全會正式宣布改革開放方針,發展「社會主義市場經濟」,原來的計劃經濟理論被棄守,國內思想走向多元。然而,經濟的果實並不為全民共享,只限少數特權分子持有;加上快速成長的結果,使得通貨膨脹、糧食減產、工人騷動不安、失控的人口流動、貪汙、人口增長等,成為立刻且棘手的課題。

為了因應上述問題,許多中國知識分子發動大規模的示威,要求民主選舉和反貪。但保守者也站出來反對,批評改革背棄了馬列主義和毛澤東思想。一九八八年中央電視臺播出電視片《河殤》,公開呼喚「蔚藍色」的西方文明,馬上引起全國轟動,成為「六‧四」民主運動的先聲。

(二)事件過程與意義

在極度不安的社會氛圍下,一九八九年四月十五日胡耀邦猝逝,加劇了緊張局勢。原來胡氏被視為開明派代表,曾對知識分子和學生表達同情,卻被中共元老派認定軟弱,因而卸去中共中央總書記的職務。他的過世消息傳回校園後,北京、清華各大學均掛滿大字報和輓聯,甚至有學生主動成立胡耀邦治喪委員會,在校內設立靈堂。嗣後,陸續有人前往天安門廣場進行悼念,除了讚揚胡耀邦外,更逐漸發展出對民主的口號和訴求。

四月十七日起,學生聚集在天安門廣場。三天後王丹、封從德等建立「北京大學團結學生會籌委會」,以罷課方式爭取民主。不久,示威活動升級至全國,天津、南京、上海等地的學生聲援。接著中共把學運定性為「極少數人發起的反革命動亂」,並在廣播電臺、電視臺及《人民日報》上發表。但學潮依舊未斷,聲言學習「五‧四」精神,甚至發動絕食。五月十九日晚間,國務總理李鵬宣布戒嚴,引來民眾憤怒,造成百萬人上街。終於在六月四日,戒嚴部隊進駐天安門,施行大規模的軍事鎮壓,逮捕相關人士。

「六‧四」造成國際關注,西方國家以外交抵制中共,要求釋放民運分子;華人國家和地區對中共的惡行紛紛予以斥責。從世界史而言,「六‧四」民運並非孤立的事件,而是當時社會主義國家民主化的一環:就在事件發生當天,波蘭團結工會在大選中獲勝,推翻社會主義制度;數月後,東歐社會主義國家也先後進行和平演變;兩年後蘇聯亦宣告解體。至今,「六‧四」仍是一個極敏感的話題,尤以中國為甚,平反的呼聲也從未間斷。

天安門事件

「六・四」天安門事件	事件定義	指1989年6月3日晚上至4日凌晨，在北京市天安門廣場附近所爆發的軍民流血衝突。
	背景因素 → 經濟問題	中國共產黨宣布改革開放方針，發展「社會主義市場經濟」。然經濟果實只限少數特權分子持有。
	背景因素 → 社會問題	通貨膨脹、糧食減產、工人騷動不安、失控的人口流動、貪汙、人口增長等，成為棘手的課題。
	背景因素 → 《河殤》	1988年在中央電視臺播出，成為「六・四」民主運動的先聲。

1989年，被視為開明派代表的胡耀邦猝逝，北京、清華成立胡耀邦治喪委員會。

前往天安門廣場進行悼念，除讚揚胡耀邦外，更逐漸發展出對民主的口號和訴求。

4月17日起，學生聚集在天安門廣場。

事件過程：王丹、封從德等建立「北京大學團結學生會籌委會」，以罷課爭取民主。

示威活動升級至全國，天津、南京、上海等地的學生聲援。

學潮聲言學習「五・四」精神，甚至發動絕食。

5月19日晚間，國務總理李鵬宣布戒嚴，造成百萬人上街。

6月4日，戒嚴部隊進駐天安門，施行軍事鎮壓，逮捕相關人士。

國際意義：「六・四」民運是當時社會主義國家民主化的一環。
①波蘭團結工會在大選中獲勝，推翻社會主義制度。
②東歐社會主義國家先後進行和平演變。
③蘇聯宣告解體。

西元前七七〇年　平王東遷雒邑，東周的春秋時代開始。

西元前五七九年　在宋國大夫華元安排下，晉、楚締結不戰合約。

西元前五五一年　孔子生於魯國陬邑（今山東曲阜縣）。

西元前五四六年　由晉、楚、宋、魯、鄭、蔡、陳、許、曹、衛各國訂定和平之約，史稱為第二次弭兵會盟。

西元前四八二年　晉國在黃池與吳國進行會盟，由吳王夫差主導該會進行。勾踐於夫差赴黃池爭霸之際，趁虛對吳郡進行急襲。

西元前四七三年　在越國包圍吳國國都三年後，夫差求降不得而自殺，吳國滅亡且領土被併吞。

西元前四〇三年　春秋末年，晉國被韓、趙、魏三家勢力掌握，本年周天子正式封三家為諸侯國，是為「三家分晉」，開啟了戰國時代。

西元前二六〇年　秦將白起率軍進攻趙國，降伏趙軍四十萬。為中國歷史上著名的「長平之戰」。

西元前二五六年　秦國攻入雒邑，東周結束。

西元前二三九年　《呂氏春秋》完成。《呂氏春秋》又名《呂覽》，是戰國末年秦國丞相呂不韋組織屬下門客集體編纂的著作。

西元前二二一年　秦始皇帝滅六國，一統天下，創立中國的皇帝制度。

西元前二〇九年　陳勝、吳廣率先起兵反秦。

西元前二〇三年　楚、漢兩軍議和，平分天下，以鴻溝為界，西歸漢，東歸楚。結果劉邦背約，出兵攻楚。

西元前二〇二年　漢軍在垓下包圍糧食不足的楚軍，用「四面楚歌」的心理戰術使楚軍渙散。項羽退至烏江自刎。劉邦即帝位，是為漢高祖。

西元前一九六年　漢高祖下詔徵求賢才，開漢代選舉制的先河。

西元前一三六年　漢武帝採董仲舒建議罷黜百家，獨尊儒術，設立太學，置五經博士。

西元前一三八年　張騫出使西域。

西元前一一九年　漢武帝命張騫為中郎將，再度出使西域，執行聯合烏孫以「斷匈奴右臂」的外交政策。

西元前九十一年　司馬遷歷時十餘年撰寫的《史記》終於完成，成為日後中國史書體裁的典範。

西元八年　　　　王莽接受孺子嬰的「禪讓」稱帝，改國號為「新」，開啟了中國歷史上篡位做皇帝的先河。

西元二十二年　　漢高祖劉邦的九世孫劉縯、劉秀在河南南陽起兵，立劉玄為更始帝。

西元二十五年　　劉秀即皇帝位，定都洛陽，仍以漢為國號。自稱光武帝，史稱「中興」，後世稱所建的漢為「東漢」或「後漢」。

西元七十三年　　班超出使西域。

西元一六六年　　部分宦官為非作歹，官員成瑨等人不畏權貴，按律處置。宦官向桓帝進言，重處了這些官員。史稱「第一次黨錮之禍」。

西元一六八年　　靈帝即位，陳蕃、竇武等人認為宦官過度干涉朝政，私下商議，趁日食的天象上書太后，要求革除宦官參政。

西元一八四年　　張角以「蒼天已死，黃天當立，歲在甲子，天下大吉」為口號，公

開起兵反漢，是為「黃巾之亂」。

西元一八八年	黃巾軍再次舉事，為了有效鎮壓平亂，將部分刺史改為「州牧」，由宗室或重臣擔任，讓其擁有地方軍、政之權，以便加強控制地方，有效進剿。
西元二〇八年	曹操為完成自己的野心，決定進行南征。孫權、劉備聯軍大破曹操軍於赤壁（赤壁之戰）。
西元二二〇年	曹操之子曹丕取代漢獻帝，建國號「魏」。
西元二二一年	劉備在成都稱帝，國號「漢」（一般稱「蜀」或「蜀漢」）。
西元二二九年	孫權在建業稱帝，國號「吳」。三國分立時代於此開始。
西元二六三年	蜀漢被魏國所滅。
西元二六五年	司馬炎篡奪曹魏政權。
西元二八〇年	司馬炎滅吳，國號「晉」，史稱「兩晉」。
西元三〇四年	在西晉八王之亂期間，匈奴貴族劉淵稱漢王自立，是為外族在中原割據建國的開端，這些國家日後被稱為「五胡十六國」。
西元三一七年	在前漢攻陷長安的隔年，琅琊王司馬睿在群臣擁戴下，即位於建康，史稱東晉。
西元三八三年	晉與前秦發生淝水之戰。
西元四三九年	經過數代經營，北魏吞併了各勢力，在北方建立了統一的政權，與南朝劉宋形成對峙的局面，是為南北朝時代。
西元四八五年	北魏始行均田制、三長制。
西元五八一年	楊堅受禪北周，國號隋，為隋文帝。
西元五八九年	隋攻滅南朝陳，結束南北朝分裂之局。
西元五九〇年	隋文帝採府兵制。
西元六二六年	玄武門之變，改寫唐代歷史，也造就了盛世君主——唐太宗李世民的出現。
西元六九〇年	武后改國號周，稱則天皇帝。
西元六九一年	武后頒布《大雲經》，藉佛經傳說做篡唐之掩護。
西元七五五年	「安史之亂」發生，唐由盛治轉入衰亡，此後形成藩鎮割據之勢。
西元七八〇年	德宗時頒布楊炎所制定的「兩稅法」。
西元八七五年	王仙芝、黃巢等人起兵，歷時十年。「黃巢之亂」使得江南富庶之地盡皆殘破，成為壓垮唐朝的最後一根稻草。
西元九〇七年	宣武軍節度使朱溫篡唐，建立後梁，各地陷入分裂，是為「五代十國」的開端。
西元九六〇年	「陳橋兵變」。趙匡胤被黃袍（天子服裝）加身擁立為帝，是為宋太祖。
西元九六一年	為遂行「強幹弱枝」，趙匡胤採用趙普的建議，罷釋石守信等舊將的兵權，改以資望較淺者，即所謂的「杯酒釋兵權」。
西元一〇〇四年	遼侵宋，寇準等力主宋真宗親征，訂澶淵之盟。
西元一〇四三年	范仲淹提出十項改革主張，為「十事疏」，發起「慶曆變政」。
西元一〇六九年	王安石開始進行變法。
西元一一二七年	發生「靖康之禍」，徽宗與欽宗被金人擄去，趙構在臨安（今浙江杭州）繼位，南宋開始。

西元一一四二年	岳飛被殺，宋、金議和，以淮水和大散關一線為界，宋每年給予金歲幣，宋帝對金帝執臣下之禮。
西元一一七五年	朱熹和陸九淵在呂祖謙的邀請和主持下，至鵝湖山舉行「鵝湖之會」，雙方就「為學方法」展開了激烈討論。不僅首開書院會講之先河，也是一次有關哲學的大辯論。
西元一二〇六年	鐵木真統一並率領蒙古高原各部，建國於漠北，號「成吉思汗」。
西元一二七一年	忽必烈消滅南宋，建立元朝。蒙古成為中國歷史上第一個征服全中國的邊疆民族。
西元一三一三年	元朝施行科舉，試題皆出自朱熹《四書章句集註》，確立朱學為官方正統的地位，日後為明清兩代所繼承。
西元一三六八年	朱元璋建立明朝，北伐攻克大都，使蒙古勢力撤出中原。
西元一三八〇年	宰相胡惟庸被人告發懷有謀反的意圖，遭到處死，明太祖朱元璋認為問題的癥結點出在相權過重，決定罷去中書省，廢除丞相，即「洪武廢相」。
西元一四〇五年	鄭和第一次下西洋。
西元一四四九年	瓦剌也先大舉南侵，英宗親征土木堡被俘，史稱「土木堡之變」。
西元一六一五年	由於皇位繼承問題，陸續發生了「三大案」（梃擊案（一六一五）、紅丸案（一六二〇）、移宮案（一六二一））。
西元一六一六年	努爾哈赤建立「八旗制度」，於赫圖阿拉（後稱為「興京」）稱汗立國，國號「金」，史稱「後金」。
西元一六三六年	皇太極改國號為「大清」，並稱帝，是為清太宗。
西元一六四四年	「闖王」李自成攻入北京，崇禎帝在煤山上吊自殺，明亡。 山海關守將吳三桂因為不願投降李自成，故引清兵入關。 多爾袞迎順治帝入關，並把首都從盛京遷到北京。 馬士英於南京擁護福王稱帝，即弘光帝，「南明」成立。
西元一六六一年	鄭成功率兵攻臺，荷蘭不敵，臺灣為鄭氏所有。
西元一六八一年	前後歷時八年，蔓延十省的三藩之亂終告平定，中國全境納入清廷的掌控。
西元一六八三年	清派施琅攻臺，鄭家後代鄭克塽投降，明鄭告終，臺灣正式納入中國版圖。
西元一六八五年	開海禁，設粵海、閩海、浙海、江海四海關。
西元一七一一年	康熙訂立「滋生人丁，永不加賦」的政策。
西元一七七三年	因安徽學政朱筠的奏請，特開「四庫全書館」，以紀昀為總纂官，共三百六十餘人參與其事。
西元一七九三年	「馬戛爾尼事件」發生，清、英雙方因為會見的禮儀產生嚴重分歧，致使外交破裂。
西元一八四〇年	鴉片戰爭起。
西元一八四二年	中英簽訂《南京條約》。
西元一八五〇年	洪秀全起事於廣西省桂平縣金田村，部眾皆蓄長髮，服明代衣冠。隔年建號「太平天國」。

圖解中國史

西元一八六〇年	清廷決定設立「總理各國事務衙門」，意味試著參與西方的國際體系，不再以朝貢的框架來理解外交關係，自強運動開始。 英法聯軍入北京，文宗避難熱河，圓明園遭焚毀。
西元一八六四年	南京陷落，洪秀全自殺，太平天國至此滅亡。
西元一八七〇年	天津居民焚毀教堂，殺傷教民，是同治年間最大的一次教案。
西元一八七一年	曾國藩等納容閎建議，派幼童赴美留學。
西元一八七二年	在上海成立「輪船招商局」，是近代中國第一家華商股份公司，也是官督商辦的代表。
西元一八九四年	由於朝鮮問題，中日兩國之間爆發了甲午戰爭。
西元一八九五年	李鴻章為全權大臣，與日簽訂馬關條約。 「公車上書」，康有為率同梁啟超等一千兩百名舉人聯名上書清光緒皇帝，反對清政府簽訂喪權辱國的《馬關條約》。被認為是維新派登上歷史舞臺的標誌。
西元一八九八年	戊戌政變，光緒百日維新失敗。六君子被殺，康有為、梁啟超亡命海外。
西元一九〇〇年	八國聯軍攻陷天津、北京。李鴻章、劉坤一、張之洞等發起「東南互保運動」。
西元一九〇一年	清廷與聯軍簽訂《辛丑和約》。
西元一九〇二年	清朝宣布廢止八股考試。
西元一九〇三年	鄒容出版《革命軍》一書，公開提倡排滿反清，號召革命，建立「中華共和國」。
西元一九〇五年	結束一千多年來的科舉制度。 孫中山與黃興等於東京組織中國同盟會，定立「中華民國」的國號。
西元一九一一年	武昌起義，各省紛紛響應，是為「辛亥革命」。
西元一九一二年	孫中山就職臨時大總統，清帝宣布退位。
西元一九一五年	陳獨秀於上海創辦《青年雜誌》，後改名為《新青年》。 楊度等人發起「籌安會」鼓吹帝制，隔年袁世凱稱帝。
西元一九一七年	胡適於《新青年》刊出〈文學改良芻議〉，提出八項主張。
西元一九一九年	中國因山東歸屬問題而爆發「五・四」的學生愛國事件。
西元一九二一年	中國共產黨在上海成立。
西元一九二三年	瑞典考古學家安特生（Johan Gunnar Andersson）發表《中國遠古之文化》（*An Early Chinese Culture*），首次提出「仰韶文化」的概念，轟動世界。 蘇俄代表越飛與孫中山在上海聯合發表〈孫越宣言〉，聯俄容共開始。
西元一九二五年	孫中山因肝病在北京逝世。
西元一九二七年	國民政府在「北伐」期間，中國國民黨因容共問題引起「寧漢分裂」。
西元一九二八年	中央研究院歷史語言研究所組成考古隊，開始進行殷墟考古，透過獲得的甲骨文中所記載的資料，將中國有文字記載的可信歷史提前到了商代。 張學良等宣布服從國民政府，全國宣告統一。
西元一九三一年	日軍發動「九・一八」事變，東北淪亡。

圖解中國史

西元一九三二年	以上海抵制日貨為藉口，日本命令艦隊砲轟吳淞口，軍隊進攻閘北，是為「一・二八」事件。 日本在東北建立「滿洲國」，擁溥儀出任「執政」。
西元一九三六年	「西安事變」發生，開啟國共二次合作的序曲，對日抗戰成為主調。
西元一九三七年	「盧溝橋事變」引發全面性的中日兩國戰爭。
西元一九四一年	日軍偷襲珍珠港，太平洋戰爭爆發，中國對日本正式宣戰。
西元一九四三年	中美英三國領袖舉行「開羅會議」，中國與英、美簽訂平等新約，廢除自鴉片戰爭以來不平等條約中所擁有的特權。
西元一九四五年	日本向同盟國無條件投降。中國獲得勝利。
西元一九四七年	臺灣「光復」後，因取締販賣私菸等社會問題而引發「二・二八」事件。
西元一九四八年	徐蚌會戰，國共局勢逆轉。
西元一九四九年	中華民國政府在大陸的內戰失利，被迫播遷臺灣。 中華民國臺灣省政府主席兼臺灣省警備總司令陳誠頒布〈臺灣省戒嚴令〉，實施戒嚴。 中共建立中華人民共和國。
西元一九五〇年	韓戰爆發，美軍派遣艦隊協防臺灣，並提供中華民國政府軍事和經濟支援，使臺海局勢穩固下來。
西元一九五四年	中華民國與美國在華盛頓簽訂〈中美共同防禦條約〉。
西元一九六五年	經由毛澤東授意及其夫人江青等人的策劃，姚文元在上海《文匯報》上發文批判吳晗的歷史劇《海瑞罷官》，正式揭開「文化大革命」的序幕。
西元一九六六年	總統蔣介石發表〈國父一百晉一誕辰暨中山樓落成紀念〉，宣告中華文化復興運動開始。
西元一九六八年	實施九年國民義務教育。
西元一九七一年	聯合國大會表決通過准許中華人民共和國進入聯合國，中華民國退出聯合國。
西元一九七五年	蔣介石因心臟病突發逝世，副總統嚴家淦繼任中華民國總統。
西元一九七六年	中共中央主席毛澤東逝世，持續十年的「文化大革命」結束。
西元一九七八年	美國總統卡特（James Carter）宣布承認中華人民共和國政府。
西元一九七九年	爆發「美麗島事件」，之後執政的國民黨逐漸放棄遷臺以來一黨專政的路線，以應時勢。此後臺灣政治邁向多元化、自由化發展。
西元一九八六年	民主進步黨成立。
西元一九八七年	蔣經國總統宣布解嚴，開啟兩岸交流時代的來臨。
西元一九八八年	蔣經國因患心臟病逝世，由副總統李登輝繼任中華民國總統。
西元一九八九年	「六・四」天安門事件。係指六月三日晚上至四日凌晨，在中華人民共和國首都北京市天安門廣場附近所爆發的軍民流血衝突。
西元一九九六年	中華民國舉辦首次總統直選，由現任總統李登輝當選。
西元二〇〇〇年	中華民國民主政治首次政黨輪替，由民主進步黨候選人陳水扁當選為第十任總統。

國家圖書館出版品預行編目資料

圖解中國史／林志宏著.
--初版.--臺北市：五南，2012.02
面；　公分.--(圖解系列)
ISBN　978-957-11-6457-1（平裝）
1.中國史
610　　　　　　　　　　100019665

1WG2
圖解中國史

作　　者 — 林志宏(143.3)

發 行 人 — 楊榮川

總 經 理 — 楊士清

主　　編 — 陳姿穎

編　　輯 — 王中奇

封面設計 — P.Design視覺企劃

出 版 者 — 五南圖書出版股份有限公司

地　　址：106台北市大安區和平東路二段339號4樓

電　　話：(02)2705-5066　　傳　　真：(02)2706-6

網　　址：http://www.wunan.com.tw

電子郵件：wunan@wunan.com.tw

劃撥帳號：01068953

戶　　名：五南圖書出版股份有限公司

法律顧問　林勝安律師事務所　林勝安律師

出版日期　2012年2月初版一刷
　　　　　2018年5月初版五刷

定　　價　新臺幣300元